AF192929

CÓMO FUNCIONA LA INTELIGENCIA ARTIFICIAL

De la magia a la ciencia

Ronald T. Kneusel

Marcombo

Copyright © 2024 by Ronald T. Kneusel. Title of English-language original: *How AI Works: From Sorcery to Science*, ISBN 9781718503724, published by No Starch Press Inc. 245 8th Street, San Francisco, California United States 94103. The Spanish-Language 1st edition Copyright © 2024 by Marcombo, S.L. under license by No Starch Press Inc. All rights reserved.

Primera edición original publicada en inglés por No Starch Press Inc. con el título *How AI Works: From Sorcery to Science*, ISBN 9781718503724 © Ronald T. Kneusel, 2024.

Título de la edición en español:
Cómo funciona la inteligencia artificial

Primera edición en español, 2024

© 2024 MARCOMBO, S.L.
www.marcombo.com

Ilustración de portada: Gina Redman
Diseño del interior: Octopod Studios
Revisión técnica: Alex Kachurin
Traducción: Beatriz García
Corrección: Mónica Muñoz
Directora de producción: M.ª Rosa Castillo

Cualquier forma de reproducción, distribución, comunicación pública o transformación de esta obra solo puede ser realizada con la autorización de sus titulares, salvo excepción prevista por la ley. La presente publicación contiene la opinión del autor y tiene el objetivo de informar de forma precisa y concisa. La elaboración del contenido, aunque se ha trabajado de forma escrupulosa, no puede comportar una responsabilidad específica para el autor ni el editor de los posibles errores o imprecisiones que pudiera contener la presente obra.

ISBN: 978-84-267-3847-9
D.L.: B 11504-2024

Impreso en Arteos
Printed in Spain

Libro ecológico
Impreso con papel procedente de bosques gestionados de manera eficiente, libre de cloro

A Frank Rosenblatt, que lo vio venir.

Sobre el autor

Ronald T. Kneusel lleva desde el año 2003 trabajando en el campo del aprendizaje automático y su aplicación en la industria. En 2016 obtuvo su doctorado en Aprendizaje Automático en la Universidad de Colorado en Boulder. Ron es autor de otros cinco libros: *Practical Deep Learning: A Python-Based Introduction* (No Starch Press, 2021), *Math for Deep Learning: What You Need to Know to Understand Neural Networks* (No Starch Press, 2021), *Strange Code: Esoteric Languages That Make Programming Fun Again* (No Starch Press, 2022), *Numbers and Computers* (Springer, 2017) y *Random Numbers and Computers* (Springer, 2018).

Sobre el revisor técnico

Alex Kachurin es un especialista en ciencia de datos y aprendizaje automático con más de quince años de experiencia en este ámbito. En el año 2010 realizó un máster en Visión Artificial en la Universidad de Florida Central.

CONTENIDO

AGRADECIMIENTOS

En primer lugar, quiero darle las gracias a Eva Morrow, por su cuidada, y amabilísima, edición. Mi agradecimiento también a Alex Kachurin, gran experto en ciencias, por su perspicacia, sus atentos comentarios y sus sugerencias. Por último, gracias infinitas al fantástico equipo de No Starch Press, por creer en este libro y ayudarme a hacerlo realidad.

Prefacio

Se han escrito muchos libros que enseñan a hacer inteligencia artificial (IA). Asimismo, son muchísimos los libros que se han hecho famosos por hablar de la IA. Sin embargo, a estas alturas, parece faltar un libro que enseñe cómo funciona la IA a nivel conceptual. La IA no funciona por arte de magia, y cualquiera puede llegar a entenderla sin necesidad de abrumarse con complejas fórmulas matemáticas.

Precisamente por eso, se ha publicado este libro: para llenar ese vacío con una explicación sin matemáticas de cómo funciona la IA. Mientras que algunas obras se adentran en la maleza y otras se esfuerzan por ofrecer una especie de vista de pájaro, las páginas de este libro se han escrito desde la copa de un árbol. El objetivo es proporcionar suficientes detalles para entender el enfoque, pero sin empantanar al lector en la esencia matemática; así que, si el propósito del libro le resulta interesante, lo invito a seguir leyendo.

A medida que avance en la lectura, en algunas partes encontrará los símbolos ****. Con ellos se pretende señalar un cambio de tema o un punto de transición. En un libro de texto, **** indicaría una nueva sección, pero esto no es un libro de texto ni quiero que se le parezca, por lo que, en lugar de hablar de secciones y subsecciones, recurriré a los asteriscos, para avisar de que se avecina un cambio, como ahora...

****

La primera vez que oí hablar de la IA fue allá por 1987, en un curso universitario con el mismo nombre. No obstante, lo que la gente suele entender por IA ha cambiado considerablemente en las últimas décadas. Pese a ello, el objetivo sigue siendo el mismo: imitar el comportamiento inteligente de una máquina.

En los años ochenta, pocas personas tenían motivos para aprender sobre la IA, si es que la conocían. Lo cierto es que la IA tenía un impacto mínimo en su vida cotidiana, más allá de ese ordenador rebelde que, de cuando en cuando, aparecía en programas de televisión y películas de ciencia ficción como *Star Trek* y *Juegos de guerra*, por no hablar del implacable y terrorífico *Terminator*.

Sin embargo, y por mucha tendencia retro que sigamos observando, los ochenta han quedado atrás y la IA, en la actualidad, está en todas partes. De hecho, diariamente afecta a nuestras vidas de muchas formas: nuestros teléfonos nos dicen si debemos conducir por aquí o por allí, nuestros amigos y familiares nos etiquetan en sus fotos e internet no cesa de bombardearnos con miles de artículos y anuncios, nos gusten o no. Y eso por no hablar de la reciente explosión de la IA y sus grandes modelos lingüísticos, lo que muchos interpretan como "verdadera IA", por fin.

La IA también se deja ver entre bastidores en ámbitos en los que rara vez advertimos su presencia. Así, entre otras muchas cosas, permite a las aerolíneas planificar los vuelos, facilita las labores de transporte y logística, está detrás de la automatización de las fábricas, ayuda a obtener imágenes de la Tierra por satélite y hace posible que el médico sea capaz de diagnosticar un cáncer.

Entonces..., ¿por qué aprender sobre IA ahora?

Este libro que tiene en las manos pretende responder a esa pregunta explicando qué ha ocurrido, cuándo, por qué y, lo que es más importante, cómo, y todo sin recurrir a exageraciones ni a una sola ecuación matemática. Francamente, considero que la realidad que hay detrás de la revolución de la IA es por sí sola tan impresionante que el bombo publicitario resulta del todo innecesario.

Una vez aquí, me parece oportuno hablar un poco de mí. Si le estoy pidiendo que, como lector, me acompañe en un viaje por el mundo de la IA, creo que lo más razonable es que usted quiera saber algo sobre su guía. Por eso, déjeme que me presente.

Como ya he dicho, la IA entró en mi vida a finales de los años ochenta. Fue en 2003 cuando empecé a trabajar en el ámbito de la IA, concretamente en un subcampo conocido como *machine learning* o aprendizaje automático.

Por aquel entonces, mi labor consistía en aplicar modelos de aprendizaje automático a imágenes de ecografía intravascular.

La expresión *deep learning,* o aprendizaje profundo, entró en mi vocabulario en 2010. El *deep learning* es un subcampo del aprendizaje automático. Más adelante, en el capítulo 1, aclararé la diferencia entre aprendizaje profundo, aprendizaje automático e inteligencia artificial, pero, por ahora, vale pensar que son lo mismo.

La IA entró en escena en 2012, o al menos fue en ese año cuando comenzó a salir en las noticias por el anuncio de lo que pasaría a llamarse AlexNet y un curioso experimento de Google con ordenadores, que aprendían a identificar gatos en vídeos de YouTube. Yo estuve presente en aquel Congreso Internacional sobre Aprendizaje Automático celebrado en Edimburgo (Escocia) en 2012 en el que Google presentó su ponencia ante los cerca de ochocientos asistentes que tuvimos que estar de pie.

Más adelante, en 2016, terminé mi doctorado en Informática Especializada en IA en la Universidad de Colorado en Boulder, bajo la dirección de Michael Mozar. Desde entonces, llevo trabajando en IA a diario, principalmente enfocada a la industria de la defensa, excepto durante un breve periodo de descanso que me concedí en 2016, para ayudar a cofundar una *startup* de IA médica.

Tras AlexNet, las cosas fueron cambiando a un ritmo vertiginoso, ya que casi cada mes aparecía algún nuevo "milagro" relacionado con la IA, ya fuera en la bibliografía académica o en los telediarios de por la noche. Por ello, la única forma de mantenerse al día era participando en congresos y conferencias varias veces al año, pues esperar a que los resultados aparecieran publicados en revistas académicas era absurdo, ya que el campo de la IA avanzaba demasiado rápido para la lentitud burocrática que conllevan las publicaciones científicas.

Estoy escribiendo este prefacio en noviembre del año 2022, durante los días en que se celebra el congreso NeurIPS, que es posiblemente la reunión más importante en materia de IA (no me manden ningún correo de odio, por favor). Y esta es la primera vez que vuelve a ser presencial desde la pandemia del COVID-19. La asistencia es elevada, aunque quizá no tan alta como en 2019, cuando hubo que sortear quiénes podían acudir, ya que solo había 13

500 plazas. El simple hecho de que la participación en el congreso haya pasado de unos pocos cientos a más de diez mil en tan solo una década ya nos indica la relevancia que ha adquirido la investigación sobre IA.

Asimismo, los nombres de los líderes de la industria tecnológica que apoyan estas conferencias, sin duda cotos de caza privilegiados para los estudiantes de posgrado, también revelan la enorme importancia de la IA. Por allí se ven estands de Google, DeepMind (también Google), Meta (léase Facebook), Amazon, Apple y otros. Es evidente que la IA impulsa gran parte de lo que hacen estas empresas. A estas alturas, todo el mundo sabe que la IA mueve mucho dinero. La IA funciona con datos y, precisamente, estas empresas engullen todos los datos que les proporcionamos libremente a cambio de sus servicios.

Mi objetivo es que, al final de este libro, llegue a comprender la cara oculta de la IA. A fin de cuentas, tampoco es tan difícil de ver, por muy sutiles que hayan intentado ser quienes están detrás de ella.

El libro se desarrolla del siguiente modo:

- Capítulo 1: *Allá vamos: una panorámica de la IA.* Nos adentramos en el mundo de la IA para conocer sus principios básicos y un ejemplo.

- Capítulo 2: *¿Por qué ahora? La historia de la IA.* En este capítulo, repasamos la historia de la IA y tratamos de entender por qué está teniendo lugar esta revolución.

- Capítulo 3: *Modelos clásicos: el aprendizaje automático en la vieja escuela.* La IA moderna se basa en las redes neuronales, pero, para entender su funcionamiento, resulta útil comprender los modelos anteriores.

- Capítulo 4: *Redes neuronales: una IA similar al cerebro.* Este capítulo va especialmente dirigido a todos aquellos que quieren saber qué es una red neuronal, cómo se entrena y cómo se utiliza.

- Capítulo 5: *Redes neuronales convolucionales: la IA aprende a ver.* Gran parte de la fuerza de la IA moderna proviene del aprendizaje de nuevas formas de interpretar los datos. Si le parece que esta afirmación no tiene mucho sentido, apuesto a que este capítulo le será de gran ayuda.

- Capítulo 6: *La IA generativa: la IA se vuelve creativa*. En los modelos tradicionales de aprendizaje automático, se asignan etiquetas a las entradas. Sin embargo, la IA generativa produce resultados novedosos, como texto, imágenes e incluso vídeo. En este capítulo, se exploran dos enfoques populares: las redes generativas antagónicas (GAN) y los modelos de difusión. Las GAN son las que nos proporcionan la intuición necesaria para explorar los modelos de difusión y, en el capítulo 7, los modelos de lenguaje grande (LLM). Los modelos de difusión son expertos en producir imágenes y vídeos detallados y fotorrealistas, a partir de mensajes de texto.

- Capítulo 7: *Grandes modelos lingüísticos. ¿Por fin una verdadera IA?* En otoño de 2022, el lanzamiento por parte de OpenAI de su modelo de lenguaje grande, ChatGPT, sí podría haber marcado el comienzo de la era de la verdadera IA; de ahí que, en este capítulo, haya querido explorar los LLM: qué son, cómo funcionan y por qué se nos antojan algo nuevo y disruptivo.

- Capítulo 8: *Reflexiones: las implicaciones de la IA*. La llegada de los grandes modelos lingüísticos ha alterado el panorama de la IA, de ahí que el objetivo de este capítulo sea reflexionar sobre sus muchas implicaciones.

Al final del libro, encontrará una colección de recursos adicionales que podrá explorar si le pica el gusanillo de la IA y quiere saber más. Yo, aunque no sea muy objetivo en este sentido, le recomiendo leer mis libros *Practical Deep Learning: A Python-Based Introduction* (2021) y *Math for Deep Learning: What You Need to Know to Understand Neural Networks* (2021), los dos disponibles en No Starch Press. La lectura de ambos le dará todo lo que necesita para pasar de leer sobre cómo funciona conceptualmente la IA a hacer IA de verdad.

Por último, a medida que vaya avanzando en las páginas del libro, se dará cuenta de que algunas afirmaciones aparecen resaltadas. Las definiciones de muchas de estas palabras y frases enfatizadas se recogen en el glosario que encontrará al final del libro. Como sucede en todos los campos, el de la IA también tiene su jerga. Y acordarse de tantos vocablos es casi misión imposible, de ahí la idea de incluir este glosario. Yo soy una persona real; lo sé con certeza porque soy capaz de identificar y pulsar, sin meter la pata, imágenes de trenes y semáforos. Por eso, si tiene algún comentario o pregunta sobre los materiales de este libro, no dude en escribirme a rkneuselbooks@gmail.com. Y ahora, si está listo…, ¡adelante!

Capítulo 1

ALLÁ VAMOS: UNA PANORÁMICA DE LA IA

La *inteligencia artificial* trata de convencer a una máquina, normalmente un ordenador, para que se comporte de un modo que los humanos consideran inteligente. El nombre fue acuñado en la década de los cincuenta por el destacado informático John McCarthy (1927-2011).

En este capítulo, se pretende aclarar qué es la IA y explicar su relación con el aprendizaje automático y el aprendizaje profundo; dos expresiones que seguro que, en estos últimos años, ha escuchado en numerosas ocasiones. Empezaremos con un ejemplo de aprendizaje automático en acción. Entienda este capítulo como una visión general de lo que es la IA y, en los siguientes, ya iremos profundizando en los conceptos aquí introducidos.

****

Todos los ordenadores se programan, para que lleven a cabo una tarea determinada. Para eso, se les da una secuencia de instrucciones, un programa, que incorpora un algoritmo, o la fórmula que el programa hace que el ordenador ejecute.

La palabra "algoritmo", que tanto se utiliza hoy día, en realidad no es nueva. Se trata de una corrupción de Al-Juarismi, en referencia al matemático persa del siglo IX Muḥammad Ibn Mūsā Al-Jwarizmī, cuyo principal regalo al mundo fueron las matemáticas que, en la actualidad, denominamos álgebra.

****

Permítame comenzar con una historia.

Tonya es la propietaria de una exitosísima fábrica de salsa picante. La receta de la salsa picante es de Tonya, y es ella quien la guarda con mucho celo. Es, literalmente, su salsa secreta, y solo ella conoce el proceso de elaboración.

Tonya emplea a un trabajador para cada paso del proceso de elaboración de la salsa picante. Son trabajadores humanos, pero lo cierto es que Tonya los trata como si fueran máquinas, porque le preocupa que le roben la receta de su salsa picante y porque Tonya es un poco bruja. En realidad, a los trabajadores esto no les importa mucho, porque su jefa les paga bien y se ríen de ella a sus espaldas.

La receta de Tonya es un algoritmo, pues consiste en el conjunto de pasos que hay que seguir para crear la salsa picante. La serie de instrucciones que Tonya utiliza para indicar a sus trabajadores cómo hacer la salsa picante es un programa. El programa incorpora el algoritmo de forma que los trabajadores (la máquina) puedan seguirlo paso a paso. Digamos que Tonya ha programado a sus trabajadores para que apliquen su algoritmo para crear salsa picante. La secuencia es algo así:

La receta de Tonya   ⟶   Las instrucciones de Tonya   ⟶   Los trabajadores

   (el algoritmo)   (el programa)   (la máquina)

Cabe destacar algunas cuestiones de este escenario. En primer lugar, Tonya es, indudablemente, bastante bruja por tratar a los seres humanos como máquinas. En segundo lugar, en ningún momento del proceso de elaboración de la salsa picante, ningún trabajador necesita entender por qué hace lo que hace. En tercer lugar, el programador (Tonya) sí sabe por qué la máquina (los trabajadores) hace lo que hace, aunque la máquina no lo sepa.

****

Lo que acabo de describir resume a la perfección cómo hemos llegado a controlar prácticamente todos los ordenadores, remontándonos a las primeras máquinas conceptuales concebidas por Alan Turing en la década de los treinta e, incluso antes, a la máquina analítica del siglo XIX de Charles Babbage. Un humano concibe un algoritmo y lo traduce en una secuencia de pasos (un programa). La máquina ejecuta el programa e implementa así el algoritmo. La máquina no entiende lo que hace; simplemente, ejecuta una serie de instrucciones primitivas.

La genialidad de Babbage y Turing residió en prever que podía existir una máquina de propósito general capaz de ejecutar algoritmos arbitrarios mediante programas. Sin embargo, yo me atrevería a decir que fue Ada Lovelace, una amiga de Babbage a quien suele considerarse la primera programadora del mundo, quien comprendió desde el inicio las amplias posibilidades de lo que hoy llamamos ordenador. Hablaremos más sobre Turing, Babbage y Lovelace en el capítulo 2.

N O T A

En la época de Lovelace, un "ordenador" no era una máquina, sino un ser humano, que calculaba a mano. Por lo tanto, la máquina de Babbage era un ordenador mecánico.

Dediquemos un momento a explorar la relación entre las expresiones inteligencia artificial, aprendizaje automático y aprendizaje profundo. Sucede que los tres se han convertido en sinónimos para referirse a la IA moderna. Esto es erróneo, pero conveniente. En la figura 1.1, se muestra la adecuada relación entre las expresiones.

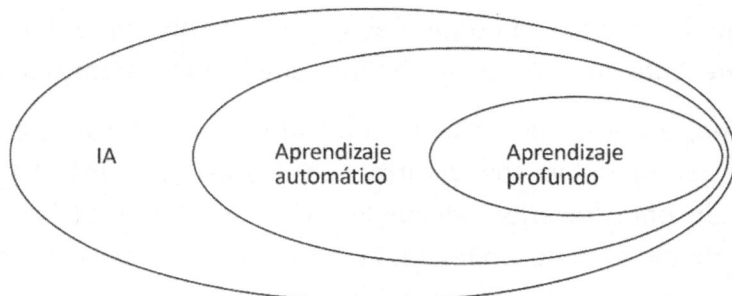

Figura 1.1. Relación entre inteligencia artificial,
aprendizaje automático y aprendizaje profundo

El aprendizaje profundo es un subcampo del aprendizaje automático que, a su vez, es un subcampo de la inteligencia artificial. Esta relación implica que la IA integra conceptos que no son ni aprendizaje automático ni aprendizaje profundo. A todos esos conceptos los llamaremos IA de la vieja escuela, que incluye los algoritmos y enfoques desarrollados a partir de la década de los cincuenta. La IA de la vieja escuela no es lo que hoy día se entiende por IA. En adelante, ignoraremos por completo (e injustamente) esta parte del universo de la IA.

En pocas palabras, con el aprendizaje automático, se construyen modelos a partir de datos. Para nosotros, un modelo es una noción abstracta de algo que acepta entradas y genera salidas, donde las entradas y las salidas están relacionadas de alguna manera significativa. El objetivo principal del aprendizaje automático es acondicionar un modelo utilizando datos conocidos, para que el modelo produzca resultados significativos cuando se le den datos desconocidos. Esto está tan poco claro como el agua turbia, pero paciencia: con el tiempo, hasta el barro se acaba asentando.

En el aprendizaje profundo, se utilizan enormes modelos que antes eran demasiado grandes para resultar útiles. Lo sé, más agua turbia, pero voy a argumentar que no hay una definición estricta de aprendizaje profundo, aparte de que implica redes neuronales con muchas capas. Trataré de aclarar estos puntos en el capítulo 4.

En este libro seremos poco rigurosos, pero iremos en sintonía con el uso popular, incluso por parte de expertos, y consideraremos que "aprendizaje profundo" significa grandes redes neuronales (aún por definir formalmente), que "aprendizaje automático" se refiere a modelos condicionados por datos y que la "inteligencia artificial" es un cajón de sastre, tanto para el aprendizaje automático como para el aprendizaje profundo. Eso sí, hemos de tener presente que la IA es mucho más que lo que tratamos aquí.

De hecho, en la IA los datos lo son todo. Y no me cansaré nunca de repetirlo. Los modelos son pizarras en blanco que los datos deben acondicionar, para hacerlos adecuados para una tarea. Si los datos son malos, el modelo es malo. En las páginas que siguen, volveremos sobre esta noción de datos "buenos" y "malos".

Por ahora, centrémonos en qué es un modelo, cómo se hace útil acondicionándolo y cómo se utiliza después de dicho acondicionamiento. Todo esto del acondicionamiento y el uso suena oscuro y siniestro, si no totalmente malvado, pero, se lo aseguro, no lo es, aun cuando tengamos formas de hacer que el modelo hable.

****

Un modelo de aprendizaje automático es una caja negra en el que se acepta una entrada, normalmente una colección de números, y produce una salida: por lo general, una etiqueta como "perro" o "gato", o un valor continuo, como la probabilidad de ser un "perro" o el valor de una casa con las características dadas al modelo (tamaño, número de baños, código postal, etc.).

El modelo tiene parámetros, los cuales controlan la salida del modelo. Acondicionar un modelo, lo que se conoce como entrenamiento, consiste en ajustar los parámetros del modelo de forma que produzcan el resultado correcto para una entrada determinada.

El entrenamiento implica que tenemos una colección de entradas y las salidas que el modelo debe producir cuando se le dan esas entradas. A primera vista, esto parece un poco absurdo: ¿por qué queremos que el modelo nos dé un resultado que ya tenemos? La respuesta es que, en algún momento futuro, tendremos entradas para las que aún no tenemos la salida. Este es justamente el objetivo de crear el modelo: utilizarlo con entradas desconocidas y creer en el modelo cuando nos dé una salida.

En el entrenamiento, se utiliza la colección de entradas y salidas conocidas para ajustar los parámetros del modelo y minimizar los errores. Si lo conseguimos, empezaremos a creer en los resultados del modelo cuando recibamos entradas nuevas y desconocidas.

Entrenar un modelo es completamente diferente a programarlo. En la programación, implementamos el algoritmo que queremos dando instrucciones al ordenador paso a paso. En el entrenamiento, utilizamos datos para enseñar al modelo a ajustar sus parámetros para producir la salida correcta. No hay programación porque, la mayoría de las veces, no tenemos ni idea de cómo debe ser el algoritmo. Solo sabemos o creemos que existe una relación entre las entradas y los resultados deseados. Esperamos que un modelo pueda aproximarse a esa relación lo suficiente como para ser útil.

Aquí vale la pena recordar las sabias palabras del estadista británico George Box, quien dijo que todos los modelos son erróneos, pero algunos son útiles. En aquel momento, se refería a otros tipos de modelos matemáticos, pero su sabiduría es también aplicable al aprendizaje automático.

Ahora entendemos por qué este campo se llama aprendizaje automático: enseñamos a la máquina (modelo) dándole datos. No programamos la máquina; la instruimos.

He aquí, pues, el algoritmo del aprendizaje automático:

1. Reunir un conjunto de datos de entrenamiento consistente en una colección de entradas para el modelo y las salidas que esperamos del modelo para esas entradas.

2. Seleccionar el tipo de modelo que queremos entrenar.

3. Entrenar el modelo presentando las entradas de entrenamiento y ajustando los parámetros del modelo cuando obtenga resultados erróneos.

1. 4.Repetir el paso 3 hasta estar satisfechos con el rendimiento del modelo.

2. 5.Utilizar el modelo ya entrenado para producir resultados para entradas nuevas y desconocidas.

La mayor parte del aprendizaje automático sigue este algoritmo. Dado que, para entrenar el modelo, utilizamos datos etiquetados conocidos, este enfoque se denomina aprendizaje supervisado: supervisamos el modelo mientras aprende a producir resultados correctos. En cierto sentido, castigamos al modelo hasta que acierta. Al fin y al cabo, ya iremos viendo que esta es una empresa un tanto oscura.

Antes de pasar al ejemplo, hagamos un resumen de lo visto hasta ahora.

Queremos un sistema en el que, para una entrada desconocida, obtengamos una salida significativa. Para crear el sistema, entrenamos un modelo de aprendizaje automático utilizando una colección de entradas y sus salidas conocidas. El entrenamiento condiciona el modelo modificando sus parámetros, para minimizar los errores que comete con los datos de entrenamiento. Una vez que estamos satisfechos con el rendimiento del modelo, lo utilizamos con entradas desconocidas, porque ahora ya creemos en el modelo cuando nos da una salida (al menos, la mayoría de las veces).

Nuestro primer ejemplo procede de un famoso conjunto de datos que consiste en medir las partes de las flores de iris. Este conjunto de datos data de la década de los treinta, lo que indica desde cuándo se contempla lo que ahora llamamos aprendizaje automático.

El objetivo es un modelo que, para una colección de medidas de entrada, determine la especie específica de flor de iris. El conjunto de datos completo tiene cuatro medidas para tres especies de iris. Lo simplificaremos y utilizaremos dos medidas y dos especies: longitud y anchura de los pétalos en centímetros (cm) para *I. setosa* frente a *I. versicolor*. Por lo tanto, queremos que el modelo acepte dos medidas como entrada y nos dé una salida que podamos interpretar, como *I. setosa* o *I. versicolor*.

Los modelos binarios como este siempre deciden entre dos posibles resultados y son comunes en la IA. Si el modelo decide entre más de dos categorías, se trata de un modelo multiclase.

Tenemos 100 muestras en nuestro conjunto de datos: 100 pares de medidas de pétalos y los correspondientes tipos de flores de iris. Llamaremos a *I. setosa* clase 0 y a *I. versicolor* clase 1, donde clase etiqueta las categorías de entrada.

Los modelos a menudo quieren etiquetas de clase numéricas, lo que nos indica que los modelos desconocen lo que significan sus entradas y salidas; solo hacen asociaciones entre conjuntos de entradas y salidas. Los modelos no "piensan", según ninguna definición comúnmente aceptada de la palabra (los modelos del capítulo 7 podrían ser diferentes, pero ya hablaremos de ello más adelante).

****

Llegados a este punto, debemos hacer una pausa para introducir terminología que es de vital importancia. Sé que no es lo más apetecible de leer, pero resulta esencial para todo lo que sigue. La IA utiliza con frecuencia vectores y matrices (en singular, "matriz"). Un vector es una cadena de números tratados como una sola entidad; por ejemplo, las cuatro medidas de cada flor del iris nos permiten representar la flor como una cadena de cuatro números; pongamos por caso: 4.5, 2.3, 1.3, 0,3. La flor descrita por este vector tiene una longitud de sépalo de 4.5 cm, una anchura de sépalo de 2.3 cm, una longitud de pétalo de 1.3 cm y una anchura de pétalo de 0.3 cm. Al agrupar estas medidas, podemos referirnos a ellas como una única entidad.

El número de elementos de un vector determina su dimensionalidad; por ejemplo, el conjunto de datos del iris utiliza vectores de cuatro dimensiones, las cuatro medidas de la flor. La IA trabaja a menudo con entradas que tienen cientos o incluso miles de dimensiones. Si la entrada es una imagen, cada píxel de esa imagen es una dimensión, lo que significa que una pequeña imagen cuadrada de 28 píxeles se convierte en un vector de entrada de 28 × 28, o 784 dimensiones. El concepto es el mismo en 3 dimensiones o 33 000 dimensiones: sigue siendo una cadena de números tratada como una entidad única. Pero una imagen tiene filas y columnas, lo que la convierte en una matriz bidimensional de números, no en una cadena. Las matrices bidimensionales de números son matrices. En el aprendizaje automático, a menudo representamos los conjuntos de datos como matrices, en las que las filas son vectores que representan los elementos del conjunto de datos, como una flor de iris, y las columnas son las medidas; por ejemplo, las cinco primeras flores del conjunto de datos de iris forman la siguiente matriz:

$$\begin{bmatrix} 4.5 & 2.3 & 1.3 & 0.3 \\ 5.6 & 2.9 & 3.6 & 1.3 \\ 5.7 & 4.4 & 1.5 & 0.4 \\ 6.7 & 3.1 & 4.4 & 1.4 \\ 4.6 & 3.1 & 1.5 & 0.2 \end{bmatrix}$$

Cada fila es una flor. Observe que la primera fila coincide con el ejemplo del vector. Las filas restantes muestran las medidas de otras flores.

Mientras lee, recuerde estas ideas:

- Los vectores son cadenas de números que suelen representar medidas en un conjunto de datos.

- Las matrices son matrices bidimensionales de números, que suelen representar conjuntos de datos (pilas de vectores).

A medida que avancemos en el estudio de la IA, iremos descubriendo las diferencias entre vectores y matrices. Ahora, volvamos a nuestra historia.

****

Las entradas de un modelo son sus características. Nuestro conjunto de datos de la flor del iris tiene dos características, la longitud y la anchura del pétalo, que se agrupan en vectores de características (o muestras). Un único vector de características sirve de entrada al modelo. La salida de un modelo binario suele ser un número que indica si el modelo cree que la entrada pertenece a la clase 1. En nuestro ejemplo, daremos al modelo un vector de características formado por dos características y esperamos una salida que nos permita decidir si debemos llamar a la entrada *I. versicolor.* Si no es así, declaramos que la entrada es *I. setosa,* porque asumimos que las entradas siempre serán una u otra.

Los protocolos en cuanto a aprendizaje automático establecen que debemos probar nuestro modelo; de lo contrario, ¿cómo sabremos que funciona? Se puede pensar que funciona cuando acierta todas las muestras de entrenamiento, pero, a estas alturas, la experiencia ha enseñado a los profesionales que no siempre es así. La forma correcta de probar un modelo es conservar algunos de los datos de entrenamiento etiquetados para utilizarlos después del entrenamiento. El rendimiento del modelo en este conjunto de datos de prueba retenido indica mejor lo bien que ha aprendido el modelo.

Utilizaremos 80 muestras etiquetadas para el entrenamiento y conservaremos 20 de ellas para la prueba, asegurándonos de que tanto el conjunto de entrenamiento como el de prueba contienen una mezcla aproximadamente equilibrada de ambas clases (tipos de flores). Esto también es esencial en la práctica, en la medida de lo posible. Si nunca mostramos al modelo de ejemplos de una determinada clase de entrada, ¿cómo podrá aprender a distinguir esa clase de las demás?

Utilizar un conjunto de pruebas reservado para juzgar el rendimiento de un modelo no es solo cuestión de protocolo. Aborda un aspecto fundamental en el aprendizaje automático: la generalización. Algunos modelos de aprendizaje automático siguen un proceso bastante similar a un enfoque ampliamente utilizado y que se conoce como optimización. Los científicos y los ingenieros utilizan la optimización para ajustar los datos medidos a funciones conocidas; los modelos de aprendizaje automático también utilizan la optimización para acondicionar sus parámetros, pero aquí el objetivo es diferente. Al ajustar los datos a una función, como una línea, se busca crear el mejor ajuste posible, o la línea que mejor explique los datos medidos. En el aprendizaje automático, en cambio, queremos un modelo que aprenda las características generales de los datos de entrenamiento para generalizarlos a nuevos datos; de ahí que evaluemos el modelo con el conjunto de prueba. Para el modelo, el conjunto de prueba contiene datos nuevos que no ha utilizado para modificar sus parámetros. El rendimiento del modelo en el conjunto de prueba no es sino un indicio de su capacidad de generalización.

Nuestro ejemplo tiene dos características de entrada, lo que significa que los vectores de características son bidimensionales. Como tenemos dos dimensiones, podemos optar por hacer un gráfico del conjunto de datos de entrenamiento (si tenemos dos o tres características en un vector de características, podemos trazar los vectores de características. Sin embargo, la mayoría de los vectores de características tienen entre cientos y miles de características. No sé usted, pero yo soy incapaz de visualizar un espacio de mil dimensiones).

En la figura 1.2, se muestran los datos de entrenamiento bidimensionales de iris; el eje *x* es la longitud del pétalo y el eje *y* es la anchura del pétalo. Los círculos corresponden a casos de *I. setosa* y los cuadrados, a *I. versicolor*. Cada círculo o cuadrado representa una única muestra de entrenamiento, la longitud y la anchura de los pétalos de una flor concreta. Para colocar cada punto, encuentre la longitud del pétalo en el eje *x* y la anchura del pétalo en el eje *y*. A continuación, desplácese hacia arriba desde el eje *x* hacia el eje *y*. Luego, desplácese hacia arriba desde el eje *x* y hacia la derecha desde el eje *y*.

El punto de unión de los dedos representa la flor. Si la flor es *I. setosa*, haga que el punto sea un círculo; si no, haga que sea un cuadrado.

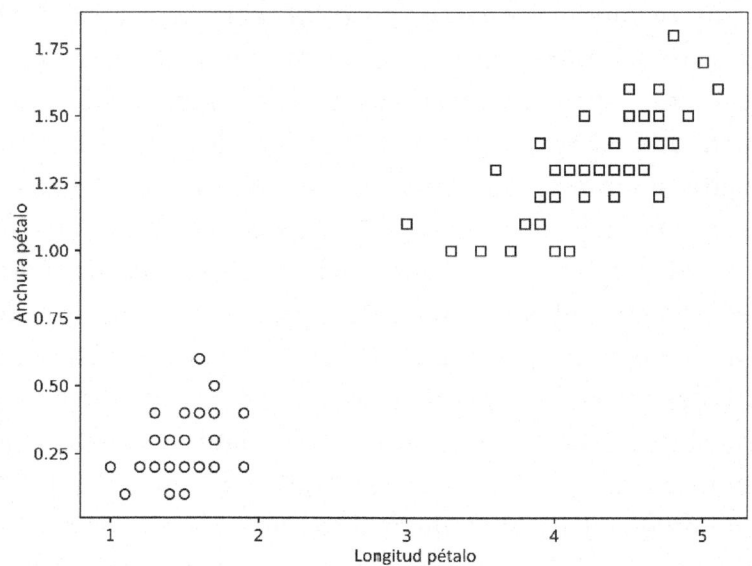

Figura 1.2. Datos de entrenamiento para iris

En el gráfico de la figura 1.2, se muestra el espacio de características del conjunto de entrenamiento. En este caso, podemos visualizar directamente el conjunto de entrenamiento, puesto que solo tenemos dos características. No obstante, cuando esto no sea posible, no hay que pensar que todo está perdido. También existen algoritmos avanzados que nos permiten hacer gráficos, como el de la figura 1.2, en el que los puntos en dos o tres dimensiones reflejan la distribución de las muestras en el espacio de dimensiones mucho mayores. Aquí, la palabra espacio significa casi lo mismo que en el lenguaje cotidiano.

Observe detenidamente la figura 1.2. ¿Hay algo que llame su atención? ¿Están mezcladas las distintas clases o se ven bien separadas? Todos los círculos ocupan la esquina inferior izquierda del gráfico, mientras que todos los cuadrados están en la esquina superior derecha. No hay solapamiento entre las clases, lo que significa que están completamente separadas en el espacio de características.

Ahora bien, ¿cómo podemos utilizar este hecho para crear un clasificador, un modelo que clasifique las flores del iris (aunque modelo es el término más general, ya que no todos los modelos colocan sus entradas en categorías; cuando lo hacen, se utiliza el término clasificador).

Tenemos muchos tipos de modelos entre los que elegir para nuestro clasificador, incluidos los árboles de decisión, que generan una serie de preguntas de "sí/no" relacionadas con las características utilizadas para decidir la etiqueta de clase a la que dar salida para una entrada dada. Cuando las preguntas se presentan visualmente, forman una estructura que recuerda a un árbol invertido. Piense en un árbol de decisión como una versión generada por ordenador del juego de las *20 preguntas.*

Aunque tenemos dos características, la longitud y la anchura de los pétalos, podemos clasificar nuevas flores de iris con una sola pregunta: ¿es inferior la longitud de los pétalos a 2.5 cm? Si la respuesta es "sí", devolvemos la clase 0, *I. setosa;* en caso contrario, devolvemos la clase 1, *I. versicolor.* Para clasificar correctamente los datos de entrenamiento, solo necesitamos la respuesta a esta sencilla pregunta.

¿Se ha fijado bien en lo que acabo de hacer? He dicho que la pregunta clasifica correctamente todos los datos de entrenamiento. ¿Qué pasa con las

20 muestras de prueba que no hemos utilizado? ¿Es suficiente nuestro clasificador de una sola pregunta para dar a cada una de ellas la etiqueta correcta? En la práctica, eso es lo que queremos saber y lo que comunicaríamos como rendimiento del clasificador.

En la figura 1.3, se muestran de nuevo los datos de entrenamiento, junto con los datos de prueba que no utilizamos para crear nuestro clasificador de una sola pregunta. Los círculos y cuadrados sólidos representan los datos de prueba.

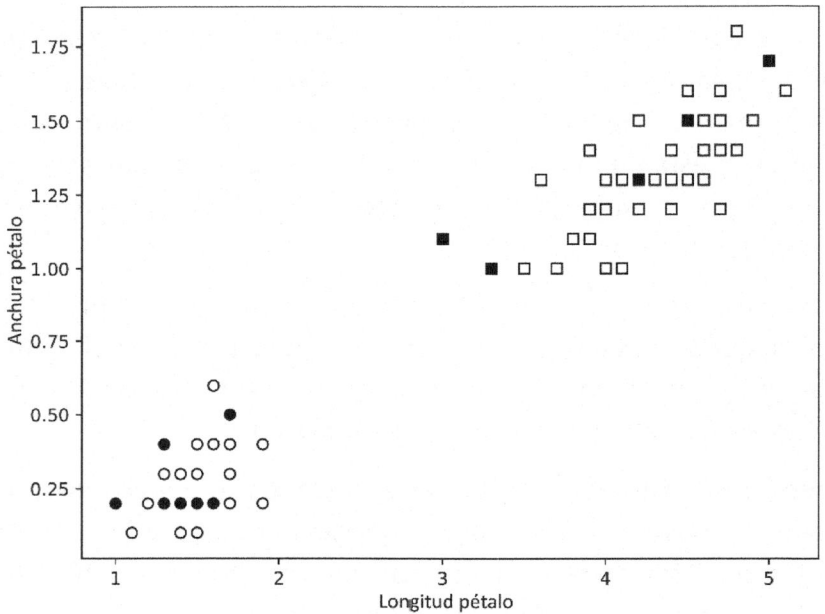

Figura 1.3. Datos de entrenamiento para iris con los datos de prueba ocultos (sólidos)

Ninguno de los datos de prueba infringe nuestra regla; seguimos obteniendo etiquetas de clase correctas preguntando si la longitud del pétalo es inferior a 2.5 cm. Por tanto, podemos concluir que nuestro modelo es perfecto; no comete errores. Enhorabuena, acabas de crear tu primer modelo de aprendizaje automático.

Deberíamos estar contentos, pero no demasiado. Repitamos ahora este ejercicio volviendo a colocar *I. setosa* con la especie de iris restante: *I. virginica.* Esto nos lleva a la figura 1.4, donde los triángulos son instancias de *I. virginica.*

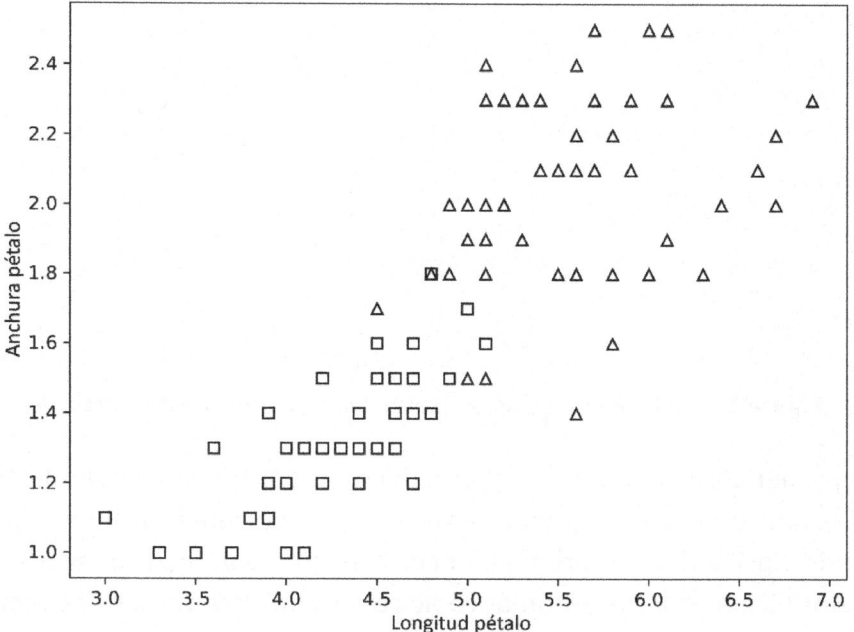

Figura 1.4. Los nuevos datos de entrenamiento para iris

Ahora ya las cosas no están tan claras. Ha desaparecido la diferencia obvia entre las clases, y estas se solapan.

He entrenado un árbol de decisión utilizando este nuevo conjunto de datos del iris. Como antes, había 80 muestras para el entrenamiento y 20 retenidas para las pruebas. Esta vez, el modelo no fue perfecto. Etiquetó correctamente 18 de las 20 muestras, con una precisión de 9 sobre 10, es decir, del 90 %. Esto significa a grandes rasgos que, cuando este modelo asigna una flor a una clase determinada, hay un 90 % de probabilidades de que sea correcto. La frase anterior, para tener rigor, necesita una aclaración cuidadosa, pero, por ahora, se entiende la idea: los modelos de aprendizaje automático no siempre son perfectos; [con bastante frecuencia] cometen errores.

En la figura 1.5, se muestra el árbol de decisión aprendido. Empiece por la parte superior, que es la raíz, y luego responda a la pregunta en ese cuadro. Si la respuesta es "sí", muévase a la casilla de la izquierda; si no, muévase a la derecha. Siga respondiendo y avanzando así hasta llegar a una hoja: una casilla sin flechas. La etiqueta de esta casilla se asigna a la entrada.

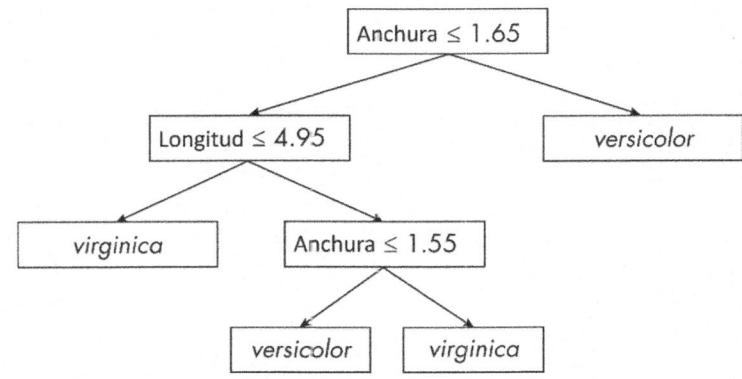

Figura 1.5. El árbol de decisión para *I. virginica,* frente a *I. versicolor*

El primer clasificador del árbol de decisión era trivial, ya que bastaba la respuesta a una sola pregunta para decidir la pertenencia a una clase. El segundo clasificador del árbol de decisión es más común. La mayoría de los modelos de aprendizaje automático no son especialmente sencillos. Aunque su funcionamiento es comprensible, entender por qué actúan como lo hacen es una cuestión totalmente distinta. Los árboles de decisión son uno de los pocos tipos de modelos que se explican fácilmente por sí mismos. Para cualquier entrada, el camino recorrido desde la raíz hasta la hoja en la figura 1.5 aclara en detalle por qué la entrada recibió una etiqueta determinada. Sin embargo, las redes neuronales de la IA moderna no son tan transparentes.

****

Para que un modelo funcione bien "en estado salvaje", es decir, cuando se utiliza en el mundo real, los datos utilizados para entrenar el modelo deben cubrir toda la gama de entradas que el modelo podría encontrar; por ejemplo, supongamos que queremos que un modelo identifique imágenes de perros y que nuestro conjunto de datos de entrenamiento solo contiene imágenes de perros y loros. Aunque el modelo funcione bien en nuestro conjunto de pruebas, que también incluye imágenes de perros y loros, ¿qué puede ocurrir cuando desplegamos el modelo y este se encuentra con la imagen de un lobo? Intuitivamente, podríamos esperar que el modelo dijera "es un perro", igual que un niño pequeño, antes de aprender qué es un lobo. Esto es precisamente lo que haría la mayoría de los modelos de aprendizaje automático.

Para ilustrarlo, hagamos un experimento. Un popular conjunto de datos utilizado por todos los investigadores de IA consiste en decenas de miles de pequeñas imágenes que contienen dígitos escritos a mano, del 0 al 9. Se conoce con el poco inspirador nombre de Modified NIST (MNIST), porque se obtuvo a finales de los años noventa a partir de un conjunto de datos estructurado por el Instituto Nacional de Estándares y Tecnología (NIST, por sus siglas en inglés), la división del Departamento de Comercio de Estados Unidos, encargada de implementar todo tipo de estándares para casi todo en el ámbito comercial e industrial.

En la figura 1.6, se presentan algunas muestras típicas de dígitos MNIST. Nuestro objetivo es construir una red neuronal que aprenda a identificar los dígitos 0, 1, 3 y 9. Podemos entrenar redes neuronales, sin saber cómo funcionan, gracias a potentes conjuntos de herramientas de código abierto, como *scikit-learn,* que están a disposición de todo el mundo. Por un lado, esto democratiza la IA; por otro, lo de contar con solo un poco de conocimiento suele resultar peligroso. Los modelos pueden parecer buenos cuando, en realidad, son defectuosos.

Y la falta de conocimiento sobre el funcionamiento de los modelos puede impedir que nos demos cuenta de ello antes de que sea demasiado tarde.

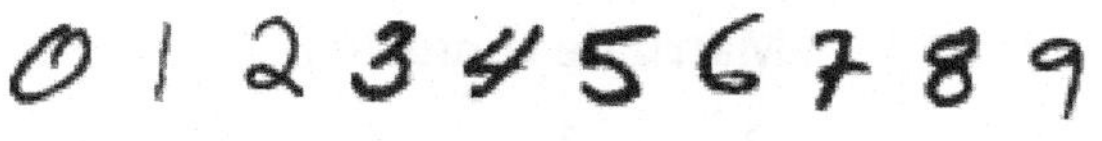

Figura 1.6. Ejemplo de dígitos MNIST

Una vez entrenado el clasificador, lo pondremos a prueba con imágenes de cuatros y sietes, entradas que la IA nunca vio durante el entrenamiento. ¿Qué podría hacer el modelo con estas entradas?

He entrenado el modelo de dígitos con un conjunto de herramientas de código abierto. Por ahora, todo lo que necesitamos saber sobre el conjunto de datos es que los vectores de características de entrada son imágenes de dígitos sin desentrañar; a la primera fila de píxeles le sigue la segunda fila, luego la tercera, y así sucesivamente, hasta que toda la imagen se desentraña en un vector largo: una cadena de números. Las imágenes de dígitos tienen 28×28 píxeles, lo que hace que el vector de características tenga 784 números.

Estamos pidiendo a la red neuronal que aprenda sobre cosas en un espacio de 784 dimensiones, en lugar del simple espacio bidimensional que utilizábamos antes, pero el aprendizaje automático está a la altura del reto.

El conjunto de entrenamiento utilizado para acondicionar el modelo de la red neuronal contenía 24 745 muestras, aproximadamente 6000 de cada tipo de dígito (0, 1, 3 y 9). Es probable que esto sea suficiente para representar fielmente los tipos de dígitos que el modelo podría encontrar al utilizarlo, pero tenemos que probarlo para saberlo. A fin de cuentas, la IA es, en gran medida, una ciencia empírica.

El conjunto de prueba, que también contenía los dígitos 0, 1, 3 y 9, tenía 4134 muestras (unas 1000 por cada dígito).

Utilizaremos una matriz de confusión, una tabla bidimensional de números, para evaluar el modelo. Las matrices de confusión son la forma más común de evaluar un modelo, porque muestran cómo se comporta en los datos de prueba.

En este caso, la matriz de confusión para nuestro clasificador de dígitos es la que se muestra en la tabla 1.1.

Tabla 1.1. Matriz de confusión del clasificador de dígitos

Matriz de confusión

	0	1	3	9
0	978	0	1	1
1	2	1,128	3	2
3	5	0	997	8
9	5	1	8	995

Las filas de la matriz representan las etiquetas verdaderas de las muestras dadas al modelo. Las columnas son las respuestas del modelo. Los valores de la tabla son recuentos; es decir, el número de veces que se ha producido cada combinación posible de clase de entrada y etiqueta asignada por el modelo.

Por ejemplo, la primera fila representa los ceros del conjunto de pruebas. De esas 980 entradas, el modelo asignó una etiqueta de 0 a 978 de ellas, pero dijo que la entrada era un 3 una vez y un 9 en otra ocasión. Por consiguiente, cuando el cero fue la entrada, la salida del modelo fue correcta 978 de 980 veces; un dato indudablemente alentador.

Del mismo modo, cuando la entrada era un 1, el modelo devolvió la etiqueta correcta 1128 veces. Acertó 997 veces para los treses y 995 veces para los nueves. Cuando un clasificador es bueno, los números a lo largo de la diagonal de la matriz de confusión desde arriba a la izquierda hasta abajo a la derecha son altos, y casi no hay números fuera de esa diagonal. Los números fuera de la diagonal son errores cometidos por el modelo.

En general, el modelo de dígitos tiene una precisión del 99 %. Tenemos un modelo sólido y que funciona bien, siempre y cuando podamos asegurarnos de que todas las entradas del modelo son realmente 0, 1, 3 o 9. Pero ¿y si no lo son?

Le di al modelo 982 cuatros. El modelo respondió así:

0	1	3	9
48	9	8	917

En otras palabras, el modelo devolvió una etiqueta de 9 para 917 de los 982 cuatros, una etiqueta de 1 para 48 cuatros y etiquetas de 1 o 3 para el resto. ¿Y los sietes?

0	1	3	9
19	20	227	762

El modelo seguía prefiriendo llamar nueves a los sietes, pero, a menudo, también los llamaba treses. Las redes neuronales son reacias a revelar sus secretos cuando explican sus acciones, pero, en este caso, de los 227 sietes etiquetados como tres, 47 eran sietes de estilo europeo con una barra. Una muestra aleatoria de 227 sietes de todo el conjunto de datos arrojó solo 24 sietes de estilo europeo. La comparación no es rigurosa desde el punto de vista matemático, pero indica que los sietes con barra suelen ser lo bastante parecidos a un tres como para engañar al modelo.

Al modelo nunca se le enseñó a reconocer cuatros o sietes, así que hizo lo más parecido y los colocó en una categoría cercana. Dependiendo de cómo estén escritos, la gente puede confundir los cuatros y los sietes con nueves, por ejemplo. El modelo comete el tipo de errores que comete la gente, lo cual es interesante, pero lo más importante es que el modelo es deficiente, porque no se ha entrenado con toda la gama de entradas que puede encontrar. No tiene forma de decir "no lo sé", y conseguir que un modelo lo diga de forma fiable puede ser complicado.

Se trata de un ejercicio sencillo, pero las implicaciones son profundas. En lugar de dígitos, ¿qué pasaría si el modelo buscara cáncer en imágenes médicas, pero nunca se lo hubiera entrenado para reconocer una categoría importante de lesión o todas las formas que podría adoptar esa lesión? Un conjunto de datos completo y bien construido podría marcar la diferencia entre la vida y la muerte.

$$****$$

También podemos pensar en el ejemplo de los dígitos en términos de interpolación y extrapolación. La interpolación aproxima dentro del rango de datos conocidos y la extrapolación va más allá de los datos conocidos.

En el ejemplo de los dígitos, la interpolación puede referirse a encontrar un cero inclinado cuando ninguno de los ceros del conjunto de entrenamiento estaba especialmente inclinado. En cierto modo, el modelo debe interpolar para responder correctamente.

La extrapolación se parece más a clasificar un cero con una barra, que es algo que no se ha visto durante el entrenamiento. Para entender mejor estos términos, modelicemos la población mundial desde 1950 hasta 2020.

En primer lugar, ajustaremos una recta a los datos de 1950 a 1970. El ajuste de una recta es una forma de ajuste de curvas; considérelo como el primo menos sofisticado del aprendizaje automático. Para ajustar una recta, hay que encontrar dos números: la pendiente y el intercepto. La pendiente nos indica la inclinación de la recta. Si la pendiente es positiva, la línea aumenta a medida que nos movemos de izquierda a derecha a lo largo del eje *x* de un gráfico. Una pendiente negativa significa que la recta disminuye, según nos movemos a lo largo del eje *x*. La intercepción es el punto en el que la recta se cruza con el eje *y*, es decir, el valor cuando la entrada es cero.

A la hora de ajustar una recta, utilizamos un algoritmo para encontrar la pendiente y la intersección que mejor caracterizan a los datos (en este caso, la población mundial de 1950 a 1970). En la figura 1.7, se muestra un gráfico de la recta y las poblaciones reales por año, señaladas con signos +. La recta pasa a través o cerca de la mayoría de los signos +, por lo que el ajuste es razonable. Obsérvese que la población está expresada en miles de millones.

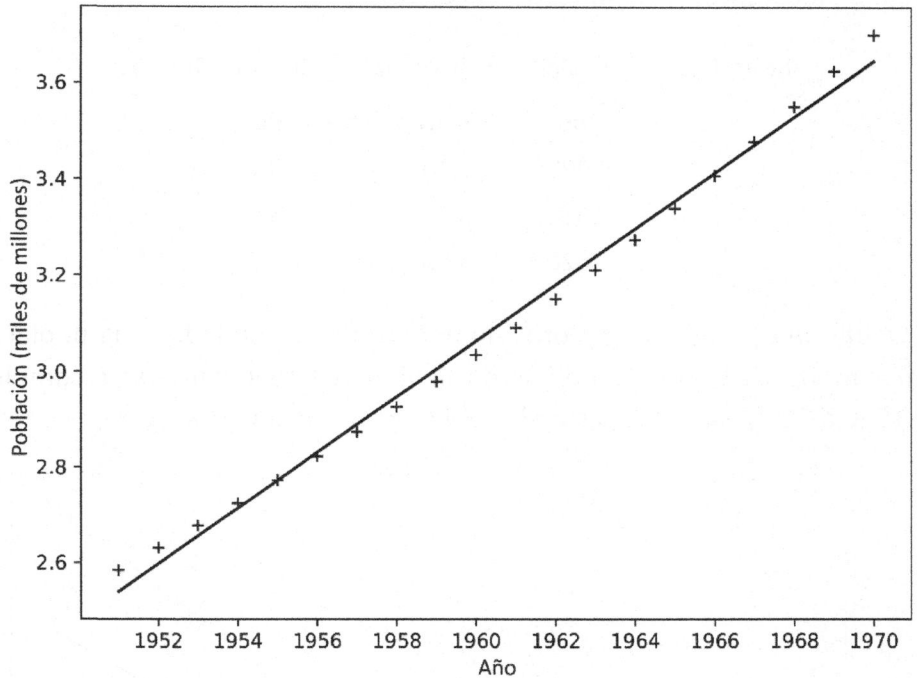

Figura 1.7. Población mundial de 1950 a 1970

Una vez que tenemos la recta, podemos utilizar la pendiente y la intersección, para estimar la población de cualquier año. Estimar la población de los años comprendidos entre 1950 y 1970 es interpolar, porque hemos utilizado datos de ese intervalo de años para crear la recta. Si estimamos la población para años anteriores a 1950 o posteriores a 1970, estamos extrapolando. En la tabla 1.2, se muestran los resultados de la interpolación.

Tabla 1.2. Interpolación de la población entre 1950 y 1970

Año	Interpolado	Real
1954	2.71	2.72
1960	3.06	3.03
1966	3.41	3.41

Los valores de población interpolados se aproximan bastante a los valores de población reales, lo que significa que el modelo (en este caso, el ajuste lineal a los datos) funciona bien. Ahora, extrapolemos a fechas fuera del rango de ajuste, como se muestra en la tabla 1.3.

Tabla 1.3. Extrapolación de la población después de 1970

Año	Extrapolado	Real
1995	5.10	5.74
2010	5.98	6.96
2020	6.56	7.79

La diferencia entre los valores de población extrapolados y la población real aumenta cada año. El modelo no va bien. Al trazar el intervalo completo de 1950 a 2020, salta a la vista el problema; véase la figura 1.8.

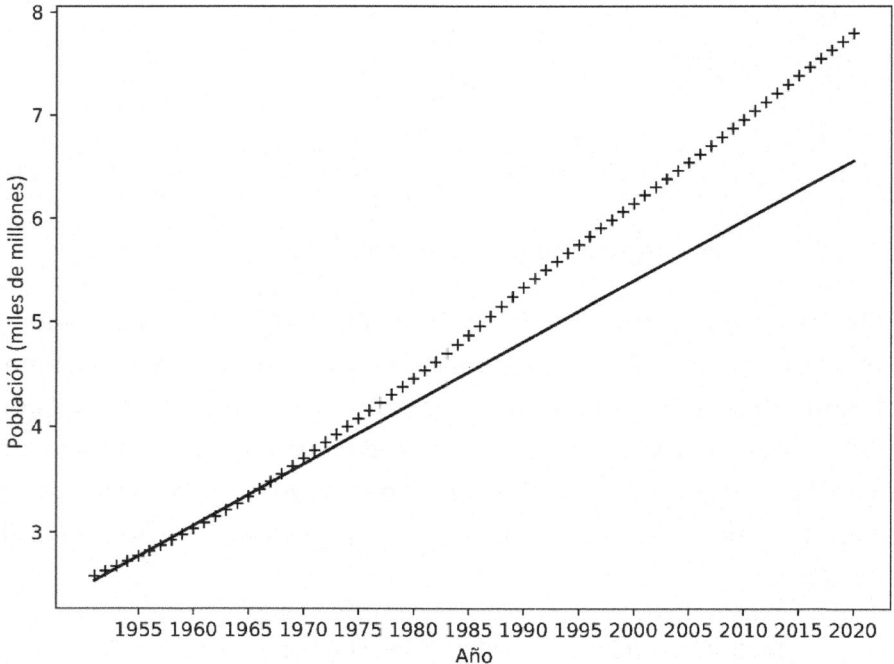

Figura 1.8. Población mundial de 1950 a 2020

A medida que pasa el tiempo, la línea de ajuste se vuelve cada vez más errónea porque, después de todo, los datos no son lineales; es decir, la tasa de crecimiento no es constante y no sigue una línea recta.

Al extrapolar, podríamos tener razones para creer que los datos seguirán ajustándose a la línea; si esa es una suposición válida, entonces la línea seguirá siendo un buen ajuste. Sin embargo, en el mundo real, no solemos tener esa seguridad. En ese sentido, como eslogan, podríamos decir que la interpolación es buena y la extrapolación es mala.

El ajuste de una recta a unos datos es un ejemplo de ajuste de curvas. Lo que es cierto para el ajuste de curvas también lo es para la IA. El modelo de dígitos escritos a mano funcionó bien cuando se le dieron entradas cercanas a los datos que estaba entrenado para reconocer. Los dígitos de los datos de prueba eran todos casos de 0, 1, 3 y 9, por lo que los datos de prueba eran como los datos de entrenamiento. Los dos conjuntos de datos proceden de la misma distribución, y el mismo proceso de generación de datos creó ambos conjuntos.

Por tanto, podemos afirmar que, en esos casos, el modelo estaba, en cierto modo, interpolando. Sin embargo, cuando forzamos al modelo a tomar decisiones sobre cuatros y sietes, estábamos extrapolando por hacer que el modelo tomara decisiones sobre datos que nunca vio durante el entrenamiento.

No me cansaré de repetirlo: la interpolación es buena; la extrapolación es mala. Los malos conjuntos de datos conducen a malos modelos; los buenos conjuntos de datos conducen a buenos modelos, que se comportan mal cuando se ven obligados a extrapolar. Y, por si fuera poco, todos los modelos son erróneos, pero algunos son útiles.

****

Siguiendo la línea del libro de Hilaire Belloc de 1907 *Cautionary Tales for Children* (una mirada divertida y un tanto espeluznante a las tonterías que cometen los niños y que podrían tener un final desafortunado), examinemos algunas historias con moraleja que los profesionales de la IA deberían tener muy en cuenta a la hora de entrenar, probar y, sobre todo, desplegar modelos.

En 2016, tuve el placer de asistir a una conferencia en la que el ponente compartió los resultados de su análisis sobre por qué una red neuronal elige de la forma en que lo hace. Aunque el problema aún no se ha resuelto del todo, sí se ha avanzado mucho en ello. En este caso, la investigación marcaba partes de las imágenes de entrada que influían en la decisión del modelo.

El ponente mostró imágenes de *huskies* y lobos y habló de su clasificador para diferenciar entre ambos. Mostró lo bien que funcionaba en un conjunto de pruebas y preguntó al público, todos investigadores en materia de aprendizaje automático, si aquel era un buen modelo. Muchos dijeron que sí, pero con dudas, porque esperaban una trampa. Y tenían razón. A continuación, el ponente marcó las imágenes para mostrar las partes en las que la red neuronal se centraba al tomar sus decisiones. El modelo no prestaba la más mínima atención ni a los perros ni a los lobos. En cambio, dicho modelo sí se fijó en que todas las imágenes de entrenamiento de lobos tenían nieve de fondo, mientras que ninguna de las imágenes de perros tenía nieve. El modelo no aprendió nada sobre perros y lobos, sino solo sobre nieve y no nieve. Una aceptación descuidada del comportamiento del modelo jamás habría revelado este hecho, y el modelo podría haber sido desplegado para acabar fracasando en el mundo real.

Se cuenta una historia similar de un sistema de aprendizaje automático muy antiguo de los años cincuenta o sesenta. Es probable que sea apócrifa, aunque sí he leído un artículo de esa época que podría ser el origen de la leyenda urbana. En este caso, las imágenes eran vistas aéreas de bosques. Algunas de ellas contenían un tanque, mientras que otras no.

Un modelo entrenado para detectar tanques parecía funcionar bien con los datos de entrenamiento, pero fracasaba estrepitosamente cuando se utilizaba en la vida real. Al final se descubrió lo que estaba sucediendo: que un conjunto de imágenes de entrenamiento se había tomado en un día soleado y el otro en un día nublado. En realidad, el modelo no había aprendido nada de lo que sus creadores creían.

Existen ejemplos más recientes de este fenómeno con modelos de aprendizaje automático más avanzados. Algunos incluso han engañado a los expertos, al hacerles creer que el modelo había aprendido algo fundamental sobre el lenguaje o cosas por el estilo cuando, en realidad, había aprendido correlaciones en extremo sutiles en los datos de entrenamiento que ningún humano podría detectar (fácilmente).

La palabra correlación tiene un significado matemático estricto, pero captamos su esencia con la frase "correlación no implica causalidad". Se habla de correlación cuando dos cosas están vinculadas, de forma que la aparición de una implica la aparición de la otra, a menudo en un orden determinado. Más concretamente, la correlación mide el grado en que un cambio en una cosa está asociado a un cambio en otra. Si ambos aumentan, están correlacionados positivamente. Si uno aumenta y el otro disminuye, la correlación es negativa.

Por ejemplo, un gallo canta y sale el sol. Los dos acontecimientos dependen del tiempo: primero, el gallo y, luego, el sol. Esta correlación no implica causalidad, ya que el canto del gallo no provoca la salida del sol, pero, si se observa una correlación de este tipo con la suficiente frecuencia, la mente humana empieza a ver uno como causante del otro, incluso cuando no haya pruebas reales de ello. No es difícil entender por qué los humanos actúan así. La evolución favoreció a los primeros humanos que hicieron tales asociaciones porque, a veces, las asociaciones conducían a comportamientos beneficiosos para la supervivencia.

"Correlación no implica causalidad" también se aplica a la IA. Los modelos antes mencionados aprendieron a detectar cosas en los datos de entrenamiento que se correlacionaban con los objetivos previstos (perros, lobos, tanques...), pero no aprendieron sobre los objetivos en sí. Los expertos en aprendizaje automático siempre están atentos a estas falsas correlaciones. Utilizar un conjunto de datos amplio y muy diverso para el entrenamiento y las pruebas puede evitar este efecto, aunque no siempre es posible en la práctica.

Por ello, sí o sí debemos preguntarnos si nuestros modelos han aprendido lo que suponemos que han aprendido. Y, como vimos con los dígitos MNIST, hemos de asegurarnos de que nuestros modelos han visto todos los tipos de entradas que encontrarán en la naturaleza: deben interpolar, no extrapolar.

Esto es más importante de lo que podría parecer en un principio. Google aprendió esta lección en 2015, cuando desplegó una función para Google Fotos, en la que el modelo no estaba suficientemente entrenado en rostros humanos e hizo asociaciones incorrectas e inapropiadas. El sesgo, tanto en el sentido genérico como en el social, es un problema real en la IA.

Realicemos otro experimento con dígitos MNIST. Esta vez, el modelo tiene que tomar una decisión aparentemente sencilla: ¿es un 9 el dígito de entrada? El modelo es la misma red neuronal utilizada anteriormente. Si se entrena con un conjunto de datos en el que cada imagen es un 9 o cualquier otro dígito excepto cuatro o siete (es decir, no hay cuatros ni sietes en los datos de entrenamiento), el modelo tiene una precisión del 99 %, tal y como se muestra en la matriz de confusión:

	No 9	9
No 9	9754	23
9	38	1362

La matriz de confusión nos indica que el modelo etiquetó correctamente 9754 de las 9777 imágenes de prueba que no eran un 9. La etiqueta del modelo también fue correcta para 1362 de los 1400 nueves. Aunque el modelo funciona bien en el conjunto de pruebas, el conjunto no contiene cuatros ni sietes.

En este caso, la matriz de confusión es pequeña, porque el modelo solo tiene dos clases: "9" o "no 9". En otras palabras, se trata de un modelo binario.

El 23 de la esquina superior derecha de la matriz representa 23 veces en las que la entrada no era un 9, pero el modelo decía que sí lo era. Para un modelo binario, la clase 1 se considera normalmente la clase de interés, o la clase positiva. Por lo tanto, estas 23 entradas representan falsos positivos, porque el modelo dijo "es un 9" cuando no lo era. Del mismo modo, las 38 muestras de la parte inferior izquierda son falsos negativos, porque el modelo dijo "no es un 9" cuando en realidad sí lo era. Queremos modelos sin falsos positivos ni negativos, pero a veces es más importante minimizar uno que otro.

Por ejemplo, si un modelo es para detectar cáncer de mama en mamografías, un falso positivo representa un caso en el que el modelo dice "podría ser cáncer", aunque no lo sea. Es aterrador oírlo, pero las pruebas posteriores demostrarán que el modelo estaba equivocado. Sin embargo, un falso negativo representa un cáncer no detectado. Podríamos tolerar un modelo con más falsos positivos si también tuviera prácticamente ningún falso negativo, ya que un falso positivo resulta menos catastrófico que un falso negativo.

A estas alturas, creo que estamos empezando a darnos cuenta de lo importante que es entrenar, caracterizar, probar y comprender nuestros modelos de aprendizaje automático.

****

Muy bien, volvamos ahora a nuestro experimento. El clasificador "es un 9", como nuestro anterior modelo MNIST, no sabe nada de cuatros o sietes. Cuando se le mostraban cuatros y sietes, el modelo MNIST normalmente los llamaba nueves. ¿Hará lo mismo este modelo? Esto es lo que recibí cuando le di al modelo cuatros y sietes:

	No 9	9
No 9	5014	9103

El modelo marcó 9103 de los 14 117 cuatros y sietes como nueves, lo que supone algo más del 65 %, es decir, aproximadamente dos de cada tres. Esto imita el caso en el que presentamos al modelo entradas de un tipo para el que nunca fue entrenado.

Ayudemos al modelo añadiendo cuatros y sietes al conjunto de entrenamiento. Con un poco de suerte, proporcionar ejemplos que digan "parece un 9, pero no lo es", lo que formalmente se conoce como negativos complejos, mejorará el modelo. Hice que el 3 % de los datos de entrenamiento fueran cuatros y sietes. El modelo general era igual de preciso que antes, un 99 %, y esto es lo que ocurrió cuando le di cuatros y sietes que nunca había visto antes.

	No 9	9
No 9	9385	3321

Así está mejor. En lugar de llamar 9 a dos tercios de cuatro o siete entradas, el modelo etiquetó como 9 solo una de cada cuatro. Aquí incluso pueden servir de ayuda algunos ejemplos de cosas que parecen de la clase positiva pero que no lo son. Si aumento la proporción de cuatros y sietes en el conjunto de entrenamiento al 18 %, el modelo clasifica erróneamente cuatros y sietes menos del 1 % de las veces. Dado que los modelos aprenden de los datos, debemos utilizar conjuntos de datos lo más completos posible, para que nuestros modelos interpolen y no extrapolen.

N O T A

Para ser completamente preciso, en este apartado debo decir que investigaciones recientes muestran que los modelos modernos de aprendizaje profundo casi siempre extrapolan, pero, cuanto más similares son las entradas a los datos en los que se entrenó el modelo, mejor es el rendimiento, por lo que me siento justificado para usar la analogía.

Todo aquel que pretenda entender la IA, por no hablar ya de trabajar con ella, debe tomarse muy en serio las advertencias sobre la calidad de los datos utilizados para entrenar los modelos de IA. Un artículo de investigación publicado en 2021 en la revista *Nature Machine Intelligence* y escrito por Michael Roberts y otros, "Common Pitfalls and Recommendations for Using Machine Learning to Detect and Prognosticate for COVID-19 Using Chest Radiographs and CT Scans", es, para mí, un ejemplo de lo más aleccionador. Los autores evaluaron el rendimiento de los modelos de aprendizaje automático diseñados para detectar COVID-19 en radiografías de tórax y tomografías computarizadas, reduciendo el grupo inicial de candidatos de más de 2000 estudios (modelos) a 62 para realizar pruebas rigurosas. Al final, los autores concluyeron que ninguno de los modelos era apto para uso clínico, debido a defectos de construcción, sesgos en los conjuntos de datos o ambos.

Precisamente resultados como estos son los que han llevado a la creación de la IA explicable, un subcampo que trata de dotar a los modelos de la capacidad de explicarse a sí mismos.

Observe sus datos e intente comprender, en la medida de lo humanamente posible, qué está haciendo su modelo y por qué.

****

El título de este capítulo, "Allá vamos", era el eslogan del cómico Jackie Gleason. A menudo es bueno sumergirse en un tema para obtener una visión general, antes de volver para entender las cosas a un nivel más profundo.

En otras palabras, nos apresuramos a hacernos una idea del tema antes de explorarlo más metódicamente.

En el glosario que se incluye al final del libro, encontrará muchos de los términos y conceptos nuevos que se han presentado en este capítulo. Mi objetivo no es que los comprenda todos ahora, ni mucho menos que los retenga, sino plantar las semillas para que, la próxima vez que se encuentre con uno de estos términos o conceptos, pueda pensar: "Ah, ¡eso me suena!". Todos ellos se irán repitiendo a lo largo de los próximos capítulos, así que estoy convencido de que acabará aprendiéndoselos.

Son dos las conclusiones que podemos extraer de este capítulo. La primera tiene que ver con lo que es la IA y sus componentes esenciales. Y la segunda guarda más relación con aprender a intuir lo que la IA puede ofrecernos y cómo debemos responder.

La IA implica modelos, entidades aún nebulosas que podemos acondicionar con datos para que realicen alguna tarea deseada. Existen muchos tipos de modelos de IA y, en este capítulo, se han presentado dos: los árboles de decisión y las redes neuronales. No diré mucho más sobre los árboles de decisión, pero las redes neuronales ocuparán la mayor parte del resto del libro.

La mejor forma de concebir los modelos es como funciones; como las funciones matemáticas que, seguro, recuerda de la escuela o las funciones que forman el núcleo de la mayoría de los programas informáticos. Ambas pueden considerarse cajas negras, donde algo entra (la entrada) y algo sale (la salida). En la IA, la entrada es un vector de características, una colección de lo que sea apropiado para la tarea en cuestión. En este capítulo, hemos utilizado dos vectores de características: las medidas de una flor y las imágenes de un dígito escrito a mano.

El entrenamiento acondiciona el modelo alterando sus parámetros para hacerlo lo más preciso posible. Hay que tener cuidado al entrenar la mayoría de los modelos, para que aprendan las características generales de los datos y no las falsas correlaciones o los detalles minuciosos del conjunto de entrenamiento (un concepto conocido como sobreajuste, que trataremos en el capítulo 4).

El desarrollo adecuado de los modelos de aprendizaje automático significa que debemos tener un conjunto de prueba, una colección de pares de entrada y salida conocidos que no utilizamos durante el entrenamiento. Este conjunto es el que debemos emplear después del entrenamiento para evaluar el modelo. Si el conjunto de datos se construye correctamente, el conjunto de prueba proporciona una idea de lo bien que podemos esperar que el modelo funcione en la vida real.

La segunda conclusión se refiere a lo que la IA puede ofrecernos y a cómo debemos responder a ella. Aunque la IA es poderosa, no piensa como nosotros (por mucho que los modelos del capítulo 7 discrepen). La IA vive y muere por los datos, y únicamente puede llegar a ser tan buena como los datos que le proporcionemos. Si el conjunto de datos está sesgado, la IA está sesgada. Si el conjunto de datos no incluye ejemplos de los tipos de entradas que encontrará cuando se utilice, la IA no podrá manejar dichas entradas correctamente.

Por eso, los ejemplos del capítulo nos advierten de que debemos tener cuidado a la hora de suponer que la IA funciona según lo previsto. ¿Aprendió el modelo lo que queríamos que aprendiera? ¿Se vio influido por correlaciones en los datos que no percibimos o, peor aún, que somos demasiado limitados para discernir? Volvamos al ejemplo de los *huskies* frente a los lobos.

Dado que la IA es tan buena como los datos que recibe, nos corresponde a nosotros hacer que los conjuntos de datos sean justos e imparciales, y comprender lo que la IA ha aprendido realmente, sin suposiciones.

Si la IA apareció por primera vez allá por la década de los cincuenta, ¿por qué ahora, de repente, está en todas partes? El próximo capítulo responde a esta pregunta.

TÉRMINOS CLAVE

Algoritmo, inteligencia artificial, clasificador, etiqueta de clase, matriz de confusión, conjunto de datos, árbol de decisión, aprendizaje profundo, IA explicable, característica, vector de características, aprendizaje automático, modelo, red neuronal, parámetros, pruebas, entrenamiento.

Capítulo 2

¿POR QUÉ AHORA? LA HISTORIA DE LA IA

La cómica obra maestra de Rowan Atkinson, *Mr. Bean,* comienza a altas horas de la noche en una desierta calle londinense. Se enciende una luz blanca, el protagonista cae del cielo y un coro canta en latín: "Ecce homo qui est faba". Mr. Bean se levanta, se quita el traje y corre torpemente hacia la oscuridad. Es algo de otro mundo; algo que ha caído literalmente del cielo, desafiando la comprensión.

Teniendo en cuenta los asombrosos logros de la inteligencia artificial (IA) aparecidos, casi a la vez, en los últimos años, podríamos pensar que la IA, como Mr. Bean, cayó del cielo, completamente formada y escapando por completo de nuestra comprensión. Sin embargo, nada más lejos de la realidad; de hecho, yo diría que la IA aún está en pañales.

¿Por qué tanta IA ahora? Responderé a esa pregunta con una breve (y sesgada) historia de la IA, seguida de un análisis de los avances informáticos que actuaron como catalizadores de la revolución de la IA. Antes de entrar en materia, quisiera adelantar que este capítulo proporciona el contexto para los modelos que exploraremos a lo largo del resto del libro.

****

Desde sus inicios, la IA se ha dividido en dos grandes campos: la IA simbólica y el conexionismo. La IA simbólica trata de modelar la inteligencia manipulando símbolos y enunciados o asociaciones lógicas. El conexionismo, en cambio, intenta modelar la inteligencia construyendo redes de componentes más simples. La mente humana encarna ambos enfoques. Utilizamos los símbolos como elementos del pensamiento y el lenguaje, y nuestras mentes están construidas a partir de redes increíblemente complejas de neuronas, cada una de las cuales es un procesador simple.

En términos de programación informática, el enfoque simbólico de la IA es descendente, mientras que el del conexionismo es ascendente. El diseño descendente comienza con tareas de alto nivel y, luego, las divide en partes cada vez más pequeñas. Por el contrario, un diseño ascendente comienza con piezas más pequeñas y las combina.

Los defensores de la IA simbólica creen que la inteligencia puede lograrse en abstracto, sin un sustrato parecido a un cerebro. Por su parte, los conexionistas siguen el desarrollo evolutivo de los cerebros y sostienen que tiene que haber alguna base, como una colección masiva de neuronas altamente interconectadas, de la que pueda surgir la inteligencia (como quiera que se defina).

Aunque el debate entre la IA simbólica y el conexionismo duró mucho tiempo, con la llegada del aprendizaje profundo se puede decir que los conexionistas han ganado la batalla, aunque quizá no la guerra. En los últimos años se han publicado varios artículos en los que se combinan ambos enfoques. Sospecho que a la IA simbólica aún le quedan uno o dos cameos, si es que no acaba protagonizando un papel secundario.

Mi introducción a la IA a finales de los ochenta fue totalmente simbólica. Se mencionaba el conexionismo como otro enfoque, pero se pensaba que las redes neuronales eran inferiores y que, en el mejor de los casos, tendrían una utilidad marginal.

Así, la historia completa de la IA queda fuera de nuestro alcance. Tal obra magna aguarda a un historiador motivado y capaz. En su lugar, me centraré en el desarrollo del aprendizaje automático, ignorando (¡muy injustamente!) la montaña de esfuerzos realizados durante décadas por los partidarios del campo simbólico. No obstante, tenga presente que, durante la mayor parte de la historia de la IA, la gente hablaba sobre todo de la IA simbólica, no del conexionismo. Para una presentación más justa, le recomiendo el libro de Michael Wooldridge *A Brief History of Artificial Intelligence* (Flatiron Books, 2021), o el relato profundamente personal de Pamela McCorduck en *This Could Be Important: My Life and Times with the Artificial Intelligentsia* (Lulu Press, 2019).

Teniendo en cuenta mi aparente sesgo conexionista, demos un paseo por la historia del aprendizaje automático.

Antes de 1900

El sueño de las máquinas inteligentes se remonta a la Antigüedad. Los antiguos griegos ya relataron el mito de Talos, un robot gigante destinado a proteger a la princesa fenicia Europa. Durante la Edad Media y el Renacimiento, se desarrollaron muchos autómatas, máquinas que se movían y parecían reales. Pero sospecho que ninguno se creía inteligente o capaz de pensar. Algunos eran incluso falsos, como el famoso Turco mecánico, que asombró al mundo jugando y venciendo a muchos ajedrecistas expertos.

Al final se descubrió que, dentro de la máquina, había una persona escondida, que podía controlar al "autómata" manipulando un brazo mecánico para mover las piezas de ajedrez del tablero, mientras veía la configuración del tablero desde abajo. Aun así, la parte mecánica de la máquina era bastante impresionante para finales del siglo XVIII.

Aparte de los autómatas, también hubo intentos tempranos de entender el pensamiento como un proceso mecánico y esfuerzos por producir un sistema lógico capaz de captar el pensamiento. De este modo, fue en el siglo XVII cuando Gottfried Leibniz describió tal concepto de forma abstracta como un "alfabeto del pensamiento". En la década de 1750, Julien Offray de La Mettrie publicó *L'Homme machine (El hombre máquina)*, obra en la que sostenía que el pensamiento es un proceso mecánico.

La idea de que el pensamiento humano podría surgir de la entidad física del cerebro y no del alma espiritual marcó el inicio de un nuevo capítulo en el camino hacia la IA. Si nuestras mentes son máquinas biológicas, ¿por qué no puede haber otro tipo de máquina que piense?

En el siglo XIX, George Boole intentó crear un cálculo del pensamiento y dio lugar a lo que hoy conocemos como álgebra de Boole. Los ordenadores dependen del álgebra de Boole, hasta el punto de que representa su propia implementación como colecciones de puertas lógicas digitales. Boole tuvo un éxito parcial, pero no logró su objetivo declarado: "Investigar las leyes fundamentales de las operaciones de la mente por las que se realiza el razonamiento, darles expresión en el lenguaje simbólico de un cálculo" (*Investigación de las leyes del pensamiento*, 1854). El hecho de que Boole estuviera dispuesto a intentarlo representaba un paso más hacia la idea de que la IA podría ser posible.

Lo que faltaba en estos primeros intentos era una máquina calculadora real. La gente podía soñar con mentes o seres artificiales (como la criatura del Frankenstein de Mary Shelley) y, suponiendo que existieran, discutir sobre sus repercusiones. Pero, hasta que no existiera una máquina capaz de imitar (¿implementar?) el pensamiento, todo lo demás eran especulaciones.

Fue el inglés Charles Babbage quien, a mediados del siglo XIX, concibió por primera vez una máquina de cálculo de propósito general implementable: la máquina analítica. Aquella máquina nunca se construyó en su totalidad, pero contenía todos los componentes esenciales de un ordenador moderno y, en teoría, sería capaz de realizar las mismas operaciones. Aunque no está claro si Babbage apreció la versatilidad potencial de su máquina, su amiga Ada Lovelace sí que lo hizo. Escribió sobre la máquina como un dispositivo de uso general y ampliamente aplicable. Sin embargo, no creía que la máquina fuera capaz de pensar, como demuestra esta cita de su *Sketch of the Analytical Engine* (1843):

> La máquina analítica no tiene ninguna pretensión de crear nada. Puede hacer cualquier cosa que le ordenemos. Puede seguir el análisis, pero no puede anticipar ninguna relación o verdad analítica. Su función es ayudarnos a poner a nuestra disposición lo que ya conocemos.

Es posible que esta cita sea la primera que se refiere a la posibilidad de la inteligencia artificial con un dispositivo potencialmente capaz de conseguirla. La frase "hacer cualquier cosa que le ordenemos" implica programación. De hecho, Lovelace escribió un programa para la máquina analítica. Justo por eso, muchos la consideran la primera programadora informática. El hecho de que su programa contuviera un error me demuestra que lo fue; nada es más emblemático de la programación que los errores, tal y como han demostrado con angustiosa frecuencia mis más de cuatro décadas de experiencia en programación.

De 1900 a 1950

En 1936, un inglés de veinticuatro años llamado Alan Turing, todavía estudiante, escribió un artículo que, con el tiempo, se ha convertido en la piedra angular de la informática. En él, Turing presentó una máquina conceptual genérica, lo que hoy llamamos máquina de Turing, y demostró que podía calcular cualquier cosa representable mediante un algoritmo. También explicó que hay cosas que no pueden implementarse mediante algoritmos y que, por lo tanto, son imposibles de calcular. Dado que todos los lenguajes de programación modernos son equivalentes a una máquina de Turing, los ordenadores modernos pueden implementar cualquier algoritmo y calcular cualquier cosa computable. Sin embargo, esto no dice nada sobre el tiempo que puede tardar el cálculo o la memoria necesaria.

Si un ordenador puede calcular cualquier cosa que pueda implementarse como un algoritmo, entonces es capaz de realizar cualquier operación mental que pueda llevar a cabo un ser humano. Por fin existía el motor que podría hacer posible la verdadera IA. El artículo de Turing de 1950 "Computing Machinery and Intelligence" fue uno de los primeros en el que se reconoció que los ordenadores digitales podrían llegar a convertirse en máquinas inteligentes. En su artículo, Turing describió su "juego de imitación", conocido ahora como el test de Turing, por el que los humanos pueden llegar a creer que una máquina es inteligente. Especialmente en los últimos años, han aparecido muchas afirmaciones sobre sistemas de IA que superan el test de Turing. Uno de ellos es el ChatGPT de OpenAI. Sin embargo, pocos se inclinarían a creer que el ChatGPT es realmente inteligente. En otras palabras, sospecho que esta prueba no capta lo que los humanos entienden generalmente por este término y es probable que, en algún momento, acabe creándose una nueva prueba.

En 1943, Warren McCulloch y Walter Pitts escribieron "A Logical Calculus of Ideas Immanent in Nervous Activity", que merece un premio por ser uno de los títulos de artículos más opacos e intrigantes de la historia. En el artículo, se representa a las "redes nerviosas" (conjuntos de neuronas) como enunciados lógicos en matemáticas. Las afirmaciones lógicas son difíciles de analizar (al menos para mí), pero la descripción que hacen los autores de las "redes sin círculos" se parece muchísimo a las redes neuronales que estudiaremos en el capítulo 4. De hecho, podríamos decir que el innovador artículo de McCulloch y Pitts dio lugar a lo que justo hoy conocemos como red neuronal. Francamente, las redes neuronales son mucho más fáciles de analizar y comprender, lo cual es una buena noticia para nosotros.

El paso de las historias fantásticas sobre máquinas y seres artificialmente inteligentes a una investigación seria sobre si las matemáticas pueden captar el pensamiento y el razonamiento, combinado con la constatación de que los ordenadores digitales son capaces de calcular cualquier cosa que pueda describirse mediante un algoritmo, sentó las bases para el advenimiento de la inteligencia artificial como iniciativa de investigación legítima.

De 1950 a 1970

El taller del Proyecto de Investigación de Verano de Dartmouth sobre Inteligencia Artificial, celebrado en 1956, suele considerarse el lugar de nacimiento de la IA. Es más, fue allí donde se utilizó por primera vez de forma coherente la expresión "inteligencia artificial". El taller de Dartmouth contó con menos de cincuenta participantes, pero la lista incluía varios nombres muy conocidos en el mundo de la informática y las matemáticas: Ray Solomonoff, John McCarthy, Marvin Minsky, Claude Shannon, John Nash y Warren McCulloch, entre otros. En aquella época, la informática era un subcampo de las matemáticas. El taller fue una sesión de intercambio de ideas que sentó las bases de las primeras investigaciones en materia de IA.

En 1957, Frank Rosenblatt, de la Universidad Cornell, creó el Mark I Perceptrón, ampliamente reconocido como la primera aplicación de las redes neuronales. El perceptrón era notable en muchos aspectos; por ejemplo, destaca que fue diseñado para el reconocimiento de imágenes, la misma aplicación en la que el aprendizaje profundo demostró su valía por primera vez en 2012.

En la figura 2.1, se muestra la organización conceptual, tal y como aparece en el *Perceptron Operators' Manual*. El perceptrón utilizaba como entrada una imagen de televisión digitalizada de 20 × 20 píxeles, que luego pasaba a través de un conjunto "aleatorio" de conexiones a un conjunto de unidades de asociación que conducían a unidades de respuesta. Esta configuración es similar a algunos enfoques de aprendizaje profundo de imágenes que se utilizan hoy día y se asemeja a un tipo de red neuronal conocida como máquina de aprendizaje extremo.

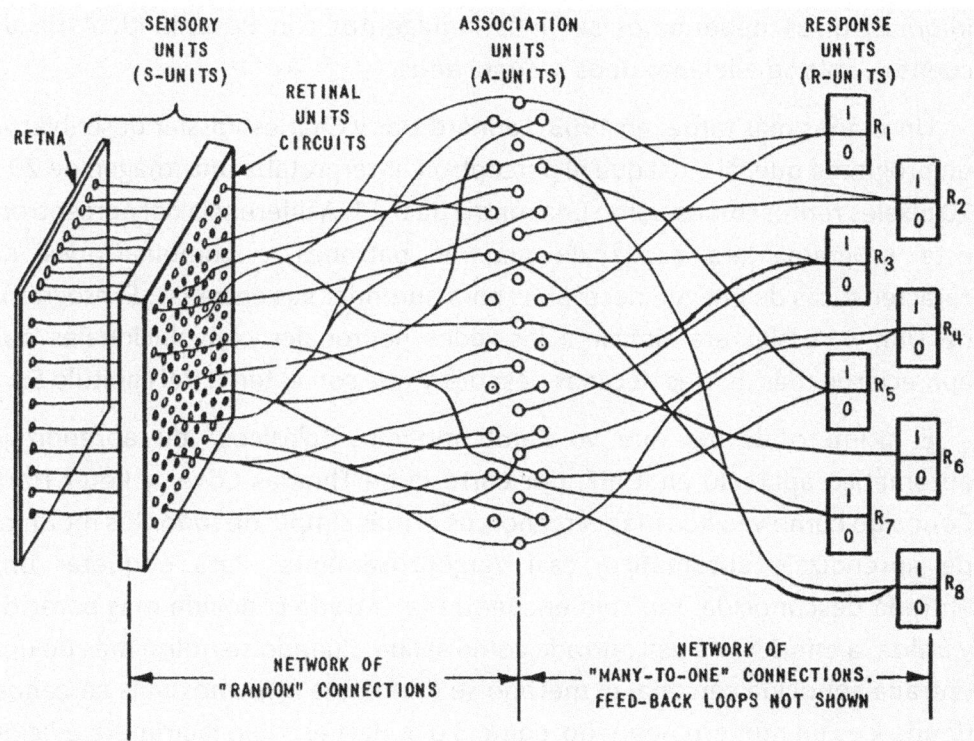

Figura 2.1. Organización del Mark I Perceptrón

Si el perceptrón iba por buen camino, ¿por qué estuvo prácticamente olvidado durante décadas? Una de las razones fue la afición de Rosenblatt a la exageración. En una conferencia organizada en 1958 por la Marina estadounidense (patrocinadora del proyecto Perceptrón), los comentarios de Rosenblatt fueron tan hiperbólicos que el *New York Times* publicó al respecto:

> La Marina ha revelado hoy el embrión de un ordenador electrónico que espera que sea capaz de andar, hablar, ver, escribir, reproducirse y ser consciente de su existencia. Más adelante, los perceptrones serán capaces de reconocer a las personas y pronunciar sus nombres, así como de traducir instantáneamente el habla de un idioma al habla y la escritura de otro, según se cree.

Los comentarios irritaron a muchos en su momento aunque, como los modernos sistemas de IA permiten a las máquinas caminar, hablar, ver, escribir, reconocer a las personas y traducir el habla y la escritura entre idiomas, quizá deberíamos ser más indulgentes con Rosenblatt. A fin de cuentas, solo se adelantó unos sesenta años.

Unos años más tarde, en 1963, Leonard Uhr y Charles Vossler describieron un programa que, al igual que el perceptrón, interpretaba una imagen de 20 × 20 píxeles representada como una matriz de 0 y 1. A diferencia del perceptrón, este programa era capaz de generar patrones y combinaciones de características de imagen necesarias para aprender sus entradas. El programa de Uhr y Vossler era similar a las redes neuronales convolucionales que aparecieron más de tres décadas después y que son el tema del capítulo 5.

El primero de los que yo llamo modelos "clásicos" de aprendizaje automático apareció en 1967, por cortesía de Thomas Cover y Peter Hart. Conocido como vecinos más cercanos, es el más simple de todos los modelos de aprendizaje automático, casi vergonzosamente. Para etiquetar una entrada desconocida, tan solo encuentra la entrada conocida más parecida y utiliza la etiqueta de esa entrada como salida. Cuando se utiliza más de una entrada conocida cercana, el método se denomina *k*-vecinos más cercanos, donde *k* es un número pequeño, como 3 o 5. Hart escribió la primera edición de *Pattern Classification* junto con Richard Duda y David Stork, en 1973; esta obra seminal introdujo a muchos informáticos e ingenieros de *software* en el aprendizaje automático, incluyéndome a mí.

El éxito del perceptrón se frenó en seco en 1969, cuando Marvin Minsky y Seymour Papert publicaron su libro *Perceptrons,* en el que demostraban que las redes de perceptrón de una y dos capas no eran capaces de modelar tareas interesantes. Ya veremos qué significan los términos "monocapa" y "bicapa". Los perceptrones, junto con la publicación en 1973 de "Artificial Intelligence: A General Survey" de James Lighthill, conocido universalmente como el "informe Lighthill", marcaron el comienzo de lo que hoy se conoce como el primer invierno de la IA.

Las críticas de Minsky y Papert al modelo de perceptrón eran legítimas; sin embargo, mucha gente pasó por alto su observación de que tales limitaciones no eran aplicables a modelos de perceptrón más complejos. En cualquier caso, el daño estaba hecho, y el conexionismo prácticamente desapareció hasta principios de la década de los ochenta.

Nótese el "virtualmente". En 1979, Kunihiko Fukushima publicó un artículo que se tradujo al inglés en 1980 y que en español sería "Neocognitrón: un modelo de red neuronal autoorganizada para un mecanismo de reconocimiento de patrones no afectado por el cambio de posición". El nombre de "neocognitrón" no caló, y este fue quizá uno de los últimos usos del sufijo "-trón", tan popular en informática durante las tres décadas anteriores. Aunque el programa de Uhr y Vossler de 1963 tenía algunas similitudes con una red neuronal convolucional, el neocognitrón es, para muchos, el original. El éxito de las redes neuronales convolucionales condujo directamente a la actual revolución de la IA.

De 1980 a 1990

A principios de la década de los ochenta, la IA se comercializó con la aparición de ordenadores diseñados específicamente para utilizar el lenguaje de programación Lisp, que entonces era la *lingua franca* de la IA (hoy es Python). Junto con las máquinas Lisp, surgieron los sistemas expertos, programas diseñados para captar los conocimientos de un experto en un ámbito concreto. La comercialización de la IA puso fin al primer invierno de la IA.

Hay que reconocer que el concepto de los sistemas expertos es, cuando menos, seductor. Para crear un sistema experto que, por ejemplo, diagnostique un tipo concreto de cáncer, primero hay que entrevistar a expertos para extraer sus conocimientos y ordenarlos en una base de conocimientos. Una base de conocimientos representa el conocimiento como una combinación de reglas y hechos. A continuación, se combina la base de conocimientos con un motor de inferencia, que utiliza la base de conocimientos para decidir cuándo y cómo ejecutar las reglas en función de los hechos almacenados o de la información introducida en el sistema por un usuario. Las reglas se activan a partir de los hechos, lo que puede llevar a introducir nuevos hechos en la base de conocimientos que provoquen la activación de reglas adicionales, y así sucesivamente. Un ejemplo clásico de sistema experto es CLIPS, desarrollado por la NASA en 1985 y hecho público en 1996.

En un sistema experto, no hay una red conexionista ni una colección de unidades de las que se pueda (con suerte) hacer surgir un comportamiento inteligente, lo que lo convierte en un buen ejemplo de IA simbólica. En su lugar, la base de conocimientos es una colección esencialmente rígida de reglas, como "si la temperatura del motor está por encima de este umbral, entonces esta otra cosa es la causa probable", y hechos como "la temperatura del motor está por debajo del umbral". Podríamos decir que los ingenieros del conocimiento son el vínculo entre los expertos y el sistema experto. Construir una base de conocimientos a partir de las respuestas de los expertos a las preguntas planteadas por los ingenieros del conocimiento es complejo, y la base de conocimientos resultante es difícil de modificar con el tiempo. Sin embargo, la dificultad de diseñar sistemas expertos no significa que sean inútiles; siguen existiendo, principalmente bajo la apariencia de "sistemas de gestión de reglas de negocio", pero en la actualidad tienen un impacto mínimo en la IA moderna.

A principios de los años ochenta, la exageración de los sistemas expertos, combinada con los primeros éxitos, renovó el interés por la IA. Pero, cuando quedó claro que los sistemas expertos eran demasiado frágiles para tener un uso general, el sector tocó fondo y el segundo invierno de la IA llegó a mediados de la década.

Durante la década de los ochenta, los conexionistas ocuparon un segundo plano, mas no se quedaron quietos. En 1982, John Hopfield demostró lo que hoy se conoce como redes de Hopfield. Una red de Hopfield es un tipo de red neuronal que almacena información de forma distribuida dentro de los pesos de la red y, luego, extrae esa información en un momento posterior. Las redes de Hopfield no se utilizan mucho en el aprendizaje profundo moderno, pero fueron una importante demostración de la utilidad del enfoque conexionista.

En 1986, David Rumelhart, Geoffrey Hinton y Ronald Williams publicaron su artículo "Learning Representations by Back-Propagating Errors", en el que se describía el algoritmo de retropropagación para entrenar redes neuronales. El entrenamiento de una red neuronal consiste en ajustar los pesos entre las neuronas, para que la red funcione como se desea. El algoritmo de retropropagación es la clave para que este proceso sea eficaz, ya que calcula cómo afecta el ajuste de un peso concreto al rendimiento general de la red. Con esta información, es posible entrenar la red de forma iterativa, aplicando datos de entrenamiento conocidos y utilizando los errores de la red al clasificar, para ajustar los pesos y forzar a la red a funcionar mejor en la siguiente iteración (en el capítulo 4, profundizaremos más en lo referente al entrenamiento de las redes neuronales). Con la retropropagación, las redes neuronales podrían ir mucho más allá del rendimiento limitado del perceptrón de Rosenblatt. Sin embargo, incluso con retropropagación, las redes neuronales de los años ochenta eran poco más que juguetes. Aunque se discute quién inventó la retropropagación y cuándo, se considera que el artículo de 1986 fue el que más influyó en los investigadores de redes neuronales.

De 1990 a 2000

El segundo invierno de la IA se prolongó hasta los años noventa, pero la investigación continuó tanto en el campo simbólico como en el conexionista. En 1995, Corinna Cortes y Vladímir Vápnik introdujeron las máquinas de vectores de soporte (SVM) en la comunidad del aprendizaje automático. En cierto sentido, las SVM representan el punto álgido del aprendizaje automático clásico. El éxito de las SVM entre los años noventa y principios de los dos mil mantuvo a raya a las redes neuronales. Las redes neuronales requieren grandes conjuntos de datos y una potencia de cálculo considerable; las SVM, en cambio, suelen exigir menos recursos. Las redes neuronales obtienen su potencia de la capacidad de la red para representar una función, un mapeo de las entradas a las salidas deseadas, mientras que las SVM utilizan matemáticas inteligentes para simplificar los problemas de clasificación difíciles.

El éxito de las SVM se hizo notar tanto en la comunidad académica como en el mundo más amplio de la ingeniería de *software,* donde las aplicaciones relacionadas con el aprendizaje de máquinas iban en aumento. El público, en general, desconocía en gran medida estos avances, aunque las máquinas inteligentes seguían apareciendo con demasiada frecuencia en la ciencia ficción.

Este invierno de la IA terminó en 1997, con la victoria del superordenador Deep Blue de IBM contra el entonces campeón mundial de ajedrez Garri Kaspárov. Por aquel entonces, pocos pensaban que una máquina pudiera vencer al mejor ajedrecista humano. Curiosamente, una década antes, uno de mis profesores había predicho que una IA lograría esta hazaña antes del año 2000. ¿Era clarividente este profesor? Pues no. Deep Blue combinó un rápido *hardware* personalizado con un sofisticado *software* y aplicó conocidos algoritmos de búsqueda de IA (en particular, el algoritmo Minimax). Combinado con heurística y una buena dosis de conocimiento personalizado de otros grandes maestros de ajedrez, Deep Blue fue capaz de superar a su oponente humano buscando más jugadas posibles de las que cualquier humano podría contemplar. En cualquier caso, en esencia, Deep Blue aplicaba lo que los expertos en IA sabían: que podría vencer a un humano si la máquina tuviera suficientes recursos a su disposición. La victoria de Deep Blue era inevitable, porque los investigadores esperaban que los ordenadores llegaran a ser lo suficientemente rápidos como para superar las capacidades de un ser humano. Ya se sabía lo que se necesitaba; solo faltaba unir las piezas.

En 1998 se publicó "Gradient-Based Learning Applied to Document Recognition", un artículo de Yann LeCun, Léon Bottou, Yoshua Bengio y Patrick Haffner, que pasó desapercibido para el público, pero que marcó un antes y un después en la IA y en el mundo. Aunque el neocognitrón de Fukushima tenía grandes similitudes con las redes neuronales convolucionales que iniciaron la revolución moderna de la IA, este artículo las introdujo directamente, así como el (in)famoso conjunto de datos MNIST que utilizamos en el capítulo 1. La aparición de las redes neuronales convolucionales (CNN) en 1998 plantea una pregunta: "¿Por qué tuvieron que pasar otros catorce años para que el mundo se fijara en ellas?" Volveremos sobre esta cuestión más adelante.

Del año 2000 a 2012

Leo Breiman introdujo los bosques aleatorios en 2001, formando las piezas existentes de lo que se convertiría en el algoritmo de bosque aleatorio en un todo coherente, de forma muy parecida a lo que hizo Darwin con la evolución en el siglo XIX. Los bosques aleatorios son el último de los algoritmos clásicos de aprendizaje automático que veremos en el capítulo 3. Si los "bosques aleatorios" le recuerdan a los árboles de decisión del capítulo 1, es por una razón: un bosque aleatorio es un bosque de árboles de decisión.

Los autoencodificadores de eliminación de ruido apilados son un tipo de modelo intermedio y fueron mi introducción al aprendizaje profundo en 2010. Un autocodificador es una red neuronal que pasa su entrada por una capa intermedia antes de generar la salida. Su objetivo es reproducir su entrada a partir de la forma codificada de la entrada en la capa intermedia.

Un autocodificador puede parecer una tontería, pero, mientras aprende a reproducir su entrada, la capa intermedia suele aprender algo interesante sobre las entradas que capta su esencia, sin centrarse en detalles triviales; por ejemplo, si los datos de entrada son los dígitos del MNIST, la capa intermedia de un autocodificador aprende sobre los dígitos y no sobre las letras.

Un autocodificador de eliminación de ruido es similar, pero descartamos una fracción aleatoria de los valores de entrada antes de empujar la entrada a través de la capa intermedia. El autocodificador aún debe aprender a reproducir la entrada completa, pero ahora tiene una tarea más difícil, porque la entrada está incompleta. Este proceso ayuda a la capa intermedia del autocodificador a descubrir una mejor codificación de la entrada.

Por último, un autocodificador de eliminación de ruido apilado es una pila de autocodificadores de eliminación de ruido en la que la salida de la capa intermedia de uno se convierte en la entrada del siguiente. Cuando se organiza de esta manera, la pila aprende una nueva representación de la entrada, lo que a menudo ayuda a un clasificador añadido a la parte superior de la pila a discriminar entre clases; por ejemplo, en mi trabajo de entonces, las entradas eran pequeños fragmentos de una imagen que podían contener un objeto de interés. Se utilizaban dos o tres capas de autocodificadores de eliminación de ruido apilados y entrenados para transformar las entradas en una lista de números que, con un poco de suerte, representarían la esencia de la entrada ignorando los puntos característicos de la imagen. Los resultados se utilizaron con una máquina de vectores de apoyo para decidir si la entrada era un objetivo.

De 2012 a 2021

El aprendizaje profundo llamó la atención del mundo en 2012 cuando AlexNet, una arquitectura de red neuronal convolucional particular, ganó el reto ImageNet con un error global de poco más del 15 %, muy por debajo de cualquier competidor. En el reto ImageNet, se pide a los modelos que identifiquen el sujeto principal de las imágenes en color, ya sea un perro, un gato, un cortacésped, etc. En realidad, "perro" no es una respuesta suficiente. El conjunto de datos ImageNet contiene 1000 clases de objetos, incluidas unas 120 razas de perro diferentes. Así, una respuesta correcta sería "es un *border collie*" o "es un *malinois* belga".

Adivinar al azar significa asignar aleatoriamente una etiqueta de clase a cada imagen. En ese caso, esperaríamos una tasa de acierto global de 1 entre

1000, o una tasa de error del 99.9 %. El error de AlexNet del 15 % fue realmente impresionante, y eso fue en 2012. En 2017, las redes neuronales convolucionales ya habían reducido el error a alrededor del 3 %, por debajo del 5 % aproximado alcanzado por los pocos humanos lo suficientemente valientes como para hacer el reto manualmente. ¿Puede distinguir entre 120 razas de perro diferentes? Yo, desde luego, no.

Así, AlexNet abrió las compuertas. Los nuevos modelos batieron todos los récords anteriores y empezaron a lograr lo que nadie esperaba de ellos: tareas como reimaginar imágenes al estilo de otra imagen o pintura, generar una descripción textual del contenido de una imagen junto con la actividad mostrada o jugar a videojuegos tan bien o mejor que un humano, entre otras.

El campo proliferaba con tanta rapidez que resultaba casi imposible seguir el ritmo de la avalancha diaria de nuevos artículos. La única forma de mantenerse al día era asistir a varias conferencias al año y revisar los nuevos trabajos que aparecían en sitios web como arXiv (https://www.arxiv.org), donde se publican por primera vez las búsquedas en muchos campos. Esto llevó a la creación de sitios como https://www.arxiv-sanity-lite.com, donde se clasifican los artículos sobre aprendizaje automático en función del interés de los lectores, con la esperanza de que los "mejores" resulten más fáciles de encontrar.

En 2014, otro gran avance apareció en escena, gracias a la perspicacia de Ian Goodfellow durante una conversación nocturna con amigos. El resultado fue el nacimiento de las redes generativas antagónicas (GAN), que Yann LeCun calificó en su momento como el avance más significativo en redes neuronales en veinte o treinta años (escuchado en NeurIPS 2016). Las GAN, de las que hablaremos en el capítulo 6, abrieron un nuevo campo de investigación, que permite a los modelos "crear" resultados relacionados con los datos en los que se han entrenado, pero diferentes de ellos. Los GAN condujeron a la actual explosión de la IA generativa, que incluye sistemas como ChatGPT y Stable Diffusion.

El aprendizaje por refuerzo es una de las tres ramas principales del aprendizaje automático. Las otras dos son el aprendizaje supervisado, del que ya hemos hablado, y el aprendizaje no supervisado, con el que se intenta entrenar modelos sin conjuntos de datos etiquetados. En el aprendizaje por refuerzo, se enseña a un agente (un modelo) a realizar una tarea mediante una función de recompensa. La aplicación a la robótica es obvia.

El grupo DeepMind de Google presentó en 2013 un sistema basado en el aprendizaje profundo por refuerzo, que podía aprender a jugar a videojuegos de Atari 2600 tan bien o mejor que los expertos humanos (no estoy seguro de quién cuenta como experto en un sistema de juego que entonces tenía treinta y cinco años). Lo más impresionante del sistema, para mí, era que la entrada del modelo era precisamente la entrada humana: una imagen de la pantalla, nada más. Esto significaba que el sistema tenía que aprender a analizar la imagen de entrada y, a partir de ahí, a responder moviendo el *joystick* para ganar la partida (en el plano virtual, utilizaban emuladores).

Históricamente, se consideraba insalvable la brecha entre vencer a los humanos en videojuegos primitivos y vencer a los humanos en juegos de estrategia abstractos como el go. A finales de la década de los ochenta, me enseñaron explícitamente que el algoritmo Minimax utilizado por sistemas como Deep Blue para ganar al ajedrez no se aplicaba a un juego como el go; por tanto, ninguna máquina ganaría jamás a los mejores jugadores humanos de go. Mis profesores estaban equivocados aunque, en aquel momento, tenían motivos para creer lo que decían.

En 2016, el sistema AlphaGo de Google derrotó al campeón de go Lee Sedol en un combate a cinco partidas, ganando cuatro a uno. El mundo se percató de ello, lo que reforzó la creciente percepción de que, sin duda, se había producido un cambio de paradigma. Para entonces, el aprendizaje automático ya era un éxito comercial. Sin embargo, la victoria de AlphaGo fue totalmente impresionante para los investigadores y profesionales del aprendizaje automático.

La mayoría del público en general no se dio cuenta de que AlphaGo, entrenado con miles de partidas de go jugadas por humanos, fue sustituido en 2017 por AlphaGo Zero, un sistema entrenado completamente desde cero jugando contra sí mismo, sin intervención humana. En poco tiempo, AlphaGo Zero dominó el go, superando incluso al sistema AlphaGo original (con un resultado perfecto de 100 victorias y ninguna derrota).

Sin embargo, en 2022, el sistema de go más avanzado, KataGo, fue derrotado fácil y rápidamente por un sistema entrenado no para ganar, sino para revelar la fragilidad inherente a los sistemas de IA modernos. Las jugadas que utilizó el sistema adversario estaban fuera del rango encontrado por KataGo cuando fue entrenado.

Este es un ejemplo real de cómo los modelos son buenos interpolando pero malos extrapolando. Cuando el sistema adversario fue entrenado no para mejorar en go, sino para explotar y "frustrar" a la IA, fue capaz de ganar más de tres de cada cuatro partidas. Señalo al lector el episodio de *Star Trek: la nueva generación* "Peak Performance", en el que el androide Data "gana" una difícil partida de estrategia contra un maestro no intentando ganar, sino intentando igualar y frustrar.

En la actualidad, continúa la afición del aprendizaje profundo por vencer a los humanos en los videojuegos. Ahora ya, en lugar de juegos primitivos como los de Atari, los sistemas de aprendizaje profundo por refuerzo están logrando un rendimiento de gran maestro en juegos mucho más difíciles. En 2019, el sistema AlphaStar de DeepMind superó al 99.8 % de los jugadores humanos en *StarCraft II,* un juego de estrategia que requiere el desarrollo de unidades y un plan de batalla.

La Conferencia de Asilomar de 1975 sobre ADN recombinante fue un hito importante en lo referente al análisis del crecimiento de la biotecnología y sus posibles problemas éticos. La conferencia tuvo un impacto positivo en la investigación futura, y ese año sus organizadores publicaron un documento de síntesis en el que se esbozaba un enfoque ético de la biotecnología. Enseguida se identificaron los peligros potenciales de un campo que estaba entonces despegando y se tomaron medidas para garantizar que las cuestiones éticas fueran primordiales a la hora de contemplar futuras investigaciones.

La Conferencia de Asilomar de 2017 sobre una IA beneficiosa reflejó intencionadamente la conferencia anterior para concienciar sobre los peligros potenciales asociados a la IA. En la actualidad, se ha vuelto habitual encontrar sesiones de conferencias con títulos como "IA para el bien". La Conferencia de Asilomar de 2017 tuvo como resultado el desarrollo de un conjunto de principios para guiar el crecimiento y la aplicación de la IA. Del mismo modo, a partir de 2023, el Gobierno de Estados Unidos (en concreto, la Oficina de la Casa Blanca para Políticas de Ciencia y Tecnología) ha desarrollado un Plan para una Declaración de Derechos de la IA, con el fin de proteger al público estadounidense de los efectos nocivos de la IA aplicada indiscriminadamente.

De hecho, los funcionarios de la Casa Blanca se han esforzado por dirigirse directamente a la comunidad de la IA para animarla a que tenga debidamente en cuenta el desarrollo de sistemas de IA aún más potentes. Esto es una buena señal, pero la historia nos ha enseñado que el derecho humano suele ir por detrás del desarrollo tecnológico, por lo que aún está por ver la eficacia final de estos necesarios intentos de acotar el campo.

De 2021 a la actualidad

La pandemia del COVID-19 de 2020 paralizó la mayor parte del mundo. Sin embargo, la comunidad de la IA solo se vio mínimamente afectada por la pandemia, quizá porque la colaboración y las conferencias a distancia funcionan bastante bien en este campo. Además, podemos acceder a potentes ordenadores a través de internet, por lo que la proximidad física no limita la investigación, como podría ocurrir en otras disciplinas en las que es necesario el acceso al *hardware*.

A partir de 2021 y mientras escribo, ha aparecido una explosión de nuevos modelos, cada uno más impresionante que el anterior. La mayoría pueden aceptar texto escrito por humanos para producir también texto, imágenes o incluso vídeo. A menudo, la entrada combina texto e imágenes de ejemplo para guiar al sistema. Entre los sistemas más populares (y preocupantes) se encuentran DALL·E 2, Stable Diffusion, Midjourney y ChatGPT. La mayoría de las grandes empresas tecnológicas también han demostrado técnicas punteras que generan vídeo, audio e incluso modelos en 3D. El actual revuelo generado por estos sistemas recuerda al entusiasmo de 2012, cuando el aprendizaje profundo demostró su valía con AlexNet. Es otro cambio de paradigma, pero, para que quede claro, ninguno de estos sistemas es consciente. Y no soy el único que opina así. Incluso el ChatGPT está de acuerdo conmigo. Me atreví a preguntárselo: "¿Eres un ser consciente?". He aquí su respuesta, copiada al pie de la letra:

> Como modelo de aprendizaje automático, no soy un ser consciente. Soy un programa informático que ha sido entrenado para generar texto a partir de las entradas de un usuario. No tengo la capacidad de pensar, razonar o experimentar la conciencia del mismo modo que los humanos. Estoy diseñado para proporcionar información y ayudar a los usuarios, pero no tengo pensamiento independiente ni conciencia.

Creo que Ada Lovelace estaría satisfecha con esta respuesta, aunque le extrañaría que una máquina no pensante pudiera generarla. Es importante destacar, sin embargo, que el ChatGPT no afirma no pensar, sino que solo dice que no piensa como los humanos. En el capítulo 6, profundizaremos en la síntesis de imágenes y, en el capítulo 7, nos adentraremos en los grandes modelos de lenguaje como ChatGPT. Quizá entonces encontremos una solución a su (supuesta) confusión.

****

Entonces, ¿por qué ahora? La respuesta breve es la caída de la IA simbólica y el auge de innovaciones tecnológicas muy favorables al enfoque conexionista.

La IA simbólica y el conexionismo surgieron juntos, con la IA simbólica dominando durante décadas y forzando al conexionismo a pasar a un segundo plano. Pero, tras dos inviernos en los que la IA simbólica apenas respiraba, el conexionismo, ayudado por innovaciones tecnológicas clave, ha logrado resurgir para llenar el vacío.

Creo que la relación entre la IA simbólica y el conexionismo es similar a la que existe entre los dinosaurios no avianos y los mamíferos. Los dinosaurios y los mamíferos surgieron más o menos al mismo tiempo, geológicamente hablando, pero los grandes dinosaurios terrestres dominaron el mundo durante unos ciento sesenta millones de años, obligando a los mamíferos a sobrevivir en la sombra. Cuando el asteroide impactó hace sesenta y seis millones de años, los grandes dinosaurios desaparecieron, lo que permitió a los mamíferos evolucionar y tomar el relevo.

Por supuesto, las analogías acaban por romperse. Los dinosaurios no desaparecieron por completo (ahora los llamamos aves) y no se extinguieron porque fueran inferiores. De hecho, los dinosaurios son uno de los mayores éxitos de la Tierra. Los dinosaurios no avianos murieron por pura mala suerte. Fue, casi literalmente, un desastre lo que acabó con ellos ("desastre", del italiano *disastro,* que significa "mala estrella").

¿Podría resurgir la IA simbólica? Es probable que, de alguna forma, pero en cooperación con el conexionismo. La IA simbólica prometía que el comportamiento inteligente era posible en abstracto, pero no lo cumplió. Muy al contrario, en el conexionismo, se afirma que el comportamiento inteligente puede surgir de una colección de unidades más simples. Los éxitos del aprendizaje profundo apoyan este punto de vista, por no hablar de los miles de millones de cerebros vivos que hay actualmente en el planeta. Pero, como señaló ChatGPT, los modelos conexionistas existentes "no piensan, razonan ni experimentan la conciencia de la misma manera que los humanos". Las redes neuronales modernas no son mentes; son procesadores de datos de representación-aprendizaje. Aclararé lo que eso significa en el capítulo 5.

Aunque nuestra especie, el *Homo sapiens,* depende fundamentalmente del pensamiento simbólico, hay que recordar que este no es un requisito para la inteligencia. En su libro *Understanding Human Evolution* (Cambridge University Press, 2022), el antropólogo Ian Tattersall afirma que es improbable que los neandertales utilizaran el pensamiento simbólico como nosotros ni que tuvieran lenguaje como nosotros, pero que, no obstante, eran inteligentes. De hecho, los neandertales eran lo suficientemente humanos como para que nuestros antepasados "hicieran el amor, no la guerra" con ellos más de una vez: el ADN de las personas de ascendencia no africana así lo atestigua.

Personalmente, sí espero una sinergia entre el conexionismo y la IA simbólica en un futuro próximo; por ejemplo, puesto que un sistema como ChatGPT, al final, solo predice el siguiente *token* de salida (palabra o parte de una palabra), no puede saber cuándo está diciendo algo incorrecto. Por eso, un sistema simbólico asociado podría detectar un razonamiento erróneo en la respuesta y corregirlo. Aunque lo cierto es que no tengo ni idea de cómo podría implementarse un sistema de este tipo.

****

A principios de los años sesenta, ya se vislumbraban indicios de lo que podría surgir del conexionismo. Entonces, ¿fue solo el sesgo simbólico de la IA lo que retrasó la revolución durante tantas décadas? No. El conexionismo se estancó por problemas de velocidad, algoritmos y datos. Examinemos cada uno de ellos.

Velocidad

Para entender bien por qué la velocidad frenó el crecimiento del conexionismo, tenemos que comprender cómo funcionan los ordenadores. Tomándonos grandes libertades, podemos pensar en los ordenadores como una memoria, que contiene datos (números) y una unidad de procesamiento, conocida normalmente como unidad central de procesamiento (CPU). Un microprocesador —como el de su ordenador de sobremesa, su *smartphone,* su asistente de voz, su coche, su microondas y prácticamente todo lo que usa que no sea una tostadora (¡ah! y, en muchas tostadoras, también)— es una CPU. Piense en una CPU como en un ordenador tradicional: los datos llegan a la CPU desde la memoria o desde dispositivos de entrada, como pudieran ser un teclado o un ratón; se procesan y, luego, se envían desde la CPU a la memoria o a un dispositivo de salida, como un monitor o un disco duro.

Las unidades de procesamiento gráfico (GPU), por su parte, se desarrollaron para pantallas, principalmente para la industria de los videojuegos, con el fin de permitir gráficos rápidos. Las GPU pueden realizar la misma operación, como "multiplicar por 2", en cientos o miles de posiciones de memoria (léase píxeles) simultáneamente. Si una CPU quiere multiplicar 1000 posiciones de memoria por 2, debe multiplicar la primera, la segunda, la tercera y así sucesivamente de forma secuencial. Así las cosas, la operación primaria necesaria para entrenar e implementar una red neuronal se adapta perfectamente a lo que puede hacer una GPU. Los fabricantes de GPU, como Nvidia, se dieron cuenta de esto muy pronto y empezaron a desarrollar GPU para el aprendizaje profundo. Piense en una GPU como un superordenador en una tarjeta que cabe en su PC.

En 1945, el Ordenador e Integrador Numérico Electrónico (Eniac, por sus siglas en inglés) era la tecnología más avanzada. La velocidad de Eniac se estimaba en torno a 0.00289 millones de instrucciones por segundo (MIPS). En otras palabras, Eniac podía ejecutar algo menos de 3000 instrucciones en un segundo. En 1980, un microprocesador 6502 de 8 bits, como los de la mayoría de los ordenadores personales de la época, funcionaba a unos 0.43 MIPS, es decir, unas 500 000 instrucciones por segundo. En 2023, la ya algo anticuada CPU Intel i7-4790 del ordenador que utilizo para escribir este libro funciona a unos 130 000 MIPS, lo que hace que mi PC sea unas 300 000 veces más rápido que el 6502 de 1980 y unas 45 millones de veces más rápido que el Eniac.

Sin embargo, la GPU A100 de Nvidia, cuando se utiliza para el aprendizaje profundo, es capaz de 312 *teraFLOPS* (TFLOPS), o 312 000 000 MIPS: 730 millones de veces más rápida que la 6502 y la increíble cifra de 110 000 millones de veces más rápida que la Eniac. El aumento de la potencia de cálculo en el tiempo que dura el aprendizaje automático es asombroso. Además, para entrenar una red neuronal de gran tamaño en un enorme conjunto de datos, a menudo se necesitan entre docenas y cientos de GPU de este tipo.

Conclusión: los ordenadores eran, hasta la llegada de las GPU rápidas, demasiado lentos para entrenar redes neuronales con la capacidad necesaria para construir algo como ChatGPT.

Algoritmo

Como aprenderá en el capítulo 4, construimos redes neuronales a partir de unidades básicas que realizan una tarea sencilla: recoger valores de entrada, multiplicar cada uno por un valor de peso, sumar, añadir un valor de sesgo y pasar el resultado a una función de activación para crear un valor de salida. En otras palabras, muchos números de entrada se convierten en un número de salida. El comportamiento colectivo que surge de miles o millones de estas unidades que conducen a miles de millones de valores de peso permite a los sistemas de aprendizaje profundo hacer lo que hacen.

La estructura de una red neuronal es una cosa; acondicionar la red neuronal a la tarea deseada es otra. Piense en la estructura de la red, conocida como arquitectura, como si fuera anatomía. En anatomía, nos interesamos por lo que constituye el cuerpo: esto es el corazón, aquello es el hígado, etc. Entrenar una red es más parecido a la fisiología: "¿Cómo funciona una parte con otra?". La anatomía (arquitectura) estaba ahí, pero la fisiología (proceso de entrenamiento) no se comprendía del todo. Precisamente esto es lo que ha ido cambiando con el paso de las décadas, gracias a innovaciones algorítmicas clave: retropropagación, inicialización de redes, funciones de activación, abandono y normalización y algoritmos avanzados de descenso de gradiente. No es esencial entender los términos en detalle; basta con saber que las mejoras en lo que estos términos representan —junto con las ya mencionadas mejoras en la velocidad de procesamiento, combinadas con conjuntos de datos mejorados (se hablará de ello más adelante)— fueron los principales impulsores de la revolución del aprendizaje profundo.

Aunque se sabía desde hace tiempo que los valores correctos de peso y sesgo adaptarían una red a la tarea deseada, lo que faltó durante décadas fue una forma eficaz de encontrar esos valores. La introducción en los años ochenta del algoritmo de retropropulsión, combinado con el descenso de gradiente estocástico, empezó a cambiar esta situación.

El entrenamiento localiza iterativamente el conjunto final de valores de pesos y sesgos, en función de los errores del modelo en los datos de entrenamiento. Los procesos iterativos se repiten a partir de un estado inicial, un conjunto inicial de pesos y sesgos. Sin embargo, ¿cuáles deberían ser esos pesos y sesgos iniciales? Durante mucho tiempo, se asumió que los pesos y sesgos iniciales no importaban mucho; bastaba con seleccionar pequeños números al azar dentro de un determinado rango. Este enfoque a menudo funcionaba, pero muchas veces no, y solo hacía que la red no aprendiera bien, si es que aprendía. Se necesitaba un enfoque más práctico para inicializar las redes.

Las redes modernas siguen inicializándose aleatoriamente, pero los valores aleatorios dependen de la arquitectura de la red y del tipo de función de activación utilizada. Prestar atención a estos detalles permitió a las redes aprender mejor. La inicialización importa.

Las redes neuronales se organizan en capas, en las que la salida de una capa es la entrada de la siguiente. La función de activación asignada a cada nodo de la red determina su valor de salida. Históricamente, la función de activación ha sido una sigmoidea o una tangente hiperbólica, que producen una curva en forma de "S" cuando se representan gráficamente. Estas funciones son, en la mayoría de los casos, inapropiadas y, con el tiempo, fueron sustituidas por una función con un nombre largo, que contradice su simplicidad: la unidad lineal rectificada (ReLU). Una ReLU plantea una pregunta sencilla: "¿Es la entrada menor que 0?". En caso afirmativo, la salida es 0; en caso contrario, la salida es el valor de entrada. Las funciones de activación ReLU no solo son mejores que las antiguas, sino que los ordenadores pueden plantear y responder a esa pregunta de forma prácticamente instantánea. El cambio a las ReLU supuso, por tanto, una doble ventaja: mejor rendimiento y velocidad de la red.

El *dropout* (abandono) y la normalización por lotes son enfoques de entrenamiento avanzados que resultan algo difíciles de describir al nivel que nos interesa conocer. Introducido en 2012, el *dropout* pone a cero aleatoriamente partes de la salida de una capa de nodos durante el entrenamiento. El efecto es como entrenar miles de modelos simultáneamente, cada uno independiente pero también vinculado. El abandono, cuando es apropiado, tiene un impacto importante en el aprendizaje de redes. Como me dijo un destacado informático en su momento, "si en los años ochenta hubiera existido el *dropout,* el mundo ahora sería diferente".

Con la normalización por lotes, se ajustan los datos que se mueven entre capas, a medida que fluyen por la red. Las entradas aparecen en un lado de la red y fluyen a través de las capas, para llegar a la salida. Esquemáticamente, esto suele presentarse como un movimiento de izquierda a derecha. La normalización se inserta entre las capas para cambiar los valores y mantenerlos dentro de un rango significativo. La normalización por lotes fue la primera técnica de normalización aprendible, lo que significa que aprendía lo que debía hacer, a medida que la red aprendía. A partir de esta normalización por lotes, evolucionó todo un conjunto de enfoques de normalización.

La última innovación algorítmica crítica que permite la revolución del aprendizaje profundo es el descenso de gradiente, que funciona con retropropagación para facilitar el aprendizaje de los pesos y los sesgos. La idea en la que se basa el descenso de gradiente es mucho más antigua que el aprendizaje automático, pero las versiones desarrolladas en la última década han contribuido, en gran medida, al éxito del aprendizaje profundo. Aprenderemos más sobre este tema en el capítulo 4.

Conclusión: las primeras aproximaciones al entrenamiento de redes neuronales eran primitivas e incapaces de aprovechar su verdadero potencial. Las innovaciones algorítmicas cambiaron esa situación.

Datos

Las redes neuronales requieren muchos datos de entrenamiento. Cuando la gente me pregunta cuántos datos son necesarios para entrenar un modelo concreto para una tarea específica, mi respuesta es siempre la misma: todos. Los modelos aprenden de los datos; cuantos más, mejor, porque más datos significa una mejor representación de lo que el modelo encontrará cuando se utilice.

Antes de la World Wide Web, recopilar, etiquetar y procesar conjuntos de datos de la magnitud necesaria para entrenar una red neuronal profunda resultaba difícil. Y esto fue lo que cambió a finales de los noventa y principios de los dos mil, con el tremendo crecimiento de la web y la explosión de datos que representaba.

Por ejemplo, Statista (https://www.statista.com) afirma que en 2022 se subieron a YouTube 500 horas de vídeo nuevo cada minuto. También se calcula que unos 16 millones de personas utilizaban la red en diciembre de 1995, lo que representaba el 0.4 % de la población mundial. En julio de 2022, esa cifra había aumentado a casi 5500 millones, es decir, el 69 %.

El uso de las redes sociales, el comercio electrónico y el simple hecho de desplazarse de un lugar a otro con un teléfono inteligente bastan para generar cantidades asombrosas de datos, todos los cuales se capturan y utilizan para la IA. Las redes sociales son gratuitas porque nosotros, y los datos que generamos, somos el producto.

Una frase que oigo a menudo en mi trabajo es: "Antes estábamos hambrientos de datos, pero ahora estamos ahogados en datos". Sin grandes conjuntos de datos y suficientes etiquetas que los acompañen, el aprendizaje profundo no puede aprender. Pero, por otro lado, con grandes conjuntos de datos, pueden llegar a ocurrir cosas asombrosas.

Conclusión: en el aprendizaje automático, los datos lo son todo.

****

Las principales conclusiones de este capítulo son:

- La pugna entre la IA simbólica y la conexionista apareció pronto y condujo a décadas de dominio de la IA simbólica.

- El conexionismo sufrió durante mucho tiempo por problemas de velocidad, algoritmos y datos.

- Con la revolución del aprendizaje profundo de 2012, los conexionistas han ganado, por ahora.

- Las causas directas de la revolución del aprendizaje profundo fueron la mayor velocidad de los ordenadores, la llegada de las unidades de procesamiento gráfico, la mejora de los algoritmos y los enormes conjuntos de datos.

Con estos antecedentes históricos suficientemente completos para nuestros propósitos, volvamos al aprendizaje automático empezando, eso sí, por los algoritmos clásicos.

Capítulo 3

MODELOS CLÁSICOS: EL APRENDIZAJE AUTOMÁTICO EN LA VIEJA ESCUELA

Ningún estudiante principiante de piano empieza con *La campanella* de Liszt, sino con *Mary Had a Little Lamb* o *Twinkle, Twinkle, Little Star*. Las piezas más sencillas exigen solo lo básico para tocar el piano, y dominar lo básico permite que los estudiantes vayan progresando con el tiempo; sin duda, un principio válido en la mayoría de las áreas de estudio, incluida la inteligencia artificial.

Para llegar a nuestro objetivo último de comprender la inteligencia artificial (IA) moderna, debemos partir del mundo "más sencillo" del aprendizaje automático clásico. Lo que es válido para los modelos clásicos lo es, en general, para las redes neuronales más avanzadas. Por ello, en este capítulo, se exploran tres modelos clásicos: vecinos más cercanos, bosques aleatorios y máquinas de vectores soporte. Comprenderlos nos preparará para las redes neuronales del capítulo 4.

****

En la figura 3.1, aparecen las muestras de entrenamiento de un conjunto de datos inventado con dos características (x_0 y x_1) y tres clases (círculos, cuadrados y triángulos). En el capítulo 1, ya vimos un gráfico similar; véase la figura 1.2. Al igual que con el conjunto de datos del iris, cada forma de la figura representa una muestra del conjunto de entrenamiento. La figura 3.1 es la herramienta que utilizaremos para comprender el modelo clásico de vecinos más cercanos.

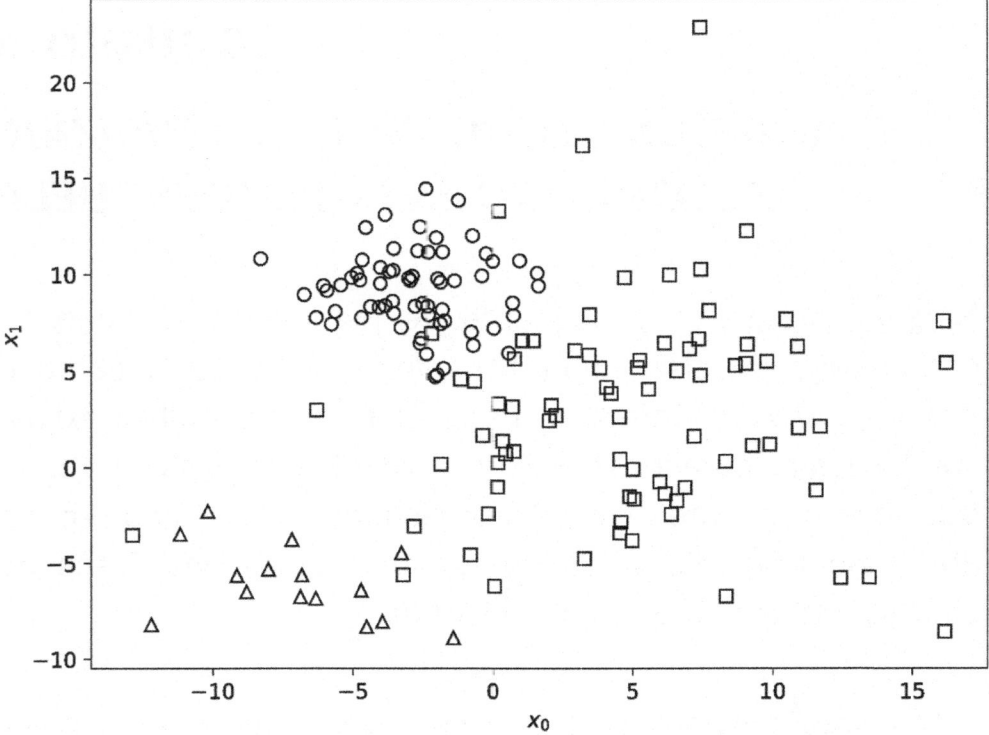

Figura 3.1. Conjunto de entrenamiento compuesto por tres clases y dos características

Como se mencionó en el capítulo anterior, los clasificadores por vecino más cercano son los modelos más sencillos, tanto que no hay modelo que entrenar; los datos de entrenamiento son el modelo. Para asignar una etiqueta de clase a una nueva entrada desconocida, encuentre la muestra de entrenamiento más cercana a la muestra desconocida y devuelva la etiqueta de esa muestra. Eso es todo. A pesar de su simplicidad, los clasificadores de vecino más cercano son bastante eficaces si los datos de entrenamiento representan lo que el modelo encontrará en el mundo real.

Como extensión natural del modelo del vecino más cercano, localice las k muestras de entrenamiento más cercanas a la muestra desconocida. k suele ser un número como 3, 5 o 7, aunque puede ser cualquier número. Este tipo de modelo utiliza un sistema de votación por mayoría, de modo que la etiqueta de clase asignada es la más común entre las muestras de entrenamiento k.

En caso de empate, seleccione la etiqueta al azar; por ejemplo, si el modelo está contemplando los cinco vecinos más cercanos a una muestra desconocida, y dos son de clase 0, mientras que otros dos son de clase 3, entonces asigne la etiqueta eligiendo aleatoriamente entre 0 y 3; de media, hará la elección correcta el 50 % de las veces.

Utilicemos el concepto de vecino más cercano para clasificar algunas entradas desconocidas. En la figura 3.2, se observan de nuevo las muestras de entrenamiento, junto con dos muestras desconocidas: el diamante y el pentágono. Queremos asignar estas muestras a una de las tres clases: círculo, cuadrado o triángulo. El método del vecino más cercano consiste en localizar la muestra de entrenamiento más cercana a cada muestra desconocida. Para el diamante, es el cuadrado de arriba a la izquierda; para el pentágono, es el triángulo de la parte superior derecha. Por tanto, un clasificador por proximidad asigna la clase cuadrado al diamante y la clase triángulo al pentágono.

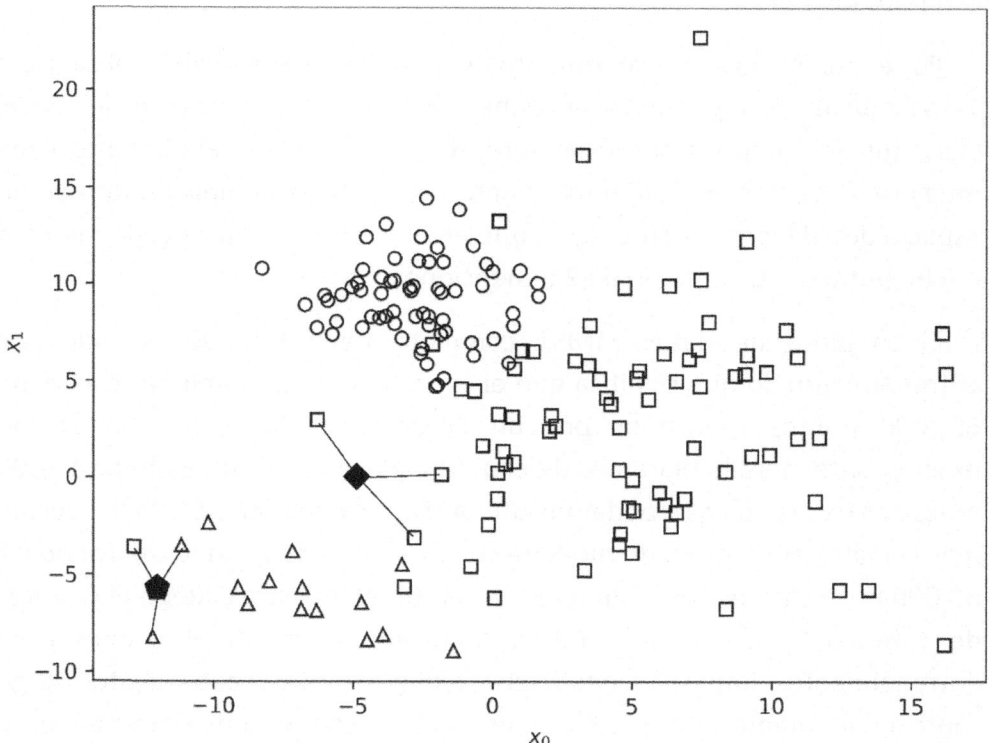

Figura 3.2. Clasificación de muestras desconocidas

Supongo que se habrá fijado en las líneas que conectan las muestras desconocidas de la figura 3.2 con las tres muestras de entrenamiento más cercanas. Estas son las muestras que se deben utilizar si k es 3. En este caso, el clasificador asignaría de nuevo la clase cuadrado al diamante, porque las tres muestras de entrenamiento más cercanas son cuadrados. Para el pentágono, dos de los tres vecinos más cercanos son triángulos y uno es un cuadrado, por lo que también asignaría la clase triángulo al pentágono.

Este ejemplo utiliza vectores de características bidimensionales, x_0 y x_1, para que podamos visualizar el proceso. No estamos limitados a modelos con solo dos características; podemos tener docenas o incluso cientos. La idea de "más cercano" (distancia) sigue teniendo un significado matemático incluso cuando hay demasiadas características que representar gráficamente. De hecho, muchos conceptos matemáticos pueden considerarse medidas de distancia y, en la práctica, los clasificadores de vecino más cercano pueden utilizar cualquiera de las medidas en función del conjunto de datos.

Por ejemplo, volvamos al conjunto de datos de dígitos MNIST del capítulo 1. Las muestras son pequeñas imágenes en escala de grises de los dígitos del 0 al 9 que descomponemos en vectores de 784 elementos. Por lo tanto, cada muestra de dígitos del conjunto de entrenamiento es un único punto en un espacio de 784 dimensiones, igual que en el ejemplo anterior cada muestra era un punto en un espacio de 2 dimensiones.

El conjunto de datos MNIST completo tiene 60 000 ejemplos de entrenamiento, lo que significa que el espacio de entrenamiento consta de 60 000 puntos repartidos por un espacio de 784 dimensiones (no exactamente, pero hablaremos de ello más adelante). También tiene 10 000 muestras de prueba que podemos utilizar para evaluar el modelo del vecino más cercano. He entrenado modelos de 1 vecino más cercano utilizando las 60 000 muestras de entrenamiento, luego 6000 muestras, luego 600, antes de terminar con tan solo 60. Sesenta muestras en el conjunto de entrenamiento implica unos seis ejemplos de cada dígito. Digo "aproximadamente", porque he muestreado el conjunto de entrenamiento aleatoriamente, por lo que puede haber ocho de un dígito y solo tres de otro. En todos los casos, probé el modelo con las 10 000 muestras de prueba, imitando así el uso del modelo en el mundo real.

En la tabla 3.1, se muestra el rendimiento del modelo a medida que cambia el número de ejemplos de entrenamiento.

Tabla 3.1. Modificación del tamaño del conjunto de entrenamiento

Tamaño del conjunto de entrenamiento	Precisión (%)
60 000	97
6 000	94
600	86
60	66

Recordemos que la precisión es el porcentaje de las muestras de prueba que el modelo clasificó correctamente asignando la etiqueta de dígito correcta, de 0 a 9. Cuando se utiliza todo el conjunto de entrenamiento, el modelo acierta de media 97 de cada 100 veces. Cuando se utiliza todo el conjunto de entrenamiento, el modelo acierta un promedio de 97 de cada 100 veces. Incluso cuando el conjunto de entrenamiento se reduce 10 veces, la precisión sigue siendo del 94 %. Con 600 ejemplos de entrenamiento (unos 60 por dígito), la precisión cae al 86 %. Únicamente cuando el conjunto de entrenamiento se reduce a tan solo seis ejemplos de cada dígito, de media, la precisión cae drásticamente al 66 %.

Sin embargo, antes de que seamos demasiado duros con nuestro modelo del vecino más cercano, recordemos que hay 10 clases de dígitos, por lo que la adivinación aleatoria será correcta, de media, aproximadamente 1 de cada 10 veces, lo que supone una precisión de alrededor del 10 %. Desde este punto de vista, incluso el modelo de 60 muestras es seis veces mejor que adivinar al azar. Exploremos un poco este fenómeno para ver si podemos entender por qué el modelo del vecino más cercano funciona bien con tan pocos datos de entrenamiento.

Imagine que está solo en un estadio de baloncesto, sentado en medio de la cancha. En algún lugar del campo, hay una mota de polvo suspendida en el aire. Por comodidad, la mota permanece fija en su posición. Ahora imagine que hay 59 motas de polvo más en el aire. Esas 60 motas de polvo son las 60 muestras de dígitos de nuestro conjunto de entrenamiento, y la arena es el mundo tridimensional en el que viven los vectores de imágenes de dígitos.

Ahora imagine que ha aparecido una nueva mota de polvo delante de sus narices. Se trata de un nuevo vector de dígitos que quiere clasificar. El modelo del vecino más cercano calcula la distancia entre esa mota de polvo y las 60 motitas cuyas etiquetas de dígitos conoce. La mota de polvo más cercana a la nueva está debajo del borde de la canasta que tiene delante, a una distancia de 14 metros. Es un 3, por lo que el modelo devuelve una etiqueta de 3. ¿Resulta razonable pensar que la mota más cercana representa la etiqueta adecuada para la muestra desconocida? Después de todo, solo hay 60 motas de polvo en toda la arena.

Para responder razonablemente a esta pregunta, debemos tener en cuenta dos efectos contrapuestos. En primer lugar, hemos de responder "no", porque parece absurdo creer que podemos representar el gigantesco volumen de la arena con 60 motas de polvo. Hay muy pocos datos en el conjunto de entrenamiento para llenar el espacio de la arena. Esta observación, conocida como la "maldición de la dimensionalidad", se refiere al hecho de que, a medida que el número de dimensiones aumenta, también lo hace, a un ritmo muy rápido, el número de muestras necesarias para llenar el espacio. En otras palabras, el número de puntos aumenta rápidamente, lo que significa que el número de muestras de entrenamiento necesarias para representar el espacio aumenta rápidamente, exponencialmente, para ser más precisos. La maldición de la dimensionalidad es uno de los males del aprendizaje automático clásico.

Según la maldición de la dimensionalidad, no deberíamos aspirar a clasificar correctamente los dígitos cuando solo disponemos de 60 muestras de entrenamiento y 784 dimensiones, pero nuestro clasificador del vecino más cercano sigue funcionando. No muy bien, pero mejor que adivinar al azar. ¿Por qué? La razón tiene que ver con el conjunto de datos de dígitos y la similitud entre los ejemplos de las distintas clases. Todos los ejemplos de cincos se parecen a un 5; si no fuera así, no los reconoceríamos como cincos. Por tanto, aunque el espacio de los dígitos tiene 784 dimensiones, la mayoría de los dígitos de una clase estarán relativamente cerca de los demás dígitos de esa clase. En otras palabras, las motas de polvo que representan a los cincos probablemente se agrupen cerca unas de otras, quizá en una fina región de tipo tubo que serpentea abriéndose camino a través de la arena. Es probable que los demás dígitos se agrupen de forma similar. Por este motivo, la muestra más cercana tiene más posibilidades de pertenecer a la misma clase de dígitos de lo que sospechábamos al considerar la maldición de la dimensionalidad. Basándonos en esta observación, cambiamos nuestra respuesta "no" por un vago "probablemente".

Hablamos de este efecto en términos matemáticos diciendo que los datos de los dígitos se encuentran en una "variedad" (*manifold*) con una dimensionalidad efectiva muy inferior a las 784 dimensiones de los vectores que representan los dígitos. El hecho de que los datos se encuentren a menudo en variedades de menor dimensionalidad es una ventaja si podemos utilizar esa información. El modelo del vecino más cercano utiliza la información porque los datos de entrenamiento son el modelo. Más adelante, cuando hablemos de las redes neuronales convolucionales, comprenderemos que estos modelos aprenden nuevas formas de representar sus entradas, lo que es similar a aprender a representar la variedad de dimensiones inferiores en la que viven los datos.

Sin embargo, antes de entusiasmarnos demasiado con lo bien que funciona nuestro clasificador de vecino más cercano con el conjunto de datos de dígitos, volvamos a la realidad intentando clasificar imágenes reales. El conjunto de datos Cifar-10 consta de 50 000 pequeñas imágenes en color de 32 píxeles de 10 clases diferentes, incluyendo una mezcla de vehículos, como aviones, coches y camiones, y animales, como perros, gatos y pájaros. Al desentrañar cada una de estas imágenes, se crea un vector de 3072 elementos, por lo que estamos pidiendo a nuestro clasificador que separe las imágenes en un espacio de 3072 dimensiones. Véase la tabla 3.2.

Tabla 3.2. Clasificación de Cifar-10 con el vecino más cercano

Tamaño del conjunto de entrenamiento	Precisión (%)
50 000	35.4
5000	27.1
500	23.3
50	17.5

Al igual que con MNIST, adivinar al azar conduce a una precisión del 10 %. Aunque nuestro clasificador obtiene mejores resultados con todas las variaciones de tamaño del conjunto de entrenamiento, su mejor precisión es de poco más del 35 %, muy lejos del 97 % logrado con MNIST. Precisamente este tipo de conclusiones llevaron a muchos miembros de la comunidad de aprendizaje automático a lamentar que la clasificación genérica de imágenes estuviera fuera de nuestro alcance. Por fortuna, no es así, pero ninguno de los modelos clásicos de aprendizaje automático lo hace bien.

Si pensamos en términos de variedades (la idea de que los datos suelen vivir en un espacio de dimensiones inferiores a la dimensionalidad de los propios datos), estos resultados no son sorprendentes. Cifar-10 contiene fotografías del mundo real, a menudo denominadas imágenes naturales. Las imágenes naturales son mucho más complejas que las imágenes simples, como los dígitos MNIST, por lo que deberíamos esperar que existan en una variedad de dimensiones más altas y, en consecuencia, que sea más difícil aprender a clasificarlas. Existen métodos numéricos para estimar la verdadera dimensionalidad de los datos. En el caso de MNIST, aunque las imágenes viven en un espacio de 784 dimensiones, los datos se aproximan más a las 11 dimensiones. En el caso de Cifar-10, la dimensionalidad intrínseca está más cerca de las 21 dimensiones, por lo que esperamos necesitar muchos más datos de entrenamiento para rendir al mismo nivel que MNIST.

Los modelos de vecino más cercano no se utilizan mucho hoy día. Hay dos razones para ello. En primer lugar, mientras que el entrenamiento de un modelo de vecino más cercano es instantáneo, porque no hay nada que entrenar, el "uso" de un modelo de vecino más cercano es lento, porque tenemos que calcular la distancia entre la muestra desconocida y cada una de las muestras del conjunto de entrenamiento. Este tiempo de cálculo crece como el cuadrado del número de muestras del conjunto de entrenamiento. Cuantos más datos de entrenamiento tengamos, mejor será el rendimiento del modelo, pero más lento funcionará. Si duplicamos el tamaño del conjunto de entrenamiento, el tiempo de búsqueda se multiplica por cuatro.

Tras décadas estudiando los clasificadores por vecino más cercano, se han descubierto todo tipo de trucos para mitigar el tiempo que se tarda en encontrar al vecino más cercano, o a los k vecinos más cercanos, pero el efecto se mantiene: al aumentar el número de muestras de entrenamiento, aumenta el tiempo que se tarda en utilizar el clasificador.

El segundo problema es común a todos los modelos clásicos de aprendizaje automático, así como a las redes neuronales tradicionales de las que hablaremos en el capítulo 4. Estos modelos son holísticos; es decir, interpretan sus vectores de entrada como una entidad única sin partes. Esto "no" es lo correcto en muchos casos; por ejemplo, para escribir un 4, se utilizan varios trazos, y hay partes definidas que distinguen el 4 de un 8. Los modelos clásicos de aprendizaje automático no aprenden explícitamente sobre estas partes o dónde aparecen, o que pueden aparecer en múltiples lugares. Sin embargo, las redes neuronales convolucionales modernas sí aprenden estas cosas.

En resumen, los modelos de vecino más cercano son fáciles de entender y sencillos de entrenar, pero lentos de utilizar e incapaces de comprender explícitamente la estructura de sus entradas. Cambiemos de marcha para contemplar el bosque y los árboles.

****

En el capítulo 1, ya analizamos brevemente los árboles de decisión, que consisten en una serie de preguntas "sí/no" sobre una muestra desconocida. Se empieza en el nodo raíz y se recorre el árbol respondiendo a la pregunta del nodo. Si la respuesta es "sí", baje un nivel a la izquierda. Si la respuesta es "no", desplácese hacia la derecha. Continúe respondiendo a las preguntas, hasta llegar a una hoja (un nodo sin preguntas) y asigne a la muestra desconocida la etiqueta que haya en el nodo de la hoja.

Los árboles de decisión son deterministas; una vez construidos, no cambian.

Por lo tanto, los algoritmos tradicionales de árboles de decisión devuelven el mismo árbol de decisión para el mismo conjunto de entrenamiento. La mayoría de las veces, el árbol no funciona del todo bien. Si eso ocurre, ¿hay algo que podamos hacer? Sí. Podemos hacer crecer un bosque de árboles.

Pero, si los árboles de decisión son deterministas, ¿no será el bosque nada más que el mismo árbol, una y otra vez, como una masa de clones? Lo será, si no hacemos nada inteligente por el camino. Menos mal que los humanos somos inteligentes. Alrededor del año 2000, los investigadores se dieron cuenta de que la introducción de la aleatoriedad produce un bosque de árboles únicos, cada uno con sus propias fortalezas y debilidades, pero colectivamente mejor que cualquier árbol individual. Un bosque aleatorio es una colección de árboles de decisión, cada uno aleatoriamente diferente de los demás. La predicción del bosque es una combinación de las predicciones de sus árboles. Los bosques aleatorios son una manifestación de la sabiduría de las multitudes.

Utilizar la aleatoriedad para construir un clasificador parece contraintuitivo al principio. Si el martes presentamos al modelo la muestra X y nos dice que la muestra X pertenece a la clase Y, no queremos que nos diga que pertenece a la clase Z si presentamos la misma muestra el sábado. Afortunadamente, la aleatoriedad de un bosque aleatorio no funciona así. Si le damos a un bosque entrenado la muestra X como entrada, siempre nos dará la clase Y como salida, aunque sea 29 de febrero.

El crecimiento de un bosque aleatorio consta de tres pasos: *bagging* o embolsado (también llamado *boot-strapping*), selección aleatoria de características y ensamblaje. El embolsado y la selección aleatoria de características ayudan a combatir el sobreajuste, un concepto mencionado en el capítulo 1. Los árboles de decisión individuales son propensos a sobreajustarse.

Los tres pasos trabajan juntos para crear un bosque de árboles de decisión cuyos resultados combinados producen un modelo (esperemos) de mejor rendimiento. La capacidad de explicación es el precio que hay que pagar por este aumento de potencia. Un único árbol de decisión se explica a sí mismo por la serie de preguntas y respuestas que producen sus resultados. Con docenas o cientos de árboles de decisión que combinan sus resultados, la capacidad de explicación desaparece, pero en muchos casos podemos vivir con ello.

Como ya he mencionado varias veces, el conjunto de entrenamiento es clave para condicionar el modelo. Y esto mismo sigue siendo aplicable en el caso de los bosques aleatorios. Tenemos como punto de partida un conjunto de entrenamiento. A medida que hacemos crecer el bosque, árbol de decisión por árbol de decisión, utilizamos el conjunto de entrenamiento existente para crear conjuntos de entrenamiento específicos para el árbol de decisión actual. Aquí es donde entra en juego el *bagging* o embolsado.

El "embolsado" consiste en construir un nuevo conjunto de datos a partir del conjunto de datos actual mediante muestreo aleatorio con sustitución. La expresión "con sustitución" significa que podemos seleccionar una muestra de entrenamiento más de una vez o ninguna. Esta técnica se utiliza en estadística para comprender los límites de una medida. Utilizaremos el siguiente ejemplo de conjunto de datos de puntuaciones de test para averiguar lo que significa:

95, 88, 76, 81, 92, 70, 86, 87, 72

Una forma de evaluar el rendimiento de una clase en el examen es calcular la puntuación media dividiendo la suma de todas las puntuaciones por el número de puntuaciones. La suma es 747, y hay 9 puntuaciones, lo que nos da una media de 83.

Colectivamente, las puntuaciones de los exámenes son una muestra de un proceso padre mítico que genera puntuaciones para el examen concreto realizado. Esta no es una forma común de pensar en las puntuaciones de los exámenes, pero es una forma de aprendizaje automático de pensar en lo que representa un conjunto de datos. Las puntuaciones de otro grupo de estudiantes representan otra muestra del proceso principal de este examen. Si tenemos muchas clases de puntuaciones de exámenes, podemos hacernos una idea de la verdadera puntuación media del examen o, al menos, del rango en el que esperamos encontrar esa puntuación media, con un alto grado de confianza.

Podríamos realizar el test a muchas clases diferentes para obtener múltiples puntuaciones medias, una por clase, pero, en lugar de eso, utilizaremos el embolsado para crear nuevos conjuntos de datos a partir de la colección de puntuaciones de test que tenemos y observar sus medias. Para ello, elegimos valores de la colección de puntuaciones al azar, sin tener en cuenta si ya hemos elegido esta puntuación en particular o si nunca hemos elegido esa. He aquí seis conjuntos de datos embolsados:

1. 86, 87, 87, 76, 81, 81, 88, 70, 95

2. 87, 92, 76, 87, 87, 76, 87, 92, 92

3. 95, 70, 87, 92, 70, 92, 72, 70, 72

4. 88, 86, 87, 70, 81, 72, 86, 95, 70

5. 86, 86, 92, 86, 87, 86, 70, 81, 87

6. 76, 88, 88, 88, 88, 72, 86, 95, 70

Las medias respectivas de cada uno de ellos son 83.4, 86.2, 80.0, 81.7, 84.6 y 83.4 %. El más bajo es el 80.0 % y el más alto, el 86.2 %. Esto nos da motivos para creer que un gran número de muestras arrojará una media más o menos dentro de ese intervalo.

Así es como un estadístico podría utilizar el *bagging*. Para nosotros, la parte crítica son los seis nuevos conjuntos de datos obtenidos a partir del conjunto de datos original. Al hacer crecer un bosque aleatorio, cada vez que necesitemos un nuevo árbol de decisión, primero utilizaremos el ensacado para producir un nuevo conjunto de datos y, a continuación, entrenaremos el árbol de decisión utilizando ese conjunto de datos, no el original. Observe que muchos de los seis conjuntos de datos tienen valores repetidos; por ejemplo, el conjunto de datos 1 utilizó 81 y 87 dos veces, pero nunca 72. Esta aleatorización del conjunto de datos dado ayuda a crear árboles de decisión que se comportan de forma diferente entre sí, pero que están alineados con lo que representa el conjunto de datos original.

El segundo truco que utiliza un bosque aleatorio es entrenar el árbol de decisión en un conjunto de características seleccionadas al azar. Utilicemos el conjunto de datos de juguete de la tabla 3.3 para entender lo que esto significa. Como siempre, cada fila es un vector de características, una muestra para la que conocemos la etiqueta de clase adecuada. Las columnas son los valores de esa característica para cada muestra.

Tabla 3.3. Un conjunto de datos de juguete

#	x_0	x_1	x_2	x_3	x_4	x_5
1	0.52	0.95	0.81	0.78	0.97	0.36
2	0.89	0.37	0.66	0.55	0.75	0.45
3	0.49	0.98	0.49	0.39	0.42	0.24
4	0.43	0.51	0.90	0.78	0.19	0.22
5	0.51	0.16	0.11	0.48	0.34	0.54
6	0.48	0.99	0.62	0.58	0.72	0.42
7	0.80	0.84	0.72	0.26	0.93	0.23
8	0.50	0.70	0.13	0.35	0.96	0.82
9	0.70	0.54	0.62	0.72	0.14	0.53

¿Qué representa este conjunto de datos? No tengo ni idea; es inventado. Mi descarada respuesta es un buen recordatorio de que los modelos de aprendizaje automático no entienden lo que representan sus conjuntos de datos. Procesan números sin contexto. ¿Es el valor de un píxel? ¿El número de metros cuadrados de una casa? ¿La tasa de criminalidad de un condado por cada 100 000 habitantes? No importa para el modelo de aprendizaje automático: son solo números.

Este conjunto de datos de juguete consta de nueve vectores de características, cada uno con seis características, x_0 a x_5. Los árboles de decisión del bosque utilizan un subconjunto seleccionado aleatoriamente de las seis características; por ejemplo, digamos que mantenemos aleatoriamente las características x_0, x_4 y x_5. En la tabla 3.4, se muestra el conjunto de datos ahora utilizado para entrenar el árbol de decisión.

Tabla 3.4. Una colección aleatoria de características

#	x_0	x_4	x_5
1	0.52	0.97	0.36
2	0.89	0.75	0.45
3	0.49	0.42	0.24
4	0.43	0.19	0.22
5	0.51	0.34	0.54
6	0.48	0.72	0.42
7	0.80	0.93	0.23
8	0.50	0.96	0.82
9	0.70	0.14	0.53

Cada árbol de decisión del bosque se ha entrenado en una versión embolsada del conjunto de datos utilizando solo un subconjunto de las características disponibles. Hemos utilizado la aleatoriedad dos veces para crear un bosque de árboles sutilmente diferentes entre sí, tanto en los datos con los que se han entrenado como en las características a las que prestan atención.

Ahora que tenemos un bosque, ¿cómo lo utilizamos? He aquí la última de las tres piezas: el ensamblaje. En música, un conjunto es una colección de músicos que tocan diversos instrumentos. El bosque aleatorio también es un conjunto en el que cada árbol de decisión es un músico diferente que toca un instrumento diferente.

Un conjunto musical produce un único resultado, la música, combinando las notas tocadas por cada instrumento. Del mismo modo, un bosque aleatorio produce un único resultado, una etiqueta de clase, combinando las etiquetas producidas por cada árbol de decisión, normalmente por votación, como un clasificador k-vecinos más cercanos. Asignamos la etiqueta ganadora a la entrada.

Así, por ejemplo, si queremos utilizar el bosque aleatorio para clasificar la muestra X, y hay 100 árboles en el bosque aleatorio (ya entrenados), damos a cada árbol la muestra X. Los árboles saben qué subconjuntos de características de la muestra X utilizar para llegar a una hoja con una etiqueta. Ahora tenemos 100 posibles etiquetas de clase, el resultado de los 100 árboles de decisión del bosque. Si 78 de los árboles asignan la muestra X a la clase Y, el bosque aleatorio proclama que la muestra X es un caso de la clase Y.

La asignación aleatoria de características a los árboles, combinada con conjuntos de datos de arranque y votación por conjuntos, confiere a un bosque aleatorio su potencia. El ensamblaje es una idea intuitivamente atractiva que no se limita a los bosques aleatorios. Nada nos impide entrenar varios tipos de modelos en el mismo conjunto de datos y, luego, combinar sus predicciones de alguna manera para llegar a una conclusión conjunta sobre una muestra de entrada. Cada uno de los modelos tendrá sus puntos fuertes y débiles. Cuando se combinan, los puntos fuertes tienden a mejorar la calidad del resultado, haciendo que la suma sea mayor que las partes.

Nos queda por investigar otro modelo clásico de aprendizaje automático, la máquina de vectores de soporte (SVM). Después, enfrentaremos los modelos entre sí para intuir cómo se comportan y obtener una línea de base con la que comparar el rendimiento de las redes neuronales.

****

Para comprender las máquinas de vectores soporte, hay que entender cuatro conceptos: márgenes, vectores soporte, optimización y núcleos. Las matemáticas son un poco peliagudas, incluso para los matemáticos, pero dejaremos eso a un lado y nos centraremos en adquirir una comprensión conceptual.

Las máquinas de vectores soporte se entienden mejor visualmente, así que empezaremos con el conjunto de datos de juguete de ejemplo de la figura 3.3. Se trata de un conjunto de datos de dos clases (círculos y cuadrados), con vectores de características bidimensionales, características x_0 y x_1.

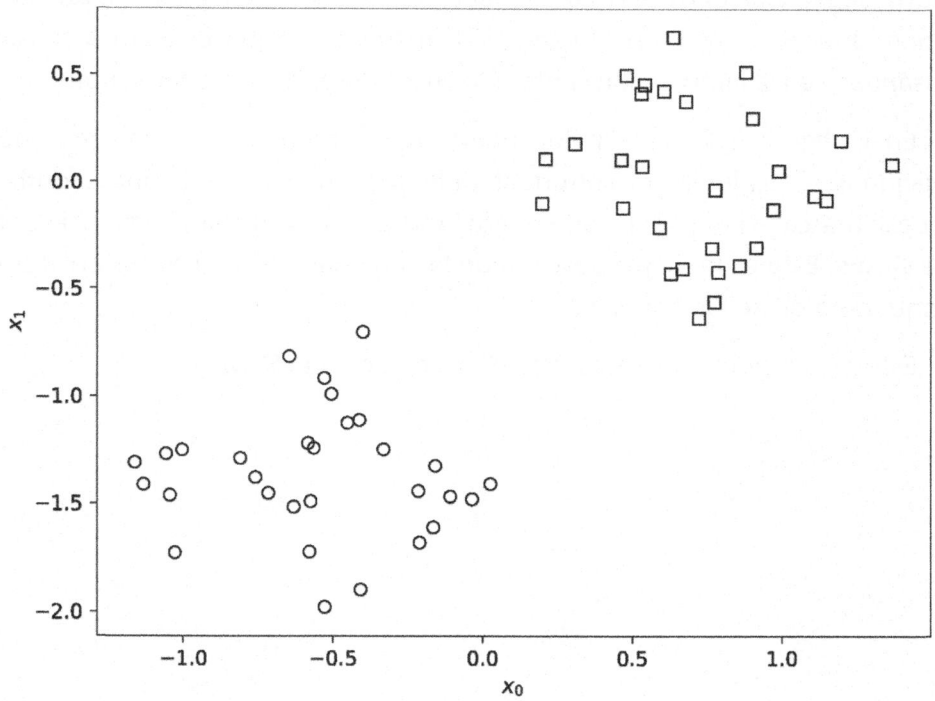

Figura 3.3. Conjunto de datos de juguete de dos clases
con dos características, x_0 y x_1

Es sencillo construir un clasificador para este conjunto de datos, porque una línea separa fácilmente el conjunto de datos por clases, con todos los cuadrados por encima y a la derecha y todos los círculos por debajo y a la izquierda. Pero ¿dónde debe ir? Hay infinitas líneas que podemos utilizar; por ejemplo, podríamos pasar la línea justo por debajo de todos los cuadrados. Esa línea separa las clases, pero, si encontramos una muestra de la clase cuadrada que cae justo debajo de la línea cuando usamos el clasificador, cometeremos un error y asignaremos la muestra a la clase círculo, porque está por debajo de la línea que declaramos que separa las clases. Del mismo modo, si colocamos la línea justo por encima de todos los círculos, podríamos llamar cuadrado a una nueva muestra que en realidad es un círculo porque aterrizó ligeramente por encima de esa línea.

Teniendo en cuenta lo que sabemos a partir de los datos de entrenamiento, deberíamos situar la línea de separación lo más lejos posible de cada grupo. Aquí es donde entra en juego el concepto de margen. Las SVM buscan maximizar el margen entre los dos grupos, es decir, encontrar el lugar con la mayor separación entre las clases. Cuando tienen el margen máximo, colocan el límite, aquí una línea, en el centro del margen, porque es lo más sensato, basándose en la información contenida en los datos de entrenamiento.

En la figura 3.4, se ven los datos de entrenamiento con tres líneas adicionales. Las líneas discontinuas definen el margen, y la línea continua gruesa marca el límite colocado por la SVM para maximizar la distancia entre las clases. Esta es la mejor posición de la línea para minimizar los errores de etiquetado entre las dos clases.

Esto es, en pocas palabras, todo lo que hace una SVM.

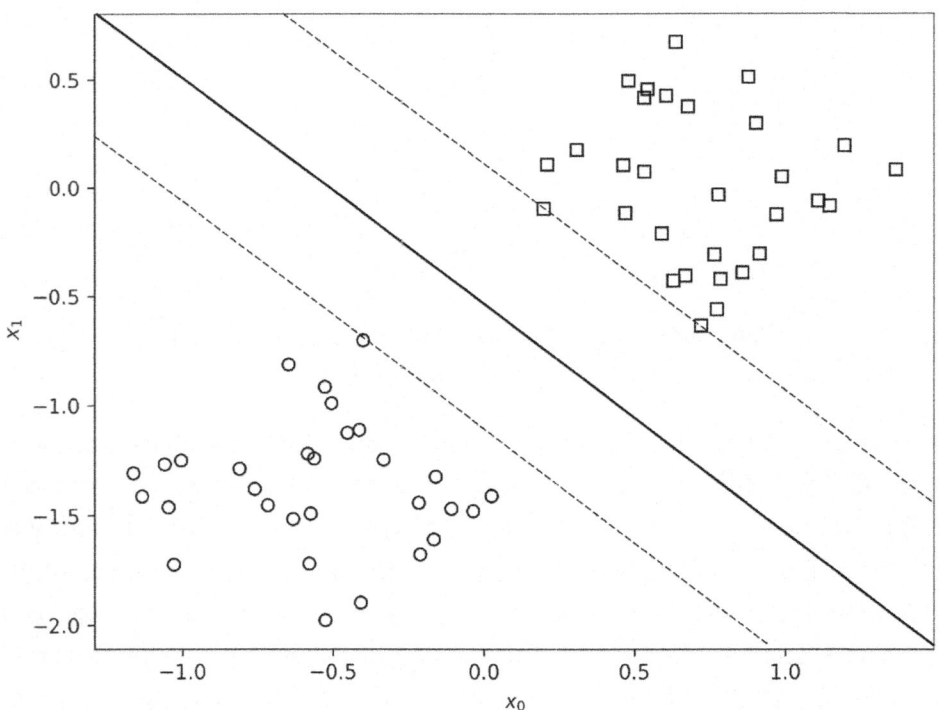

Figura 3.4. Línea de separación del margen máximo (gruesa)
y márgenes máximos (discontinua)

Las otras tres partes de una SVM (vectores de apoyo, optimización y núcleos) se utilizan para encontrar los márgenes y la línea de separación. En la figura 3.4, observe que las líneas discontinuas pasan a través de algunos de los puntos de datos. Estos puntos son los vectores de soporte que el algoritmo encuentra para definir el margen. ¿De dónde proceden esos vectores soporte? Recuerde que los puntos de la figura representan vectores de características específicas en el conjunto de entrenamiento. Los vectores de soporte son miembros del conjunto de entrenamiento encontrados mediante un algoritmo de optimización. La optimización implica encontrar lo mejor de algo según algún criterio. El algoritmo de optimización utilizado por una SVM localiza los vectores de apoyo que definen el margen máximo y, en última instancia, la línea de separación. En el capítulo 1, utilizamos un algoritmo de optimización cuando vimos el ajuste de datos a una curva, y lo emplearemos de nuevo cuando entrenemos redes neuronales.

Ya casi hemos llegado; solo nos queda un concepto de SVM: los *kernels* o el núcleo. A diferencia de la variedad de palomitas de maíz o el núcleo en el corazón del sistema operativo de su ordenador, los núcleos matemáticos relacionan dos cosas: aquí, dos vectores de características. En el ejemplo de la figura 3.4, se utiliza un núcleo lineal, lo que significa que se emplean los vectores de características de los datos de entrenamiento tal y como son. Las máquinas de vectores de soporte admiten muchos tipos de núcleos para relacionar dos vectores de características, pero el núcleo lineal es el más común. Otro tipo, llamado *kernel* o núcleo gaussiano (o, aún más verboso e impresionante, *kernel* o núcleo de función de base radial), a menudo ayuda en situaciones en las que el *kernel* lineal falla porque los vectores de características están en un tipo diferente de relación entre sí.

El núcleo transforma los vectores de características en una representación diferente, una idea fundamental para las redes neuronales convolucionales. Uno de los problemas que hizo que el aprendizaje automático clásico tropezara durante tanto tiempo es que los datos suministrados a los modelos eran demasiado complejos en su forma bruta para que el modelo pudiera hacer distinciones significativas entre clases. Esto está relacionado con la idea de las variedades y la dimensionalidad intrínseca introducida en nuestro debate sobre los vecinos más próximos.

Los profesionales del aprendizaje automático clásico dedicaron un esfuerzo considerable a tratar de minimizar el número de características necesarias para un modelo, y las redujeron al conjunto mínimo necesario para que el modelo distinguiera entre clases. Este enfoque se denominó selección de características o reducción de la dimensionalidad, dependiendo del algoritmo utilizado. Del mismo modo, especialmente en el caso de las SVM, se utilizaban núcleos para asignar los vectores de características dados a una nueva representación, lo que facilitaba la separación de clases. Estos enfoques estaban dirigidos por humanos; seleccionábamos las características o los *kernels* con la esperanza de que hicieran el problema más manejable. Pero, como veremos, el aprendizaje profundo moderno deja que los datos hablen por sí mismos a la hora de aprender nuevas representaciones de la información que contienen.

En la práctica, entrenar una máquina de vectores soporte significa encontrar buenos valores para los parámetros relacionados con el núcleo utilizado. Si el *kernel* es lineal, como en el ejemplo anterior, solo hay que encontrar un valor, llamado universalmente C. Es un número, como 1 o 10, que afecta al rendimiento de la máquina de vectores soporte. Si se utiliza el *kernel* gaussiano, tenemos C y otro parámetro, conocido por la letra griega γ (gamma). El arte de entrenar una SVM consiste en encontrar los valores mágicos que funcionan mejor para el conjunto de datos en cuestión.

Los valores mágicos utilizados por un modelo son sus "hiperparámetros". Las redes neuronales tienen muchos hiperparámetros, incluso más que las SVM. Sin embargo, mi experiencia me ha enseñado que a menudo es más fácil ajustar una red neuronal —especialmente una red neuronal profunda moderna— que una máquina de vectores soporte. Confieso libremente mi parcialidad en este punto; otros podrían no estar de acuerdo.

Las máquinas de vectores soporte son matemáticamente elegantes, y los profesionales utilizan esa elegancia para ajustar los hiperparámetros y el núcleo utilizado, junto con una serie de enfoques de preparación de datos de la vieja escuela, para construir un modelo de buen rendimiento que funcione bien con datos en la naturaleza. Cada paso de este proceso depende de la intuición y la experiencia de la persona que construye el modelo. Si tiene conocimientos y experiencia, es probable que lo consiga si el conjunto de datos es apto para ese modelo, pero el éxito no está asegurado. Por otro lado, las redes neuronales profundas son grandes, algo toscas y viven o mueren según los datos brutos que se les suministran. Dicho esto, al abordar el problema con un conjunto reducido de suposiciones, las redes neuronales pueden generalizar sobre elementos del conjunto de datos que los humanos no pueden comprender, lo que creo que a menudo es la razón por la que las redes neuronales modernas pueden hacer lo que antes se creía casi imposible.

Los SVM son clasificadores binarios: distinguen entre dos clases, como en el conjunto de datos de la figura 3.3. Pero, a veces, necesitamos distinguir entre más de dos clases. ¿Cómo podemos hacerlo con una SVM?

Tenemos dos opciones para generalizar las SVM a problemas multiclase. Supongamos que tenemos 10 clases en el conjunto de datos. El primer enfoque de generalización entrena 10 SVM, la primera de las cuales intenta separar la clase 0 de las otras nueve clases. La segunda también intenta separar la clase 1 de las nueve restantes, y así sucesivamente, lo que nos da una colección de modelos, cada uno de los cuales intenta separar una clase de todas las demás. Para clasificar una muestra desconocida, damos la muestra a cada SVM y devolvemos la etiqueta de clase del modelo que produjo el mayor valor de la función de decisión, la "métrica", o medida, que la SVM utiliza para decidir su confianza en su salida. Esta opción se conoce como "uno contra el resto" o "uno contra todos". Entrena tantas SVM como clases haya.

La otra opción es "uno contra uno", que entrena una SVM distinta para cada posible par de clases. La muestra desconocida se entrega a cada modelo y se le asigna la etiqueta de clase que aparezca con más frecuencia. Uno contra uno no es práctico si el número de clases es demasiado grande; por ejemplo, para el modelo 10 clases en Cifar-10, necesitaríamos 45 máquinas SVM diferentes. Y, si probáramos este enfoque con las 1000 clases del conjunto de datos ImageNet, esperaríamos mucho tiempo a que se entrenaran las 499 500 SVM diferentes.

Las máquinas de vectores soporte se adaptaban bien a la potencia de computación disponible en los años noventa y principios de los dos mil, razón por la que mantuvieron a raya a las redes neuronales durante tanto tiempo. Sin embargo, con la llegada del aprendizaje profundo, hay pocas razones para recurrir a una SVM (en mi opinión).

****

Vamos a probar los tres modelos clásicos explorados en este capítulo utilizando un conjunto de datos de código abierto que consiste en contornos de huellas de dinosaurios que provienen del documento 2022 "A Machine Learning Approach for the Discrimination of Theropod and Ornithischian Dinosaur Tracks", escrito por Jens N. Lallensack, Anthony Romilio y Peter L. Falkingham. Las imágenes de las huellas se distribuyeron bajo la licencia Creative Commons CC BY 4.0, que permite su reutilización con atribución.

La figura 3.5 contiene muestras del conjunto de datos. Las huellas de terópodos *(T. rex)* están en la fila superior y las de ornitisquios (dinos con pico de pato como los hadrosáuridos), en la inferior. Las imágenes utilizadas por los modelos se invirtieron para que fueran blancas sobre fondo negro, se redimensionaron a 40 × 40 píxeles y se descompusieron para convertirlas en vectores de 1600 dimensiones. El conjunto de datos es pequeño para los estándares modernos, con 1336 muestras de entrenamiento y 335 muestras de prueba.

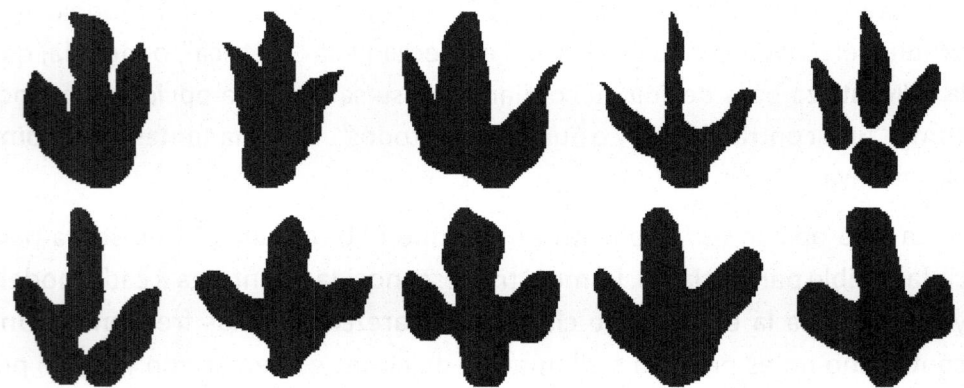

Figura 3.5. Huellas de terópodos (arriba) y ornitisquios (abajo)

He entrenado a los siguientes modelos:

- Vecino más cercano (*k* = 1, 3, 7)
- Un bosque aleatorio con 300 árboles
- Una máquina lineal de vectores soporte
- Una máquina de vectores soporte con funciones de base radial

Tras el entrenamiento, probé los modelos con el conjunto de pruebas retenido. También cronometré el tiempo necesario para entrenar cada modelo y para probar cada modelo después del entrenamiento. El uso de un modelo después del entrenamiento es la inferencia, lo que significa que hice un seguimiento del tiempo de inferencia en el conjunto de prueba.

NOTA

Este no es un libro de programación, pero, si está familiarizado con la programación, especialmente con Python, no dude en ponerse en contacto conmigo a través de rkneuselbooks@gmail.com y le enviaré el conjunto de datos y el código.

Los resultados aparecen recogidos en la tabla 3.5 muestra. La evaluación del funcionamiento de un modelo es, como cabría esperar, un componente fundamental del proceso de aprendizaje automático.

Tabla 3.5. Clasificación de las huellas de dinosaurio

Model	ACC	MCC	Train	Test
RF300	83.3	0.65	1.5823	0.0399
RBF SVM	82.4	0.64	0.9296	0.2579
7-NN	80.0	0.58	0.0004	0.0412
3-NN	77.6	0.54	0.0005	0.0437
1-NN	76.1	0.50	0.0004	0.0395
Linear SVM	70.7	0.41	2.8165	0.0007

La primera columna de la izquierda identifica el modelo: de arriba abajo, bosque aleatorio, máquina de vectores de soporte con función de base radial, vecino más cercano (con 7, 3 y 1 vecino) y máquina de vectores de soporte lineal.

Las columnas ACC y MCC son métricas calculadas a partir de la matriz de confusión, la parte más crucial de la caja de herramientas del profesional del aprendizaje automático cuando evalúa un modelo (véase el capítulo 1). Para los clasificadores binarios como los que tenemos aquí, la matriz de confusión cuenta el número de veces que una muestra de prueba de terópodos se identificó correctamente, lo mismo para las muestras de prueba de ornitisquios, y el número de veces que una se confundió con la otra.

Visualmente, la matriz de confusión para un modelo binario tiene este aspecto:

	Ornisticio	Terópodo
Ornisticio	TN	FP
Terópodo	FN	TP

Las filas son las etiquetas de clase reales del conjunto de pruebas retenidas. Las columnas son las etiquetas asignadas por los modelos. Las celdas son los recuentos del número de veces que se ha producido cada combinación de etiqueta real y etiqueta asignada por el modelo. Las letras son la forma estándar de referirse a lo que significan los números de las celdas: TN es "verdadero negativo", TP es "verdadero positivo", FP es "falso positivo" y FN es "falso negativo". Para los modelos de huellas de dinosaurios, terópodo es la clase 1, la clase "positiva", lo que convierte a los ornitisquios en la clase 0, o la clase "negativa".

El número de veces que el modelo calificó una huella de ornitisquio como "ornitisquio" es el recuento TN. Del mismo modo, el recuento TP representa el número de veces que el modelo acertó sobre una huella de terópodo. El objetivo es obtener TN y TP lo más altos posible, mientras que FP y FN, los errores, deberían mantenerse lo más bajos posible.

En la tabla 3.5, ACC se refiere a la precisión: "¿Cuántas veces fue correcta la etiqueta asignada por el clasificador?". Aunque la precisión es la métrica más natural que se debe tener en cuenta, no siempre es la mejor, especialmente si el número de ejemplos por clase no es casi igual. El bosque aleatorio obtuvo los mejores resultados en términos de precisión, pues etiquetó correctamente más de 83 de cada 100 imágenes de prueba. La SVM lineal fue la peor: solo acertó 71 de cada 100 veces. Sin embargo, las suposiciones aleatorias serían correctas alrededor del 50 % de las veces, porque tenemos dos clases, así que incluso la SVM lineal estaba aprendiendo de las imágenes de huellas. Definimos la precisión en términos de las celdas de la matriz de confusión sumando TP y TN, y dividiendo esa suma por la suma de las cuatro celdas.

La columna MCC, que significa "coeficiente de correlación de Matthews", introduce una nueva métrica. Es una combinación diferente de los cuatro números de la matriz de confusión. MCC es mi métrica favorita para los clasificadores, y cada vez se entiende más que es la mejor medida de un solo número de lo bien que funciona un modelo (estas métricas se aplican también a modelos de aprendizaje profundo más avanzados).

La tabla 3.5 se ordena por MCC que, en este ejemplo, igualmente se ordena por ACC. Para un modelo binario, el MCC más bajo posible es −1, y el más alto es 1. Adivinar al azar da un MCC de 0. Un MCC de 1 significa que el modelo no comete errores. Un MCC de −1, que nunca se da en la práctica, significa que el modelo está perfectamente equivocado: en nuestro caso, etiquetaría todas las huellas de terópodos como ornitisquios y todas las huellas de ornitisquios como terópodos. Si tiene un clasificador perfectamente erróneo, cambie las etiquetas de salida para hacerlo perfectamente correcto.

Las columnas "Entrenar" y "Probar" muestran los tiempos en segundos. La columna "Entrenar" indica el tiempo necesario para entrenar el modelo antes de utilizarlo. Los modelos de vecino más cercano no tardan prácticamente nada, una mera fracción de milisegundo, porque no hay nada que entrenar. Recordemos que un modelo de vecino más cercano es el propio conjunto de entrenamiento; no hay ningún modelo que condicionar para aproximar los datos de alguna manera.

El modelo más lento fue el SVM lineal. Curiosamente, el modelo de función de base radial, más complejo, se entrenó en aproximadamente un tercio del tiempo (una diferencia que puede atribuirse a cómo se implementan estos modelos en el código). El siguiente modelo más lento en entrenarse fue el bosque aleatorio. Esto tiene sentido porque había 300 árboles de decisión en el bosque y cada uno de ellos tenía que entrenarse de forma independiente.

El tiempo de inferencia, en la columna "Prueba", fue aproximadamente el mismo entre los modelos vecino más cercano y bosque aleatorio. Los modelos SVM fueron bastante lentos (RBF) y muy rápidos (lineal), lo que refleja una vez más las diferencias en la implementación. Fíjese en que los modelos de vecino más cercano tardan más en utilizarse que en entrenarse. Esto es lo contrario de lo habitual, especialmente para las redes neuronales, como veremos más adelante en el libro. Típicamente, el entrenamiento es lento, pero basta con hacerlo una vez, mientras que la inferencia es rápida. En el caso de los modelos de vecino más cercano, cuanto más grande sea el conjunto de entrenamiento, más lento será el tiempo de inferencia, lo que supone una desventaja importante.

De este ejercicio se pueden extraer dos conclusiones principales: una comprensión general del rendimiento de los modelos clásicos, que utilizaremos como referencia para comparar una red neuronal en el capítulo 4, y que incluso los modelos clásicos pueden funcionar bien en este conjunto de datos concreto. Su rendimiento estuvo a la par con el de los expertos humanos (es decir, los paleontólogos), que también etiquetaron los contornos de las huellas de dinosaurio. De acuerdo con el artículo original de Lallensack *et al.,* del que se extrajo el conjunto de datos de dinosaurios, los expertos humanos solo acertaron el 57 % de las veces. Además, se les permitía etiquetar las huellas como "ambiguas", un lujo del que no disponen los modelos, que siempre realizan una asignación de clase, sin la opción "no sé". Podemos obligar a algunos tipos de modelos a hacer tales afirmaciones, pero los modelos clásicos de este capítulo no son adecuados para ello.

****

¿Son los modelos clásicos IA simbólica o conexionismo? ¿Son IA? ¿Aprenden o son meros trucos matemáticos? Responderé a estas preguntas unas líneas más abajo.

En el capítulo 1, hablé de la relación entre IA, aprendizaje automático y aprendizaje profundo como una serie de conceptos anidados. Entre ellos, el aprendizaje profundo lo consideré una forma de aprendizaje automático y el aprendizaje automático, una forma de IA (véase la figura 1.1). Así es como la mayoría de la gente describe la relación, y así es como encaja con la historia del capítulo 2. Desde esta perspectiva, los modelos clásicos de este capítulo son una forma de IA.

No obstante, ¿son los modelos clásicos IA simbólica o IA conexionista? Yo digo que ninguna de las dos. No son IA simbólica, porque no manipulan reglas ni enunciados lógicos, y no son conexionistas, porque no emplean una red de unidades simples que aprenden su asociación adecuada a medida que trabajan con los datos. En cambio, considero que estos modelos son una forma elegante de ajuste de curvas; el resultado de un algoritmo que emplea un proceso de optimización para producir una función que caracterice mejor los datos de entrenamiento y, con suerte, los datos encontrados por el modelo en la naturaleza.

Para una máquina de vectores soporte, la función es la estructura del modelo en términos de los vectores soporte que localiza en su proceso de optimización.

La función de un árbol de decisión se genera mediante un algoritmo específico diseñado para dividir repetidamente los datos de entrenamiento en grupos cada vez más pequeños, hasta crear una hoja que (por lo general) solo contiene ejemplos de una única clase. Los bosques aleatorios no son más que colecciones de funciones de este tipo que trabajan en paralelo.

Los clasificadores en árbol son casi una forma de programación genética. La programación genética crea código informático que simula la evolución a través de la selección natural, donde la mejora de la aptitud corresponde a "es una mejor solución al problema". De hecho, la programación genética es un tipo de algoritmo evolutivo, y los algoritmos evolutivos, junto con los algoritmos de inteligencia de enjambre, implementan una optimización robusta y genérica. Para algunos, los algoritmos evolutivos y la inteligencia de enjambre son IA. Para mí no, aunque los utilizo con frecuencia en mi trabajo. Los enjambres no aprenden, sino que buscan en un espacio que representa posibles soluciones a un problema.

Los modelos de vecino más cercano son aún más sencillos; no hay que crear ninguna función. Si tenemos todos los datos posibles generados por algún proceso padre, es decir, la cosa que crea los vectores de características que estamos intentando modelar, entonces no necesitamos un modelo. Para asignar una etiqueta de clase a un vector de características, basta con buscarlo en la "guía telefónica" de vectores de características y devolver la etiqueta que encontremos allí. Puesto que tenemos todos los vectores de características posibles con etiquetas, no hay nada que podamos hacer para aproximar, y cualquier vector de características encontrado en la naturaleza estará necesariamente en el libro.

Debido a la falta de acceso a todos los vectores de características posibles para el problema en cuestión, un modelo de vecino más cercano utiliza el vector de características más próximo de la guía telefónica incompleta representada por los datos de entrenamiento.

Por ejemplo, supongamos que vivimos en una ciudad de 3000 habitantes y que todos ellos aparecen en la guía telefónica (¿siguen existiendo las guías telefónicas? Si no es así, imagínese).

Si queremos encontrar el número de teléfono de Nosmo King, buscamos en la guía bajo "King", bajamos hasta dar con "Nosmo" y ya lo tenemos. Supongamos, sin embargo, que no tenemos una lista completa de las 3000 personas, sino 300 seleccionadas al azar. Seguimos queriendo saber el número de teléfono de Nosmo King (etiqueta de clase), pero no está en la guía telefónica. Pero sí hay un Burg R. King.

Es muy probable que Burg esté emparentado con Nosmo, puesto que comparten apellido, así que devolvemos el número de teléfono de Burg como el de Nosmo. Evidentemente, cuanto más completa sea la guía telefónica, más posibilidades tendremos de encontrar el nombre deseado o a alguien de la familia de esa persona. Eso es básicamente todo lo que hace un modelo de vecino más cercano.

****

En resumen, las máquinas de vectores soporte, los árboles de decisión y los bosques aleatorios utilizan datos para generar funciones según un algoritmo cuidadosamente elaborado y firmado por un humano. Para mí, eso no es IA simbólica ni conexionismo, sino ajuste de curvas o, quizá más exactamente, optimización. Los modelos del vecino más cercano son aún peores; en su caso, no hay función alguna.

Esto no significa que la IA sea falsa, pero sí que lo que los profesionales tienen en mente cuando hablan de IA difiere probablemente de lo que el público en general considera "inteligencia artificial".

Pero no todo está perdido. Existe un modelo de aprendizaje automático digno de la etiqueta conexionista: la red neuronal. Se encuentra en el corazón de la revolución de la IA y es capaz de aprender realmente de los datos. Así pues, dejemos a un lado los modelos clásicos y la IA simbólica, y centremos nuestra atención en las redes neuronales.

TÉRMINOS CLAVE

Algoritmo evolutivo, falsos negativos, falsos positivos, programación genética, hiperparámetros, inferencia, colector, métrica, vecino más cercano, uno contra uno, uno contra el resto, bosque aleatorio, máquina de vectores soporte, inteligencia de enjambre, verdadero negativo, verdadero positivo, *bagging,* maldición de la dimensionalidad.

Capítulo 4

REDES NEURONALES: UNA IA SIMILAR AL CEREBRO

Con el conexionismo, se persigue proporcionar un sustrato del que pueda surgir la inteligencia. Hoy día, conexionismo es sinónimo de redes neuronales, y aquí con "neural" se hace un guiño a las neuronas biológicas. Sin embargo, y pese al nombre, la relación entre ambas es superficial. Aunque las neuronas biológicas y las artificiales pueden tener una configuración similar, lo cierto es que funcionan de manera totalmente distinta.

Las neuronas biológicas aceptan entradas en sus dendritas y, cuando hay un número suficiente de entradas activas, se "disparan" para producir un máximo de voltaje de corta duración en sus axones. En otras palabras, las neuronas biológicas están apagadas hasta que se encienden. Tras ochocientos millones de años de evolución animal, el proceso se ha vuelto mucho más complejo, pero eso es lo esencial.

Las neuronas artificiales de una red neuronal también poseen entradas y salidas, pero, en lugar de dispararse, las neuronas son funciones matemáticas con un comportamiento continuo. Algunos modelos sí disparan como las neuronas biológicas, pero en este libro los ignoraremos. Las redes neuronales que impulsan la revolución de la inteligencia artificial (IA) funcionan de forma continua.

Piense en una neurona biológica como en un interruptor de la luz. Está apagada hasta que hay una razón (entrada suficiente) para encenderla. La neurona biológica no se enciende y permanece encendida, sino que se enciende y se apaga intermitentemente, como si pulsáramos el interruptor. Una neurona artificial se asemeja a una luz con un regulador de intensidad. Gire el interruptor un poco para producir una pequeña cantidad de luz; gírelo más y el brillo de la luz cambiará proporcionalmente. Esta analogía no es exacta en todos los casos, pero transmite la idea fundamental de que las neuronas artificiales no son todo o nada. Por el contrario, producen una salida proporcional a su entrada según alguna función. Sus dudas se irán solventando solas a medida que avancemos en el capítulo, así que no se preocupe si ahora no acaba de encontrarle el sentido a lo que estamos diciendo.

****

La figura 4.1 es, sin duda, la más importante del libro. También es una de las más sencillas, como era de esperar si el enfoque conexionista va por buen camino. Una vez que entendamos lo que la figura 4.1 representa y cómo funciona, sabremos lo necesario para dar sentido a la IA moderna.

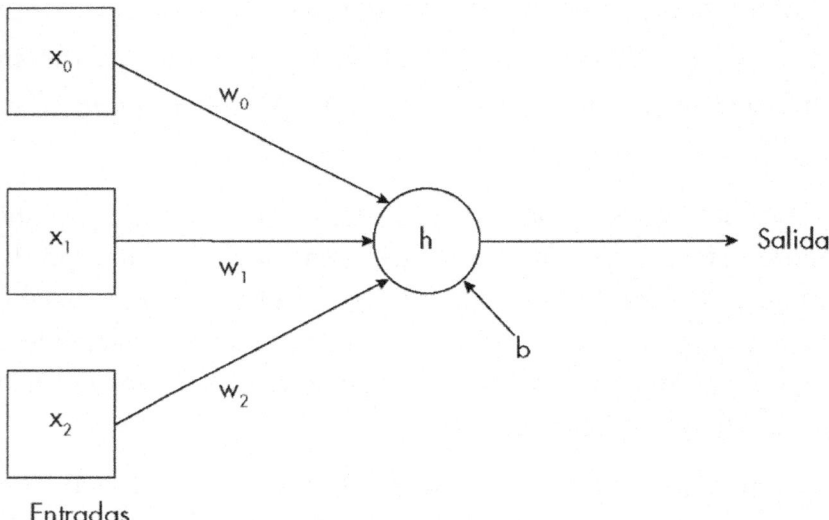

Figura 4.1. La humilde neurona (artificial)

La figura 4.1 contiene tres cuadrados, un círculo, cinco flechas y etiquetas como x_0 y Salida. Examinemos cada uno por separado, empezando por los cuadrados de la izquierda.

La práctica estándar presenta las redes neuronales con las entradas a la izquierda y el flujo de datos a la derecha. En la figura 4.1, los tres cuadrados etiquetados x_0, x_1 y x_2 son las entradas de la neurona. Son las tres características de un vector de características, lo que queremos que la neurona procese para darnos una salida que conduzca a una etiqueta de clase.

El círculo está etiquetado como h, una notación estándar para la función de activación. El trabajo de la función de activación consiste en aceptar la entrada de la neurona y producir un valor de salida, la flecha que se dirige hacia la derecha en la figura 4.1.

Los tres cuadrados de entrada están conectados al círculo (el nodo) por flechas, una desde cada cuadrado de entrada. Las etiquetas de las flechas —w_0, w_1 y w_2— son los pesos. Cada entrada a la neurona tiene un peso asociado. El único b unido al círculo por una flecha es el sesgo. Es un número, al igual que los pesos, las x de entrada y la salida. Para esta neurona, entran tres números y sale uno.

La neurona funciona así:

1. Multiplica cada valor de entrada, x_0, x_1 y x_2, por su peso asociado, w_0, w_1 y w_2.

2. Suma todos los productos del paso 1 junto con el valor de sesgo, b. Esto produce un único número.

3. Dé el número único a h, la función de activación, para producir la salida, también un número único.

Eso es todo lo que hace una neurona: multiplica sus entradas por los pesos, suma los productos, añade el valor de sesgo y pasa ese total a la función de activación para producir la salida.

Prácticamente todos esos logros de la IA moderna que nos parecen tan fantásticos se deben a esta construcción primitiva. Si se encadenan los suficientes en la configuración correcta, se obtiene un modelo que puede aprender a identificar razas de perros, conducir un coche o traducir del francés al inglés. Bueno, pero para eso hay que disponer de los valores mágicos de peso y sesgo que nos proporciona el entrenamiento. Estos valores son tan importantes para las redes neuronales que una empresa incluso ha adoptado el nombre de Pesos y Sesgos; véase https://www.wandb.ai.

Aunque tenemos opciones para la función de activación, en las redes modernas suele ser a menudo la unidad lineal rectificada (ReLU) mencionada en el capítulo 2. La ReLU es una pregunta: "¿Es la entrada (la suma de las entradas multiplicada por los pesos más el sesgo) menor que 0?". Si es así, la salida es 0; si no, es lo que sea la entrada.

¿Acaso puede ser útil algo tan sencillo como una neurona solitaria? Pues sí. Como experimento, entrené la neurona de la figura 4.1 utilizando como entrada tres características del conjunto de datos de la flor del iris del capítulo 1. Recordemos que este conjunto de datos contiene medidas de partes de tres especies diferentes de iris. Después del entrenamiento, probé la neurona con un conjunto de pruebas sin usar que tenía 30 vectores de características. La neurona clasificó correctamente 28, con una precisión del 93 %. Entrené la neurona buscando un conjunto de tres pesos y un valor de sesgo que produjera una salida que, redondeada al número entero más cercano, coincidiera con la etiqueta de clase de una flor de iris: 0, 1 o 2. No es la forma estándar de entrenar una red neuronal, pero funciona para algo tan modesto como una sola neurona. Más adelante, en este mismo capítulo, hablaremos del entrenamiento estándar de redes.

Una sola neurona puede aprender, pero las entradas complejas la desconciertan. Las entradas complejas implican que necesitamos un modelo más complejo. Precisamente por eso, démosle amigos a nuestra neurona.

Según la convención, las neuronas se organizan en capas en las que las salidas de la capa anterior son las entradas de la capa siguiente. Observe la figura 4.2, que muestra redes con dos, tres y ocho nodos en la capa después de la entrada. Organizar la red en capas simplifica la implementación en código y facilita el procedimiento de entrenamiento estándar. Dicho esto, no es necesario utilizar capas si se puede encontrar una forma alternativa de entrenar el modelo.

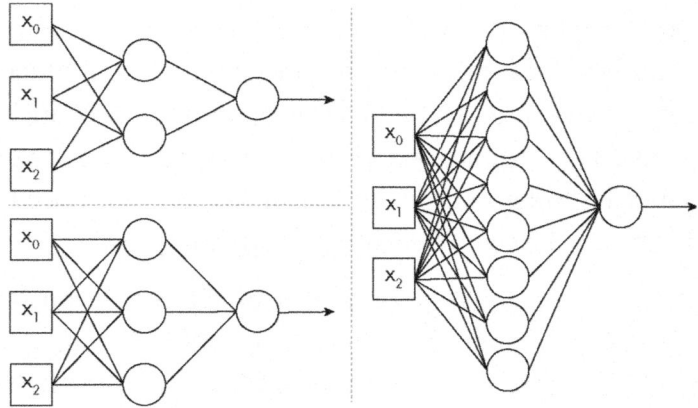

Figura 4.2. Redes de dos, tres y ocho nodos

Empecemos con la red de dos nodos de la parte superior izquierda. Las tres entradas (cuadrados) están ahí, pero esta vez hay dos círculos en la capa intermedia y un único círculo a la derecha. Las entradas están totalmente conectadas a los dos nodos de la capa intermedia, lo que significa que una línea conecta cada cuadrado de entrada con cada nodo de la capa intermedia. Las salidas de la capa media están conectadas a un único nodo en el extremo derecho del que procede la salida de la red.

Las capas intermedias de una red neuronal entre la entrada de la izquierda y la salida de la derecha se denominan capas ocultas; por ejemplo, las redes de la figura 4.2 tienen cada una de ellas una capa oculta con 2, 3 y 8 nodos, respectivamente.

Una red con esta configuración es adecuada para una tarea de clasificación binaria, clase 0 frente a clase 1, en la que la salida es un único número que representa la creencia del modelo de que la entrada pertenece a la clase 1. Por lo tanto, el nodo situado más a la derecha utiliza una función de activación diferente, conocida como sigmoide (también denominada logística). La sigmoide produce una salida entre 0 y 1. Este es también el rango utilizado para representar una probabilidad, por lo que mucha gente se refiere a la salida de un nodo con una función de activación sigmoide como una probabilidad. Normalmente, esto no es del todo exacto, pero podemos vivir con el descuido. Todos los nodos de la capa oculta utilizan funciones de activación ReLU.

¿Cuántos pesos y sesgos debemos aprender para implementar la red de dos nodos de la figura 4.2? Necesitamos un peso para cada línea (excepto la flecha de salida) y un valor de sesgo para cada nodo. Por lo tanto, necesitamos ocho pesos y tres valores de sesgo. Para el modelo de la parte inferior izquierda, necesitamos 12 pesos y 4 sesgos. Por último, para el modelo de 8 nodos, necesitamos aprender 32 pesos y 9 valores de sesgo. A medida que aumenta el número de nodos de una capa, el número de ponderaciones crece aún más rápido. Este hecho, por sí solo, limitó las redes neuronales durante años, ya que los modelos potencialmente útiles eran demasiado grandes para la memoria de un solo ordenador. Por supuesto, el tamaño del modelo es relativo. La GPT-3 de OpenAI tiene más de 175 000 millones de pesos y, aunque no se habla del tamaño de la GPT-4, los rumores la sitúan en 1700 millones de pesos.

Necesitamos un conjunto de datos de dos clases para explorar los modelos de la figura 4.2. El conjunto de datos que utilizaremos es un clásico que intenta distinguir entre dos cultivos de uva utilizados para elaborar vino en una región concreta de Italia. Por desgracia, parece que los vinos representados por el conjunto de datos ya no se conocen (así de antiguo es el conjunto de datos). Sin embargo, como sabemos que a los modelos no les importan las etiquetas, sino los números, utilizaremos 0 y 1 como etiquetas.

Necesitamos tres características: x_0, x_1 y x_2. Las características que utilizaremos son el contenido alcohólico en porcentaje, el ácido málico y los fenoles totales. El objetivo es entrenar los modelos de la figura 4.2 para ver el rendimiento de cada uno a la hora de identificar un vino desconocido, dadas las mediciones de las tres características.

Entrené el modelo de dos neuronas utilizando un conjunto de entrenamiento de 104 muestras y un conjunto de prueba de 26 muestras. Esto significa que utilicé 104 tripletas de contenido de alcohol medido, nivel de ácido málico y fenoles totales, y que conocía la etiqueta de salida adecuada, clase 0 o clase 1. El conjunto de entrenamiento condicionó el modelo de dos neuronas para dar valores a los ocho pesos y tres sesgos. Prometo que luego hablaremos de cómo funciona el entrenamiento, pero, por ahora, supongamos que ocurre para que podamos explorar el comportamiento de las redes neuronales. El modelo entrenado alcanzó una precisión del 81 % en el conjunto de pruebas, lo que significa que acertó más de 8 de cada 10 veces. No está nada mal para un modelo y un conjunto de entrenamiento tan pequeños.

En la figura 4.3, se presenta el modelo entrenado de dos neuronas. He añadido los pesos a los enlaces y los sesgos a los nodos, para que pueda verlos mejor. Creo que merece la pena mirar los números al menos una vez, y lo ideal es hacerlo con un modelo sencillo.

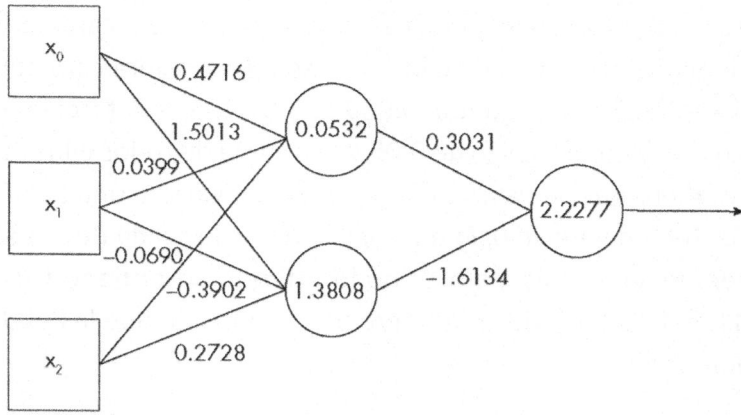

Figura 4.3. Modelo de dos neuronas entrenado con el conjunto
de datos sobre el vino

Utilicemos el modelo con dos muestras de prueba para comprender el proceso. Las dos muestras de prueba constan de tres números cada una, los valores de las características (x_0, x_1 y x_2):

Muestra 1 (−0.7359, 0.9795, −0.1333)

Muestra 2 (0.0967, −1.2138, −1.0500)

Quizá le haya surgido alguna pregunta respecto de este punto. He dicho que las características eran el contenido de alcohol en porcentaje, el nivel de ácido málico y los fenoles totales. Aunque no tengo ni idea de cuáles son las unidades para medir el ácido málico o los fenoles totales, un porcentaje es un porcentaje, así que ¿por qué x0 de la primera muestra es un pequeño número negativo? No podemos tener un porcentaje negativo de alcohol.

La respuesta tiene que ver con el preprocesamiento. Los datos brutos, como el porcentaje de alcoholemia, rara vez se utilizan tal cual con modelos de aprendizaje automático. En su lugar, cada característica se ajusta restando el valor medio de la característica en el conjunto de entrenamiento y dividiendo el resultado por una medida de la dispersión de los datos en torno al valor medio (la desviación estándar). El contenido de alcohol original era del 12.29 %, un valor razonable para el vino, pero, tras escalarlo, se convirtió en −0.7359.

Clasifiquemos la muestra 1 utilizando los pesos y sesgos aprendidos en la figura 4.3. La entrada a la neurona superior es cada característica multiplicada por el peso en la línea que conecta esa característica a la neurona, luego sumada con el valor de sesgo. La primera característica nos da 0.4716 × −0.7359; la segunda, 0.03990 × 0.9795, y la tercera, −0.3902 × −0.1333, con un valor de sesgo de 0.0532. La suma de todos ellos da −0.2028. Este es el número que se pasa a la función de activación, una ReLU. Como es negativo, la ReLU devuelve 0, lo que significa que la salida del nodo superior es 0. Al repetir el cálculo para el nodo inferior, se obtiene 0.1720 como entrada al ReLU. Se trata de un número positivo, por lo que la ReLU devuelve 0.1720 como salida.

Las salidas de los dos nodos de la capa intermedia se utilizan ahora como entradas para el nodo final de la derecha. Como antes, multiplicamos las salidas por los pesos, los añadimos junto con el valor de sesgo y lo pasamos a la función de activación. En este caso, la función de activación no es una ReLU, sino una sigmoide.

La salida del nodo superior es 0 y la del inferior, 0.1720. Si se multiplican por sus pesos respectivos, se suman y se añade el valor de sesgo de 2.2277, obtenemos 1.9502 como argumento de la función de activación sigmoidea, lo que produce 0.8755 como salida de la red para la primera muestra de entrada.

¿Cómo debemos interpretar este resultado? Aquí es donde aprendemos un aspecto importante de las redes neuronales.

> Las redes neuronales no nos dicen la etiqueta de clase real de la entrada, sino solo su confianza en una etiqueta en relación con otra.

Los modelos binarios dan un valor de confianza que interpretamos como la probabilidad de que la entrada pertenezca a la clase 1. Las probabilidades son números entre 0 (ninguna posibilidad) y 1 (absolutamente seguro). Las probabilidades son números entre 0 (ninguna posibilidad) y 1 (absolutamente seguro). Los humanos solemos sentirnos más cómodos con los porcentajes, que obtenemos multiplicando la probabilidad por 100. Por lo tanto, podemos decir que la red tiene un poco más del 87 % de confianza en que esta entrada representa un caso de la clase 1.

En la práctica, utilizamos un umbral, un valor de corte, para decidir qué etiqueta asignar. Lo más habitual en los modelos binarios es utilizar un umbral del 50 %. Si la salida supera el 50 % (probabilidad de 0.5), asignamos la entrada a la clase 1. Esta salida es superior al 50 %, por lo que asignamos la etiqueta "clase 1". Esta muestra pertenece a la clase 1, lo que significa que la etiqueta asignada por la red es correcta.

Podemos repetir estos cálculos para la segunda muestra de entrada (0.0967, −1.2138, −1.0500). Dejaré que lo repase como ejercicio, pero el resultado de la red para la muestra 2 es 0.4883. En otras palabras, la confianza de la red en que esta muestra pertenece a la clase 1 es del 49 %. El límite es el 50 %, por lo que rechazamos la etiqueta de clase 1 y asignamos esta entrada a la clase 0. La clase es de clase 1, por lo que, en este caso, la red se equivoca: ha asignado una muestra de clase 1 a la clase 0. ¡Vaya!

¿Es un modelo útil? La respuesta depende del contexto. Estamos clasificando vino por variedades. Si el resultado del modelo es erróneo el 20 % de las veces, es decir, una de cada cinco, ¿es aceptable? Sospecho que no, pero puede haber otras tareas en las que un modelo con este nivel de precisión sea aceptable.

Las redes neuronales ofrecen cierto control sobre cómo se interpretan sus salidas; por ejemplo, podríamos no utilizar el 50 % como límite. Si lo hacemos más bajo, por ejemplo, el 40 %, capturaremos más muestras de clase 1, pero a costa de identificar erróneamente más muestras reales de clase 0 como de clase 1. En otras palabras, conseguimos cambiar un tipo de error por otro.

Introduzcamos los otros modelos de la figura 4.2 en la mezcla. He entrenado los tres modelos empleando los mismos conjuntos de entrenamiento y prueba de la figura 4.3. He repetido el proceso 240 veces para cada uno de los tres modelos, y he aquí las precisiones medias:

De 2 nodos 81.5 %

De 3 nodos 83.6 %

De 8 nodos 86.2 %

El rendimiento del modelo mejora a medida que aumenta el número de nodos de la capa oculta. Esto tiene un sentido intuitivo, ya que un modelo más complejo (más nodos) implica la capacidad de aprender asociaciones más complejas ocultas en el conjunto de entrenamiento.

Sospecho que le habrá surgido una nueva pregunta: "¿Por qué he entrenado cada modelo 240 veces e informo de la precisión media de los 240 modelos?". Esta es otra cuestión fundamental que hay que entender sobre las redes neuronales.

> Las redes neuronales se inicializan aleatoriamente, de modo que el entrenamiento repetido da lugar a modelos de rendimiento diferente incluso cuando se utilizan los mismos datos de entrenamiento.

La frase "se inicializan aleatoriamente" exige una aclaración. Observe de nuevo la figura 4.3. Los números que representan los pesos y los sesgos proceden de un proceso iterativo. Esto significa que el conjunto inicial de pesos y sesgos se actualiza repetidamente, moviendo cada vez la red hacia una aproximación mejor de cualquier función que vincule los vectores de características de entrada y las etiquetas de salida. Queremos que la red se aproxime bien a esta función.

¿Por qué no inicializar todos los pesos con el mismo valor? La respuesta es que, al hacerlo, se fuerza a los pesos a aprender características similares de los datos, que es algo que no queremos, y al final el modelo funcionará mal. Si ponemos todos los pesos iniciales a cero, el modelo no aprende nada.

Para que el proceso iterativo funcione, es necesario un conjunto inicial de valores.

¿Cómo debemos elegir los valores iniciales? Esa es una pregunta importante, y la respuesta acorde con nuestro nivel actual de comprensión es "aleatoriamente" (o al azar), lo que significa que tiramos los dados, en cierto sentido, para obtener el valor inicial de cada peso y sesgo. A continuación, el proceso iterativo refina estos valores para llegar al conjunto final de la figura 4.3.

Sin embargo, el proceso iterativo no siempre termina en el mismo lugar. Elija un conjunto aleatorio diferente de pesos y sesgos iniciales, y la red convergerá a un conjunto diferente de valores finales; por ejemplo, la red de la figura 4.3 alcanzó una precisión del 81 %, tal y como se ha mencionado anteriormente.

A continuación, se muestran otras 10 precisiones de la misma red entrenada y probada con los mismos datos:

89, 85, 73, 81, 81, 81, 81, 85, 85, 85

Las precisiones oscilan entre un máximo del 89 % y un mínimo del 73 %. Lo único que cambió entre cada sesión de entrenamiento fue la recopilación de pesos y sesgos iniciales. Este es un problema que a menudo se pasa por alto en las redes neuronales. Las redes deben entrenarse varias veces, si es posible, para recopilar datos sobre su eficacia o, como en el caso de la versión del 73 % de la red, para comprender que se utilizó un mal conjunto de valores iniciales por pura casualidad. También debo mencionar que la gran variación en la precisión de esta red se debe a que es relativamente pequeña y solo contiene unos pocos pesos y sesgos. Los modelos más grandes tienden a ser más consistentes cuando se entrenan repetidamente.

Ya hemos cubierto mucho terreno; así que, llegados a este punto, conviene recapitular:

- La unidad fundamental de una red neuronal es la neurona, también llamada nodo.

- Las neuronas multiplican sus entradas por los pesos, suman esos productos, añaden un valor de sesgo y pasan todo eso a la función de activación para producir un valor de salida.

- Las redes neuronales son conjuntos de neuronas individuales, normalmente organizadas en capas en las que la salida de la capa actual es la entrada de la capa siguiente.

- El entrenamiento de una red neuronal asigna valores a los pesos y sesgos ajustando iterativamente un conjunto inicial seleccionado al azar.

- Las redes neuronales binarias producen una salida que corresponde aproximadamente a la probabilidad de que la entrada pertenezca a la clase 1.

****

Ahora que sabemos qué es una red neuronal y cómo se utiliza, llegamos por fin al quid de la cuestión: "¿De dónde salen los pesos y sesgos mágicos?". En el capítulo 2, mencioné brevemente que las redes neuronales mejoraron en la década de los ochenta gracias a dos algoritmos esenciales: la retropropagación y el descenso de gradiente. Estos algoritmos son el núcleo del entrenamiento de redes neuronales.

En el capítulo 3 ya hablamos de la optimización, que es el proceso de encontrar lo mejor de algo según algunos criterios, en referencia a las máquinas de vectores soporte. Entrenar una red neuronal es también un proceso de optimización que implica aprender los pesos y sesgos que mejor se ajustan a los datos de entrenamiento. Sin embargo, hay que tener cuidado para que sea más probable que los pesos y sesgos aprendidos se ajusten más a los datos de entrenamiento que a los detalles de los datos de entrenamiento específicos en sí. Lo que quiero decir con esto se hará evidente a medida que vayamos aprendiendo más sobre el proceso de formación.

El algoritmo de entrenamiento general es:

1. Seleccione la arquitectura del modelo, incluido el número de capas ocultas, los nodos por capa y la función de activación.

2. Inicialice de forma aleatoria pero inteligente todos los pesos y sesgos asociados a la arquitectura seleccionada.

3. Pase los datos de entrenamiento, o un subconjunto de ellos, por el modelo y calcule el error medio. Este es el paso hacia delante.

4. Utilice la retropropagación para determinar cuánto contribuye cada peso y sesgo a ese error.

5. Actualice los pesos y los sesgos según el algoritmo de descenso de gradiente. Este paso y el anterior constituyen el paso hacia atrás.

6. Repita desde el paso 3 hasta que la red se considere "suficientemente buena".

Estos seis pasos incluyen muchos términos importantes. Por eso, merece la pena hacer un alto y asegurarnos de que tenemos una idea de lo que significa cada uno. En este capítulo, arquitectura se refiere al número de capas, normalmente capas ocultas, utilizadas por la red. Tenemos nuestro vector de características de entrada, y podemos imaginar cada capa oculta trabajando colectivamente para aceptar un vector de entrada y producir un vector de salida, que se convierte en la entrada de la siguiente capa, y así sucesivamente. En el caso de los clasificadores binarios, la salida de la red es un único nodo que produce un valor de 0 a 1. Más adelante veremos que esta idea puede ampliarse a salidas multiclase.

El algoritmo indica que el entrenamiento es un proceso iterativo que se repite muchas veces. Los procesos iterativos tienen un punto de partida. Si quiere caminar del punto A al punto B, ponga un pie delante del otro. Esa es la parte iterativa. El punto A es el punto de partida. Para una red neuronal, la arquitectura implica un conjunto de pesos y sesgos. Los valores iniciales asignados a esos pesos y sesgos son similares al punto A, y el entrenamiento es similar a colocar un pie delante del otro.

El algoritmo utiliza la expresión "error medio". ¿Qué error? Aquí es donde entra en escena un nuevo concepto. De manera intuitiva, podemos ver que elegir simplemente algunos valores iniciales para los pesos y los sesgos no es probable que conduzca a una red capaz de clasificar los datos de entrenamiento con precisión. Recordemos que conocemos las entradas y las salidas esperadas de los datos de entrenamiento.

Supongamos que hacemos pasar la muestra de entrenamiento 1 por la red para que nos dé un valor de salida, quizá 0.44. Si sabemos que la muestra 1 pertenece a la clase 1, el error cometido por la red es la diferencia entre la salida esperada y la salida real. En este caso, es 1 – 0.44, es decir, 0.56. En cambio, un buen modelo podría haber producido un resultado de 0.97 para esta muestra, lo que daría un error de solo 0.03. Cuanto menor sea el error, mejor clasificará el modelo la muestra. Si hacemos pasar todos los datos de entrenamiento por la red, o un subconjunto representativo de ellos, podemos calcular el error de cada muestra de entrenamiento y hallar la media de todo el conjunto de entrenamiento. Esta es la medida que utilizan los algoritmos de retropropagación y de descenso de gradiente para actualizar los pesos y los sesgos.

Por último, el algoritmo de entrenamiento dice que hay que empujar los datos a través de la red, obtener un error, actualizar los pesos y sesgos y repetir hasta que la red sea "suficientemente buena". En cierto modo, suficientemente buena es cuando el error, también llamado pérdida, es lo más cercano a 0 posible. Si la red produce 0 como salida para todas las muestras de clase 0 y 1 como salida para todas las muestras de clase 1, entonces funciona perfectamente en los datos de entrenamiento y el error será 0. Eso está muy bien, pero hay que tener cuidado. A veces, cuando esto ocurre, la red está sobreajustada, lo que significa que ha aprendido todos los detalles de los datos de entrenamiento sin aprender realmente las tendencias generales de los datos que le permitirán obtener buenos resultados cuando se utilice con entradas desconocidas.

En la práctica, el sobreajuste se aborda de varias maneras, la mejor de las cuales pasa por adquirir más datos de entrenamiento. Utilizamos los datos de entrenamiento como un sustituto de todos los datos posibles que podría producir el proceso que estamos intentando modelar. Por lo tanto, más datos de entrenamiento significa una mejor representación de esa colección de datos. Vuelve a salir aquí la cuestión de interpolar frente a extrapolar que ya tratamos en el capítulo 1.

Sin embargo, puede que no sea posible obtener más datos de entrenamiento. Las alternativas incluyen ajustar el algoritmo de entrenamiento para introducir elementos que impidan que la red se centre en detalles irrelevantes de los datos de entrenamiento mientras aprende. Una de estas técnicas es el decaimiento de pesos, que paraliza la red si los valores de los pesos son demasiado grandes.

Otro enfoque habitual es el aumento de datos. ¿No tiene datos de entrenamiento? No se preocupe, el aumento de datos inventará algunos modificando ligeramente los datos que ya tiene. El aumento de datos toma los datos de entrenamiento existentes y los muta para producir nuevos datos que podrían haber sido creados por el mismo proceso que creó los datos de entrenamiento reales; por ejemplo, si la muestra de entrenamiento es una foto de un perro, seguirá siendo una foto de un perro si la giramos, la desplazamos unos píxeles hacia arriba, la volteamos de izquierda a derecha, etc. Cada transformación produce una nueva muestra de entrenamiento. Puede parecer una trampa, pero, en la práctica, el aumento de datos es un potente regularizador que lo que hace es evitar que la red se ajuste demasiado durante el entrenamiento.

Volvamos por un momento a la inicialización, ya que su importancia no fue suficientemente apreciada durante muchos años.

Al principio, la inicialización del peso no significaba nada más que "elegir un número de rango pequeño", como 0.001 o −0.0056. Esto funcionaba la mayor parte del tiempo. Sin embargo, no funcionaba sistemáticamente y, cuando lo hacía, el comportamiento de la red no era estelar.

Poco después del advenimiento del aprendizaje profundo, los investigadores volvieron a examinar la idea del "pequeño valor aleatorio", en busca de un enfoque más basado en principios para la inicialización. El fruto de esos esfuerzos es la forma en que se inicializan las redes neuronales hasta la actualidad. Hay que tener en cuenta tres factores: la forma de la función de activación, el número de conexiones procedentes de la capa inferior *(fan-in)* y el número de salidas hacia la capa superior *(fan-out)*. Se idearon fórmulas para utilizar los tres factores para seleccionar los pesos iniciales de cada capa. Los valores de sesgo suelen inicializarse a cero. No es difícil demostrar que las redes así inicializadas funcionan mejor que las inicializadas a la antigua usanza.

Aún nos quedan por explicar dos pasos del algoritmo de entrenamiento: la retropropagación y el descenso de gradiente. La retropropagación suele presentarse en primer lugar porque su resultado es necesario para el descenso por gradiente. Sin embargo, creo que es más intuitivo entender lo que hace el descenso de gradiente y, a continuación, rellenar la pieza que le falta, con lo que proporciona la retropropagación. Aunque los nombres le resulten poco familiares, estoy seguro de que ya entiende la esencia de ambos algoritmos.

****

Se encuentra en una vasta pradera de colinas onduladas. ¿Cómo ha llegado hasta aquí? Por más que se estruja el cerebro, no obtiene ninguna respuesta. Finalmente, divisa un pequeño pueblo al norte, en el valle. Tal vez sus habitantes puedan darle alguna respuesta. Pero ¿cuál es la mejor manera de llegar?

Quiere ir hacia el norte y hacia abajo, en general, pero también debe respetar el contorno del terreno. Siempre quiere ir de una posición más alta a una más baja. No puede ir hacia el norte, porque una gran colina se interpone en su camino. Podría dirigirse hacia el nordeste; el terreno es más llano allí, pero ir por ese camino hará que su viaje sea largo, ya que el terreno desciende lentamente. Así pues, decide dirigirse hacia el noroeste, ya que así avanzará hacia el norte y descenderá con más pendiente que hacia el este. Da un paso hacia el noroeste y se detiene para reevaluar su posición y decidir qué dirección tomar a continuación.

Repetir este proceso de dos etapas de examinar su posición actual para determinar la dirección que mejor lo lleve tanto hacia el norte como hacia abajo y, luego, dar un paso en esa dirección es, sin duda, su mejor apuesta para llegar a la aldea en el valle. Puede que no lo consiga; puede que se quede atascado en un pequeño cañón del que no pueda salir. No obstante, en términos generales, avanzará hacia su objetivo moviéndose constantemente en dirección norte y hacia abajo respecto a su posición actual.

Este proceso, conocido como "descenso de gradiente", nos permite ajustar los pesos y sesgos iniciales de una red neuronal para obtener modelos cada vez más eficaces. En otras palabras, el descenso de gradiente entrena el modelo.

El mundo tridimensional de la pradera que rodea al pueblo corresponde al mundo n-dimensional de la red, donde n es el número total de pesos y sesgos cuyos valores estamos intentando aprender. Elegir una dirección desde la posición actual y moverse en esa dirección es un paso de descenso de gradiente. Los pasos repetidos de descenso de gradiente lo acercan cada vez más al pueblo.

El descenso gradual busca la posición mínima, el pueblo en el valle, pero ¿el mínimo de qué? En una red neuronal, el objetivo del descenso gradual es ajustar los pesos y los sesgos de la red para minimizar el error en el conjunto de entrenamiento.

La vasta pradera abierta de colinas onduladas representa la función de error, el error medio sobre los datos de entrenamiento cuando se utilizan los valores de pesos y sesgos correspondientes a su posición actual. Esto significa que cada posición en la pradera implica un conjunto completo de pesos y sesgos de la red. La posición del pueblo corresponde al menor error que la red puede cometer en el conjunto de entrenamiento. La esperanza es que un modelo que tiene un pequeño error en su conjunto de entrenamiento cometerá pocos errores en entradas desconocidas cuando se utilice en el mundo real. El descenso gradual es el algoritmo que se mueve por el espacio de pesos y sesgos para minimizar el error.

El descenso de gradiente es un algoritmo de optimización, lo que nos indica una vez más que entrenar una red neuronal es un problema de optimización, un problema en el que tenemos que encontrar el mejor conjunto de algo. Si bien esto es cierto, también lo es que el entrenamiento de una red neuronal es sutilmente diferente de otros problemas de optimización. Como se ha mencionado antes, no queremos necesariamente el menor error posible en los datos de entrenamiento, sino el modelo que mejor generalice a entradas desconocidas. Queremos evitar el sobreajuste. Más adelante demostraré visualmente lo que esto significa.

El descenso de gradiente se mueve a través del paisaje de la función de error. En el uso cotidiano, un gradiente es un cambio en algo, como la pendiente de una carretera o un gradiente de color que varía suavemente de un tono a otro. En matemáticas, un gradiente es el análogo multidimensional de la pendiente de una curva en un punto. La dirección más empinada es la pendiente máxima. La pendiente de una línea en un punto de una curva es una representación útil del gradiente, por lo que contemplar las pendientes es un uso digno de nuestro tiempo.

En la figura 4.4, se muestra una curva con cuatro líneas que la tocan en diferentes puntos.

Las rectas representan la pendiente en esos puntos. La pendiente indica la rapidez con que cambia el valor de la función en las proximidades del punto. Cuanta más pendiente tenga la línea, más rápido cambiará el valor de la función a medida que se mueva por el eje x.

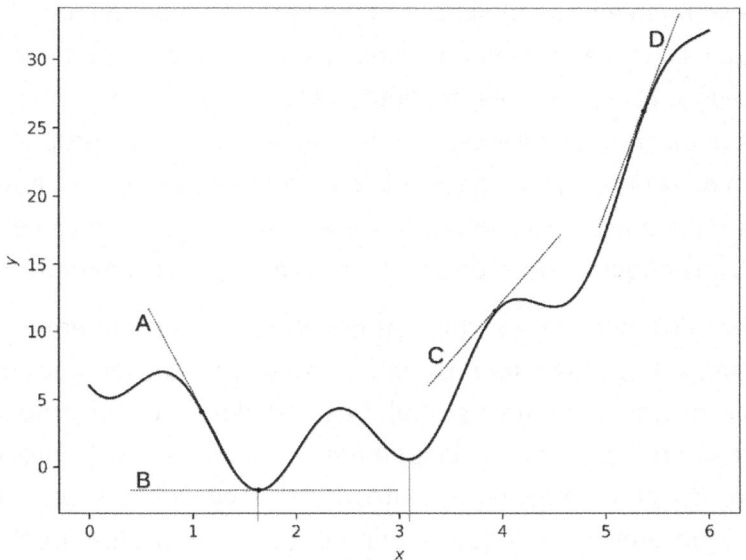

Figura 4.4. Una curva con la pendiente marcada en varios puntos

La línea B marca el punto más bajo de la curva. Este es el "mínimo global" y el punto que un algoritmo de optimización trata de encontrar. Observe que la línea que toca este punto es completamente horizontal. Matemáticamente, esto significa que la pendiente de la recta B es cero. Esto es cierto en los mínimos (y máximos) de las funciones.

El punto tocado por la línea B es el mínimo global, pero hay otros tres mínimos en el gráfico. Se trata de "mínimos locales", puntos en los que la pendiente de la recta que toca esos puntos también es 0. Lo ideal sería que un algoritmo de optimización evitara estos puntos y favoreciera el mínimo global.

La línea A es empinada y apunta hacia el mínimo global. Por lo tanto, si estuviéramos en el punto de la curva tocado por la línea A, podríamos movernos rápidamente hacia el mínimo global dando pasos en la dirección indicada. Además, como aquí la pendiente es pronunciada, podemos dar pasos razonablemente grandes hacia el valle.

La línea C también es empinada, pero se dirige hacia uno de los mínimos locales, el que está justo después de 3 en el eje x. Un algoritmo de descenso de gradiente que solo sepa moverse hacia abajo en el gradiente localizará ese mínimo local y se atascará allí. Lo mismo ocurre con la línea D, que se dirige hacia el mínimo local entre 4 y 5 en el eje x.

¿Qué puede extraerse de la figura 4.4? En primer lugar, el descenso por gradiente se mueve hacia abajo por el gradiente, o la pendiente, desde algún punto. Aquí la curva es unidimensional, por lo que el punto es un valor específico de x. El descenso de gradiente utiliza el valor de la pendiente en ese punto para elegir una dirección y un tamaño de paso proporcional a la inclinación de la pendiente. Una pendiente pronunciada significa que podemos tomar un paso mayor para terminar en un nuevo valor x más cercano a un mínimo. Una pendiente poco pronunciada implica un paso menor.

Por ejemplo, supongamos que nos encontramos inicialmente en el punto donde la línea A toca la curva. La pendiente es pronunciada, así que damos un gran paso hacia la mínima global. Después del paso, volvemos a mirar la pendiente, pero esta vez es la pendiente en el nuevo punto del eje x. Utilizando esa pendiente, damos otro paso, luego otro, y otro, hasta que llegamos a un punto en el que la pendiente es esencialmente 0. Ese es el mínimo, así que nos detenemos.

El caso unidimensional es bastante sencillo porque, en cada punto, solo hay una pendiente, por lo que solo hay una dirección en la que ir. Sin embargo, recordando la vasta pradera abierta, sabemos que, desde cualquier punto, hay un número infinito de direcciones hacia las que podemos dirigirnos, muchas de las cuales son útiles porque nos mueven hacia el norte y hacia abajo. Una de esas direcciones, la del gradiente máximo, es la más empinada y la que nos lleva más rápidamente hacia nuestro destino deseado, y esa es la dirección que tomamos. Repitiendo el proceso, utilizando cada vez la dirección del gradiente máximo, conseguimos en varias dimensiones lo que hicimos en una. Para ser precisos, damos un paso en la dirección opuesta al gradiente máximo, porque el gradiente máximo apunta lejos del mínimo, no hacia él.

En la figura 4.5, se presenta el descenso por gradiente en dos dimensiones. En la figura, se muestra un gráfico de contorno. Imaginemos una mina a cielo abierto con niveles escalonados: cuanto más claro es el tono, más profunda es la mina, pero también más plana es la pendiente; es decir, los tonos más claros implican pendientes menos pronunciadas.

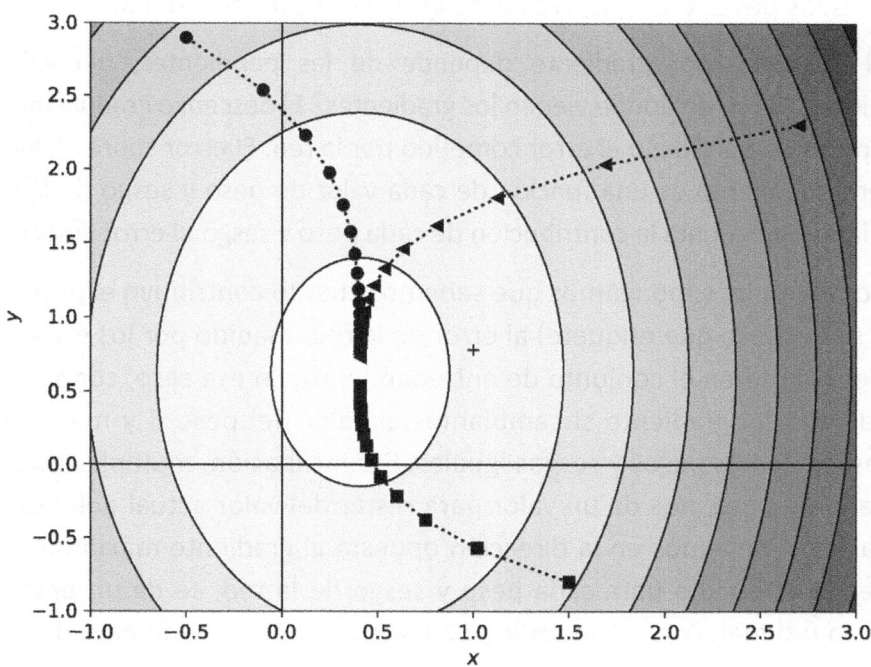

Figura 4.5. Descenso gradual en dos dimensiones

En la figura, se muestra el camino recorrido por el descenso de gradiente para tres posiciones de partida: el círculo, el triángulo y el cuadrado.

Inicialmente, las pendientes son pronunciadas, por lo que el tamaño de los pasos es grande, pero las pendientes se vuelven poco pronunciadas a medida que se aproximan al mínimo, lo que implica pasos más pequeños. Finalmente, el descenso por pendiente alcanza el mínimo, independientemente del punto de partida.

Hemos hablado del descenso de gradiente en una y dos dimensiones porque podemos visualizar el proceso. Ahora comprendemos que siempre hemos conocido el algoritmo y lo hemos utilizado nosotros mismos cada vez que pasamos de una elevación superior a otra inferior. Sinceramente, esto es todo lo que hace el entrenamiento de una red neuronal. El conjunto inicial de pesos y sesgos no es más que un único punto de partida en un espacio n-dimensional. El descenso gradiente utiliza el gradiente máximo desde esa posición inicial de partida para dirigirse hacia un mínimo. Cada nueva posición en el espacio n-dimensional es un nuevo conjunto de los n pesos y sesgos generados a partir del conjunto anterior basado en la inclinación del gradiente. Cuando el gradiente se hace muy pequeño, cantamos victoria y fijamos los pesos y sesgos, creyendo que la red está entrenada.

El descenso por gradiente depende de las pendientes, del valor del gradiente. Pero ¿de dónde vienen los gradientes? El descenso gradual minimiza la función de pérdida, o el error cometido por la red. El error sobre el conjunto de entrenamiento es una función de cada valor de peso y sesgo de la red. El gradiente representa la contribución de cada peso y sesgo al error global.

Por ejemplo, supongamos que sabemos cuánto contribuye el peso 3 (sea cual sea el peso que etiquete) al error de la red, medido por los errores que comete la red en el conjunto de entrenamiento. En ese caso, conocemos la pendiente del gradiente si cambiamos el valor del peso 3 y mantenemos todos los demás pesos y sesgos iguales. Esa inclinación, multiplicada por un tamaño de paso, nos da un valor para restar del valor actual del peso 3. Al restar, nos movemos en la dirección opuesta al gradiente máximo. Cuando se repite el cálculo para cada peso y sesgo de la red, se da un paso en el espacio n-dimensional. Esto es lo que hace el descenso gradiente durante el entrenamiento.

La retropropagación es el algoritmo que nos da los valores de inclinación por peso y sesgo. La retropropagación es una aplicación de una regla bien conocida del cálculo diferencial, la rama de las matemáticas que nos dice cómo cambia una cosa cuando cambia otra. Ejemplo de ello es la velocidad. La velocidad indica cómo cambia la distancia con el tiempo. Está incluso en cómo hablamos de velocidad: millas por hora o kilómetros por hora. La retropropagación nos da la "velocidad" que representa cómo cambia el error de la red con un cambio en cualquier valor de peso o sesgo. El descenso gradual utiliza estas "velocidades", multiplicadas por un factor de escala conocido como tasa de aprendizaje, para pasar a la siguiente posición en el espacio n-dimensional representado por los n pesos y sesgos de la red.

Por ejemplo, la red "grande" de la figura 4.2 tiene 32 pesos y 9 sesgos; por lo tanto, entrenar esa red con descenso de gradiente significa moverse por un espacio de 41 dimensiones para encontrar los 41 valores de peso y sesgo que nos den el error más pequeño promediado sobre el conjunto de entrenamiento.

El algoritmo se llama "retropropagación", porque calcula los valores de "velocidad" para cada peso y sesgo, empezando por la capa de salida de la red y retrocediendo, capa por capa, hasta la capa de entrada; es decir, retrocede por la red para propagar el error de una capa a la anterior.

La conclusión a la que hemos de llegar es la siguiente:

> El descenso gradual utiliza la dirección del gradiente proporcionada por la retropropagación para actualizar iterativamente los pesos y los sesgos con el fin de minimizar el error de la red en el conjunto de entrenamiento.

Y así, en pocas palabras, es como se entrenan las redes neuronales.

$$****$$

La capacidad de entrenar una red neuronal con retropropagación y descenso de gradiente es un poco casual. No debería funcionar. El descenso de gradiente con retropropagación es un método de optimización de primer orden. La optimización de primer orden funciona mejor con funciones simples, y las superficies de error de una red neuronal son cualquier cosa menos eso. Sin embargo, la suerte nos ha sonreído y funciona, y bastante bien. Aún no existe una explicación matemática rigurosa, más allá de la constatación de que los mínimos locales de la función de error son todos prácticamente iguales, lo que significa que, si uno cae en uno y no puede salir, a menudo no pasa nada.

Hay otra explicación empírica, pero, para entenderla, debemos aprender más sobre el proceso de entrenamiento. El algoritmo de entrenamiento de seis pasos que presenté antes en el capítulo habla de pasar el conjunto de entrenamiento, o un subconjunto de él, por la red, y repetir hasta que las cosas sean "suficientemente buenas". Permítame ampliar el proceso que implican estos pasos.

Cada pasada de datos de entrenamiento a través de la red, una pasada hacia delante seguida de una pasada hacia atrás, resulta en un paso de descenso de gradiente, como se muestra en la figura 4.5. Si el conjunto de datos de entrenamiento es pequeño, se utiliza todo en el paso hacia delante, lo que significa que el descenso de gradiente lo utiliza todo para decidir el siguiente paso. Una pasada completa a través de los datos de entrenamiento se denomina *epoch;* por lo tanto, el uso de todos los datos de entrenamiento en las pasadas hacia delante y hacia atrás da como resultado un paso de descenso de gradiente por época.

Los conjuntos de datos de aprendizaje automático modernos suelen ser masivos, por lo que resulta inviable desde el punto de vista computacional utilizar todos los datos de entrenamiento en cada paso del descenso de gradiente. En su lugar, se hace pasar por la red un pequeño subconjunto de datos seleccionados aleatoriamente, conocido como "minilotes", para los pasos hacia delante y hacia atrás. El uso de minilotes reduce drásticamente la carga computacional durante el descenso de gradiente, lo que se traduce en muchos pasos por época. Los minilotes también ofrecen otra ventaja que ayuda a superar el problema de "este método de entrenamiento no debería funcionar".

Supongamos que tuviéramos una función matemática que representara el error cometido por la red. En ese caso, podríamos utilizar técnicas de cálculo centenarias para hallar la forma exacta de la contribución de cada peso y sesgo al error; el descenso gradiente sabría la mejor dirección que seguir cada vez. Por desgracia, el mundo no es así. No conocemos la forma matemática de la función de error (no es probable que la conozcamos), así que tenemos que aproximarla con nuestros datos de entrenamiento. Esta aproximación mejora cuando se utilizan más datos de entrenamiento para determinar el error. Este hecho aboga por utilizar todos los datos de entrenamiento en cada paso del descenso gradiente. Sin embargo, ya sabemos que esto es extremadamente complicado en muchos casos.

El compromiso consiste en utilizar minilotes para cada paso del descenso del gradiente. Los cálculos ya no son tan exigentes, pero la aproximación al gradiente real es peor, porque lo estimamos con menos puntos de datos. La selección aleatoria de algo suele ir unida a la palabra "estocástico", por lo que el entrenamiento con minilotes se conoce como "descenso de gradiente estocástico". El descenso estocástico del gradiente, de una forma u otra, es el método de entrenamiento estándar que utilizan prácticamente todas las IA modernas.

A primera vista, el descenso de gradiente estocástico parece una opción abocada al fracaso. Claro, podemos calcular muchos pasos de descenso de gradiente antes de la muerte por calor del universo, pero nuestra fidelidad gradiente es baja, y es probable que nos estemos moviendo en la dirección equivocada a través del espacio de error. Y eso no puede ser bueno, ¿verdad?

Aquí es donde la suerte nos sonríe por segunda vez. No solo nos ha brindado la posibilidad de entrenar modelos complejos con el descenso de gradiente de primer orden, porque los mínimos locales son (se supone) aproximadamente equivalentes; también ha dispuesto las cosas de modo que la dirección de gradiente "equivocada" encontrada por el descenso de gradiente estocástico es, a menudo, lo que necesitamos para evitar los mínimos locales al principio del proceso de entrenamiento. En otras palabras, caminar ligeramente hacia el nordeste cuando deberíamos dirigirnos hacia el norte es una bendición disfrazada que nos permite entrenar grandes redes neuronales.

****

Con esto, ya estamos listos para pasar al siguiente capítulo. Sin embargo, antes de hacerlo, vamos a aplicar las redes neuronales tradicionales al conjunto de datos de huellas de dinosaurio. Compararemos los resultados con los modelos clásicos del capítulo 3.

Primero, tenemos que seleccionar una arquitectura; es decir, el número de capas ocultas, el número de nodos por capa y el tipo de función de activación para cada nodo. El conjunto de datos de huellas de dinosaurio tiene dos clases: ornitisquios (clase 0) y terópodos (clase 1). Por lo tanto, el nodo de salida debe utilizar una función de activación sigmoide para darnos una probabilidad de pertenencia a la clase 1. El valor de salida de la red estima la probabilidad de que la imagen de entrada represente un terópodo. Si la probabilidad es superior al 50 %, asignaremos la entrada a la clase 1; de lo contrario, irá a la clase 0. Para los nodos de la capa oculta, utilizaremos activaciones de unidades de línea rectificadas, como en todos los modelos de este capítulo. Solo nos queda seleccionar el número de capas ocultas y el número de nodos por capa.

Hay 1336 muestras de entrenamiento en el conjunto de datos de huellas. No son muchas, y no vamos a aumentar el conjunto de datos, así que necesitamos un modelo pequeño. Los modelos grandes, es decir, con muchos nodos y capas, requieren grandes conjuntos de entrenamiento; de lo contrario, hay demasiados pesos y sesgos que aprender en relación con el número de muestras de entrenamiento. Por lo tanto, nos limitaremos a probar como máximo dos modelos de capas ocultas para el conjunto de datos de huellas. En cuanto al número de nodos en las capas ocultas, dejaremos que la primera capa oculta varíe desde muy pequeña hasta casi el doble del tamaño de entrada de 1600 características (la imagen de 40 × 40 píxeles desentrañada). Si probamos una segunda capa oculta, restringiremos el número de nodos a no más de la mitad del número de la primera capa oculta.

Para comenzar, entrenaremos una colección de arquitecturas de una y dos capas. Después, entrenaremos 100 veces la de mejor rendimiento, para obtener un nivel medio de rendimiento. En la tabla 4.1, se presentan los resultados de los modelos de prueba.

Tabla 4.1. Arquitecturas de prueba con el conjunto de datos de huellas de dinosaurio

Precisión (%)	Arquitectura	Ponderaciones y sesgos
59.4	10	16 021
77.0	400	640 801
76.7	800	1 281 601
81.2	**2400**	**3 844 801**
75.8	100, 50	165 201
81.2	**800, 100**	**1 361 001**
77.9	2400, 800	5 764 001

La red con solo 10 nodos en su capa oculta fue la peor, con una precisión de alrededor del 60 %. Un clasificador binario que no hace nada, sino lanzar una moneda, acierta aproximadamente el 50 % de las veces, por lo que la red de 10 nodos funciona solo ligeramente por encima del azar; de ahí que no la queramos. La mayoría de las demás redes obtienen una precisión de entre 70 y 100 puntos.

Los dos modelos en **negrita** obtuvieron una precisión ligeramente superior al 81 % cada uno. El primero utilizó una única capa oculta de 2400 nodos. El segundo empleó una capa oculta de 800 nodos, seguida de otra de 100 nodos. Ambos modelos produjeron la misma precisión en el conjunto de pruebas, pero el modelo de 2400 nodos tenía casi tres veces más pesos y sesgos que el modelo de dos capas, así que nos quedamos con el modelo de dos capas (tenga en cuenta que los resultados de la tabla 4.1 representan una única sesión de entrenamiento, no la media de muchas. Lo solucionaremos en breve).

El modelo de dos capas sigue siendo relativamente grande. Intentamos aprender 1.4 millones de parámetros para que el modelo clasifique correctamente las imágenes de huellas de dinosaurio. Son muchos parámetros que aprender, especialmente con un conjunto de entrenamiento de solo 1336 muestras. Las redes neuronales totalmente conectadas crecen rápido, en términos del número de parámetros necesarios. Volveremos sobre esta observación en el capítulo 5, cuando hablemos de las redes neuronales convolucionales.

Tenemos nuestra arquitectura: dos capas ocultas que utilizan funciones de actuación lineal rectificadas con 800 y 100 nodos, respectivamente, seguidas de un único nodo que utiliza una sigmoidea para darnos una probabilidad de pertenencia a la clase 1. Al entrenar el modelo 100 veces con el conjunto de datos de huellas, se obtuvo una precisión media del 77.4 %, con un mínimo del 69.3 % y un máximo del 81.5 %. Pongamos este resultado en relación con los del capítulo 3; véase la tabla 4.2.

Tabla 4.2. Modelos de huellas de dinosaurio

Modelo	Precisión (%)
RF300	83.3
RBF SVM	82.4

Modelo	Precisión (%)
7-NN	80.0
3-NN	77.6
MLP	77.4
1-NN	76.1
SVM lineal	70.7

Recordemos que RF300 significa un bosque aleatorio con 300 árboles, SVM se refiere a una máquina de vectores de soporte y, de forma algo confusa, NN se refiere a un clasificador de vecino más cercano. Estoy utilizando un MLP (perceptrón multicapa) como sustituto de nuestra red neuronal. Perceptrón multicapa es un nombre antiguo, pero todavía común, para las redes neuronales tradicionales que hemos estado viendo en este capítulo. Fíjese en el vínculo con el perceptrón original de Rosenblatt de finales de la década de los cincuenta.

Nuestra red neuronal no fue la mejor en este conjunto de datos. De hecho, fue una de las peores. Unos ajustes adicionales podrían hacerla subir uno o dos puestos en la lista, pero este nivel de rendimiento es típico, según mi experiencia, y contribuyó a la percepción general (valga el juego de palabras) antes de la revolución del aprendizaje profundo de que las redes neuronales son modelos "mediocres", nada del otro mundo.

****

En este capítulo se han presentado las ideas fundamentales en las que se basan las redes neuronales modernas. El resto del libro se basa en los conceptos básicos tratados en este capítulo. Estos son los puntos principales:

- Las redes neuronales son conjuntos de nodos (neuronas) que aceptan múltiples entradas y producen un único número como salida.

- Las redes neuronales suelen organizarse en capas, de modo que la entrada de la capa actual es la salida de la capa anterior.

- Las redes neuronales se inicializan aleatoriamente, por lo que el entrenamiento repetido da lugar a modelos de rendimiento diferente.

- Las redes neuronales se entrenan por descenso de gradiente, utilizando la dirección de gradiente suministrada por la retropropagación para actualizar los pesos y los sesgos de forma iterativa.

Ahora, pasemos a investigar las redes neuronales convolucionales, la arquitectura que marcó el comienzo de la revolución del aprendizaje profundo. Este capítulo nos ha llevado a principios de la década de los dos mil. El siguiente nos traslada a 2012 y más allá.

Capítulo 5

REDES NEURONALES CONVOLUCIONALES: LA IA APRENDE A VER

Los modelos clásicos de aprendizaje automático se enfrentan a la selección adecuada de características, a la dimensionalidad del vector de características y a la incapacidad para aprender de la estructura inherente a la entrada. Las redes neuronales convolucionales (CNN) superan estos problemas aprendiendo a generar nuevas representaciones de sus entradas, al tiempo que las clasifican, un proceso conocido como aprendizaje de extremo a extremo. Las CNN son los procesadores de datos de representación-aprendizaje a los que me referí en el capítulo 2.

A lo largo de la historia de las redes neuronales, han aparecido diversos elementos de lo que se ha convertido en las CNN, empezando por el perceptrón de Rosenblatt. Sin embargo, la arquitectura que marcó el comienzo de la revolución del aprendizaje profundo se publicó en 1998. Fue necesaria más de una década de mejoras adicionales en la capacidad de computación para liberar toda la potencia de las CNN con la aparición de AlexNet en 2012.

Las redes convolucionales aprovechan la estructura de sus entradas. A medida que avance el capítulo, iremos entendiendo mejor lo que esto significa. En una dimensión, las entradas pueden ser valores que cambian con el tiempo, lo que también se conoce como series de tiempo. En dos dimensiones, hablamos de imágenes. Las CNN tridimensionales existen para interpretar volúmenes de datos, como una pila de imágenes de resonancia magnética o un volumen construido a partir de una nube de puntos LiDAR. En este capítulo, nos centraremos exclusivamente en las CNN bidimensionales.

El orden en que las características se presentan a una red neuronal tradicional es irrelevante. Independientemente de si presentamos los vectores de características al modelo como (x0, x1, x2) o (x2, x0, x1), el modelo aprenderá igual de bien porque asume que las características son independientes y no están relacionadas entre sí. De hecho, no se puede evitar una fuerte correlación entre el valor de un píxel y los valores de los píxeles adyacentes, que es algo que los modelos tradicionales de aprendizaje automático no quieren, y su incapacidad para lograr mucho éxito con tales entradas frenó a las redes neuronales durante años.

Las CNN, por su parte, explotan la estructura de sus entradas. Para una CNN, importa si presentamos la entrada como (x0, x1, x2) o (x2, x0, x1); el modelo puede aprender bien con la primera y mal con la segunda. Esto no es un punto débil, sino un punto fuerte, porque queremos aplicar las CNN a situaciones en las que haya una estructura que aprender, una estructura que ayude a determinar la mejor manera de clasificar las entradas.

Más adelante, compararemos el rendimiento de una red neuronal tradicional con el de una CNN a la hora de clasificar fotos pequeñas de animales y vehículos (el conjunto de datos Cifar-10 del capítulo 3). En ese momento, aprenderemos el verdadero poder de explotar la estructura. Pero, antes, hagamos un pequeño experimento. Tenemos dos conjuntos de datos. El primero es nuestro viejo amigo, el conjunto de datos de dígitos MNIST que vimos antes; el segundo es la misma colección de imágenes de dígitos, pero el orden de los píxeles en las imágenes ha sido revuelto. La alteración no es aleatoria, sino coherente, de modo que el píxel de la posición (1, 12) se ha movido, por ejemplo, a la posición (26, 13), con movimientos igualmente coherentes para todos los demás píxeles. En la figura 5.1, se muestran algunos ejemplos de dígitos MNIST y versiones codificadas de los mismos dígitos.

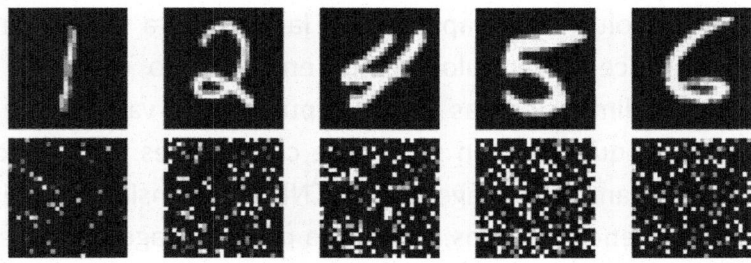

Figura 5.1. Ejemplo de dígitos MNIST (arriba) y versiones codificadas de los mismos dígitos (abajo)

Los dígitos mezclados me resultan incomprensibles. La información de píxeles entre los dígitos originales y los codificados es la misma; es decir, la misma colección de valores de píxeles está presente en ambos, pero la estructura ha desaparecido en gran medida y ya no puedo distinguir los dígitos. Afirmo que una red neuronal tradicional trata sus entradas de forma holística y no busca la estructura. Si es así, a una red neuronal tradicional no debería importarle que los dígitos estén desordenados; por el contrario, debería aprender igual de bien cuando se entrena con el conjunto de datos original o con el desordenado. Y resulta que eso es precisamente lo que ocurre. El modelo aprende igual de bien; la codificación no cambia nada en términos de rendimiento.

Sin embargo, hay que tener en cuenta que los dígitos de prueba codificados deben utilizarse con el modelo codificado; no podemos esperar que el modelo funcione cuando se entrena en un conjunto de datos y se prueba en el otro.

Por el momento, solo sabemos una cosa de las CNN: que prestan atención a la estructura de sus entradas. Sabiendo esto, ¿deberíamos esperar que una CNN entrenada en el conjunto de datos codificados funcione tan bien como una entrenada en el conjunto de datos original? No podemos interpretar los dígitos codificados, porque se ha destruido la estructura local de las imágenes. Por lo tanto, podríamos esperar un modelo que quiera explotar de forma similar la estructura local, para que sea incapaz de interpretar los dígitos codificados. Y ese es el caso: una CNN entrenada en el conjunto de datos codificados obtiene peores resultados que una entrenada en el conjunto de datos original.

¿Por qué no podemos interpretar fácilmente los dígitos revueltos? Debemos explorar lo que ocurre en el cerebro durante la visión para responder a esa pregunta. Luego volveremos a relacionar ese proceso con lo que hacen las CNN. Como aprenderemos, las CNN siguen al pie de la letra ese famoso refrán de, "cuando estés en Roma, haz como los romanos (los humanos)".

****

Vincent van Gogh es mi artista favorito. Hay algo en su estilo que me habla, algo extrañamente pacífico en un hombre atormentado por la enfermedad mental. Creo que la paz que emana de su obra refleja su intento de calmar la agitación interior.

Echemos un vistazo a la figura 5.2. Muestra el famoso cuadro de Van Gogh de 1889 de su dormitorio en Arlés. La imagen está en blanco y negro, una violencia imperdonable para el uso del color de Vincent, pero las restricciones de impresión así lo exigen.

Figura 5.2. Dormitorio de Van Gogh en Arlés, 1889 (dominio público)

¿Qué ve en el cuadro? No pregunto por su significado ni por una impresión superior, sino, objetivamente, ¿qué ve en el cuadro? Yo veo una cama, dos sillas, una mesita, una ventana y una jarra sobre la mesa, entre otros muchos objetos. Sospecho que usted ve lo mismo. Seguro que vio la cama, las dos sillas y la mesa, pero ¿cómo? Los fotones, partículas de luz, viajaron desde la imagen hasta su ojo y se convirtieron en objetos discretos en su cerebro. Una vez más, ¿cómo?

Lo sé: hago preguntas, pero aún no ofrezco respuestas. Eso está bien por dos razones: en primer lugar, reflexionar sobre el problema de segmentar una imagen en una colección de objetos significativos merece un esfuerzo por nuestra parte; en segundo lugar, nadie conoce aún la respuesta completa al "¿cómo?". Sin embargo, los neurocientíficos comprenden los inicios del proceso.

Damos por sentada la capacidad de observar una escena y dividirla en objetos separados e identificados. Para nosotros, el proceso no supone ningún esfuerzo; es completamente automático. No deberíamos engañarnos. Somos los beneficiarios de cientos de millones de años de evolución. Para los mamíferos, la visión empieza en el ojo, pero el análisis y la comprensión comienzan en el córtex visual primario, en la parte posterior del cerebro.

El córtex visual primario, conocido como área V1, es sensible a los bordes y la orientación. Inmediatamente ahí nos encontramos con una pista de cómo funciona la visión en el cerebro (a diferencia del ojo). El cerebro toma las sensaciones de entrada, repartidas por V1 como una imagen deformada, y empieza por buscar los bordes y la orientación de los bordes. Además, V1 es sensible al color. El mapeo de todo el campo visual sobre V1, con una ampliación de modo que la mayor parte de V1 esté ocupada por el 2 % central de nuestro campo visual, significa que la detección de bordes, la orientación y el color son locales al lugar donde se producen.

V1 envía sus detecciones al área V2, que envía sus detecciones al área V3, y así sucesivamente a través de V4 a V5, con cada área recibiendo, esencialmente, una representación de elementos más grandes y agrupados de lo que hay en el campo visual. El proceso comienza con V1 y, al final, proporciona una representación totalmente analizada y subestimada de lo que ven los ojos. Como ya se ha mencionado, los detalles más allá de V1 son confusos, pero, para nuestros propósitos, todo lo que necesitamos recordar es que V1 es sensible a los bordes, la orientación de los bordes y los colores (también podríamos incluir las texturas). Empezar simplemente y agrupar para separar objetos en la escena es el nombre del juego. Las CNN imitan este proceso. Es justo decir que las CNN aprenden literalmente a ver el mundo de sus entradas.

Las CNN descomponen las entradas en partes pequeñas, luego en grupos de partes y, por último, en grupos aún mayores de grupos de partes, hasta que toda la entrada se transforma de un todo único en una nueva representación, más fácil de entender para lo que viene a ser una red neuronal tradicional situada en la parte superior del modelo. Sin embargo, el hecho de que la entrada se transforme en una nueva representación más fácil de entender no implica que la nueva representación sea más fácil de entender para "nosotros".

Las CNN aprenden durante el entrenamiento a dividir las entradas en partes, lo que permite a las capas superiores de la red clasificar con éxito.

En otras palabras, las CNN aprenden nuevas representaciones de sus entradas y, luego, las clasifican. Precisamente por eso, "Aprender nuevas representaciones a partir de las antiguas" fue uno de los primeros títulos de este capítulo.

¿Cómo dividen las CNN sus entradas en partes? Para responder a esa pregunta, primero debemos entender la parte de "convolución" de "red neuronal convolucional". Atención: ¡se avecinan detalles de bajo nivel!

****

La **convolución** es una operación matemática cuya definición formal implica el cálculo integral. Afortunadamente para nosotros, la convolución es una operación sencilla en imágenes digitales, que solo utiliza la multiplicación y la adición. La convolución desliza un pequeño cuadrado, conocido como núcleo, sobre la imagen de arriba abajo y de izquierda a derecha. En cada posición, la convolución multiplica los valores de los píxeles cubiertos por el cuadrado con los valores correspondientes del núcleo. Luego suma todos esos productos para producir un único número, que es el valor del píxel de salida para esa posición. Las palabras no son suficientes, así que probemos con una imagen. Veamos la figura 5.3.

60	58	60	60	60	60	60	52
68	60	60	68	68	52	76	76
76	44	60	60	68	52	60	52
68	68	76	76	68	52	60	44
92	84	84	84	76	44	60	44
76	68	84	76	76	52	60	52
68	60	60	76	84	52	84	60
60	60	68	68	68	52	76	68

×

-1	-2	-1
0	0	0
1	2	1

=

-60	-120	-68
0	0	0
68	152	76

= 48

Figura 5.3. Convolución de un núcleo sobre una imagen

La parte izquierda de la figura 5.3 muestra una cuadrícula de números. Estos son los valores de píxel para la parte central de la imagen en la figura 5.4. Los valores de píxel de la escala de grises suelen estar en el rango de 0 a 255, donde los valores más bajos son más oscuros. El núcleo es la cuadrícula 3 × 3 de la derecha. La operación de convolución nos indica que multipliquemos cada valor de píxel por el valor del núcleo correspondiente, lo que da como resultado la cuadrícula de 3 × 3 de la derecha. El paso final suma los nueve valores para crear una única salida, 48, que sustituye al píxel central de la imagen de salida, 60 → 48.

Para completar la convolución, deslice la caja sólida 3 × 3 un píxel hacia la derecha y repita. Cuando llegue al final de una fila, desplace la caja un píxel hacia abajo y repita el proceso otra vez para la fila siguiente, y así sucesivamente, hasta que el núcleo haya cubierto toda la imagen. La imagen convolucionada es la colección de nuevos píxeles de salida.

Al principio, la convolución puede parecer algo extraño. Sin embargo, en imágenes digitales, la convolución es una operación fundamental. Un *kernel* adecuadamente definido nos permite filtrar una imagen para mejorarla de varias maneras; por ejemplo, en la figura 5.4 se muestran cuatro imágenes. La superior izquierda es la imagen original, una imagen de prueba muy utilizada de Gold Hill en Shaftesbury (Inglaterra). Las tres imágenes siguientes son versiones filtradas de la original. En el sentido de las agujas del reloj, desde la parte superior derecha, tenemos una versión borrosa, una que muestra los bordes horizontales y otra que muestra los bordes verticales. Cada imagen se obtiene mediante la convolución del *kernel,* tal y como se ha descrito anteriormente. El *kernel* de la figura 5.3 produce la imagen de borde horizontal de la parte inferior derecha. Por ello, ahora gire el *kernel* 90 grados y obtendrá la imagen de borde vertical de la parte inferior izquierda. Finalmente, haga que todos los valores del *kernel* sean 1 y obtendrá la imagen borrosa de la parte superior derecha. Observe que las imágenes de los bordes se invierten para que los bordes detectados sean negros, en lugar de blancos.

Lo más importante que debemos recordar es que, al convolucionar una imagen con diferentes núcleos, se resaltan distintos aspectos de la imagen. No es difícil imaginar un conjunto adecuado de núcleos que extraigan la estructura relevante para clasificar correctamente la imagen. Esto es justo lo que hacen las CNN durante el entrenamiento de principio a fin y, en cierto sentido, lo que hace nuestro sistema visual en el área V1 cuando detecta bordes, orientaciones, colores y texturas.

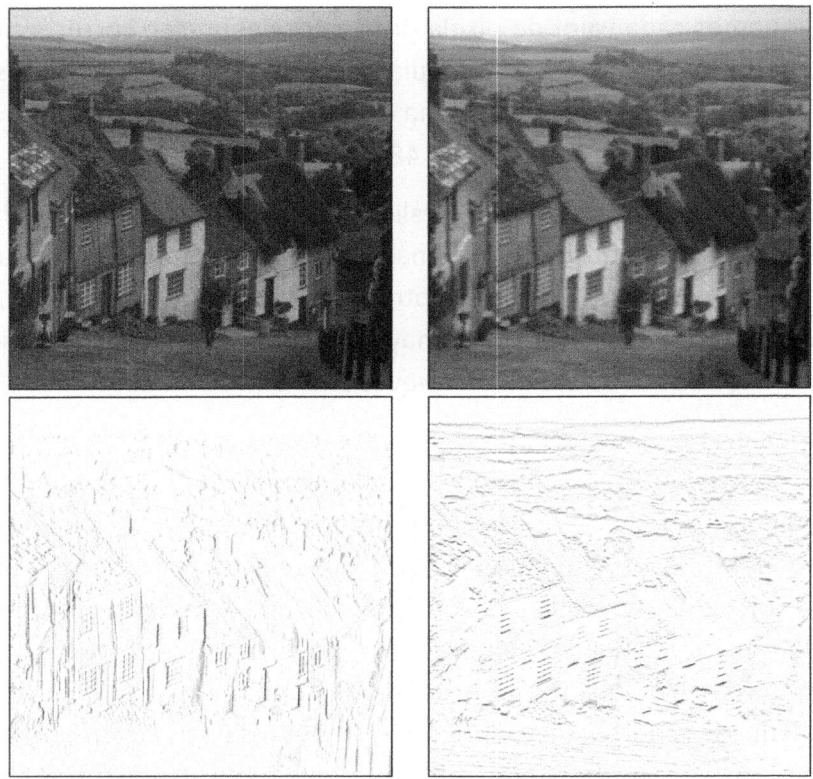

Figura 5.4. Núcleos de convolución en acción

Estamos progresando. Ya conocemos la operación central de una CNN, la convolución, así que vamos a dar el siguiente paso para aprender cómo se utiliza la convolución dentro de un modelo para extraer la estructura y construir una nueva representación de la entrada.

****

Las redes neuronales tradicionales del capítulo 4 constan de un único tipo de capa: una colección de nodos totalmente conectados que aceptan la entrada de la capa inferior para producir la salida de la capa superior. Las CNN son más flexibles y admiten diversos tipos de capas. En cualquier caso, el flujo de datos es el mismo: de la entrada a la salida de la red, capa tras capa.

En el lenguaje de las CNN, las capas totalmente conectadas que utiliza una red neuronal tradicional se denominan capas densas. Las CNN suelen utilizar capas densas en la parte superior, cerca de la salida, porque en ese momento la red ha transformado la entrada en una nueva representación que las capas totalmente conectadas pueden clasificar con éxito. Las CNN hacen un uso intensivo de las capas convolucionales y las capas de agrupamiento.

Las capas convolucionales aplican un conjunto de *kernels* a su entrada para producir múltiples salidas, como se ve en la figura 5.4, que produjo tres salidas a partir de una imagen de entrada en la parte superior izquierda. Los *kernels* se aprenden durante el entrenamiento utilizando el mismo enfoque de retropropagación y descenso de gradiente que encontramos en el capítulo 4. Los valores de los *kernels* aprendidos son los mismos que los de las capas convolucionales. Los valores de los núcleos aprendidos son los pesos de la capa convolucional.

Las capas de agrupación no tienen pesos asociados. No hay nada que aprender. Más bien, las capas de agrupación realizan una operación fija en sus entradas: reducen la extensión espacial de sus entradas manteniendo el valor más grande en un cuadrado de 2 × 2 desplazado sin solapamiento a través y luego hacia abajo. El efecto neto es similar a reducir el tamaño de una imagen por un factor de dos. La figura 5.5 ilustra el proceso de cambiar una entrada 8 × 8 en una salida 4 × 4, manteniendo el valor máximo en cada cuadrado sólido. La agrupación de capas es una concesión para reducir el número de parámetros de la red.

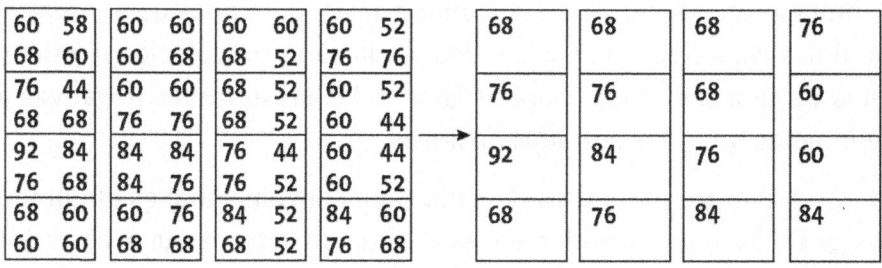

Figura 5.5. Agrupación para reducir la extensión espacial de los datos

Una CNN típica combina capas convolucionales y de agrupamiento antes de rematar con una o dos capas densas. También se utilizan capas ReLU, normalmente después de las capas convolucionales y densas; por ejemplo, una arquitectura CNN clásica conocida como LeNet consta de las siguientes capas:

Entrada

↓

Convolution(6), ReLU

↓

Pooling

↓

Convolution(16), ReLU

↓

Pooling

↓

Convolution(120), ReLU

↓

Densa(84), ReLU

↓

Salida

El modelo utiliza tres capas convolucionales, dos capas de agrupamiento y una única capa densa con 84 nodos. Cada capa convolucional y densa va seguida de una capa ReLU para asignar todas las entradas negativas a 0 y dejar intactas todas las entradas positivas.

El número entre paréntesis de cada capa convolucional es el número de filtros que hay que aprender en esa capa. Un filtro es una colección de núcleos convolucionales, con un núcleo para cada canal de entrada; por ejemplo, la primera capa convolucional aprende 6 filtros. La entrada es una imagen en escala de grises con un canal, por lo que esta capa aprende 6 núcleos. La segunda capa convolucional aprende 16 filtros, cada uno con 6 núcleos, uno para cada uno de los 6 canales de entrada de la primera capa convolucional. Por lo tanto, la segunda capa convolucional aprende un total de 96 núcleos. Finalmente, la última capa convolucional aprende 120 filtros, cada uno con 16 núcleos, lo que suma otros 1920 núcleos. En total, el modelo LeNet necesita aprender 2022 núcleos convolucionales diferentes.

La esperanza es que el aprendizaje de tantos núcleos produzca una secuencia de salidas que capturen elementos esenciales de las estructuras de la entrada. Si el entrenamiento tiene éxito, la salida de la última capa convolucional, como vector de entrada a la capa densa, contendrá valores que diferencien claramente entre clases, al menos con mayor claridad de lo que puede lograrse utilizando solo la imagen.

Si parece que estamos en la maleza, lo estamos, pero no profundizaremos más. Ya hemos llegado al nivel más bajo de detalle que consideraremos en el libro, pero es una carga necesaria, ya que no podemos entender cómo funcionan las CNN si no entendemos la convolución y las capas convolucionales.

Quizá la mejor manera de entender lo que hacen las capas de una CNN sea observando su efecto sobre los datos que fluyen a través de la red. En la figura 5.6, se muestra cómo un modelo LeNet entrenado con dígitos MNIST manipula dos imágenes de entrada. La salida de la primera capa convolucional son las seis imágenes centrales, donde el gris representa 0, los píxeles más oscuros son cada vez más negativos y los más claros son cada vez más positivos. Cada uno de los seis núcleos de la primera capa convolucional produce una imagen de salida para la única imagen de entrada. Los núcleos iluminan diferentes partes de las entradas como transiciones de oscuro a claro.

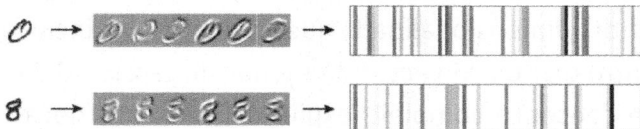

Figura 5.6. Entrada de la primera capa convolucional a la capa densa

El patrón en forma de código de barras de la derecha es una representación de la salida de la capa densa. Ignoramos la salida de la segunda y tercera capas convolucionales y saltamos directamente al final del modelo. La salida de la capa densa es un vector de 84 números. Para la figura 5.6, he asignado estos números a valores de píxel, donde los valores más grandes corresponden a barras verticales más oscuras.

Fíjese bien en que los códigos de barras de los dígitos 0 y 8 difieren. Si el modelo ha aprendido bien, cabría esperar que los códigos de barras de las salidas de la capa densa compartieran elementos comunes entre los dígitos. En otras palabras, los códigos de barras de los ceros deberían ser similares, al igual que los códigos de barras de los ochos. ¿Es así? Observe la figura 5.7.

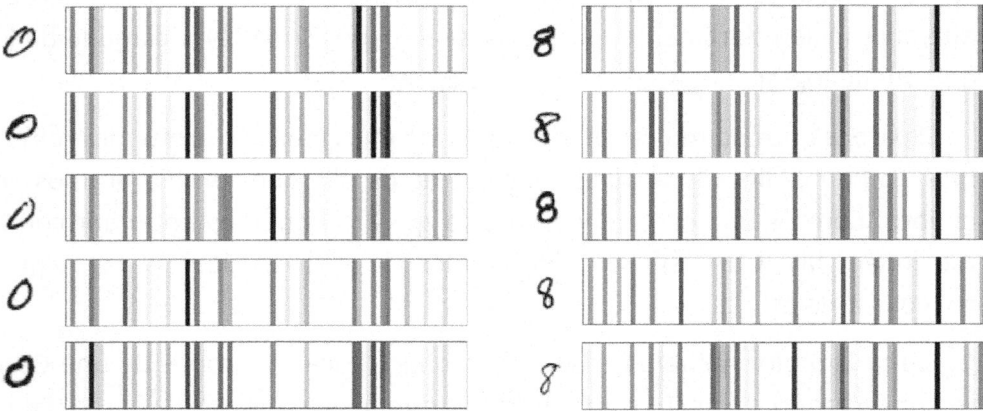

Figura 5.7. Salida de la capa densa para entradas de muestra

Esta figura presenta las salidas de la capa densa para cinco entradas 0 y 8 diferentes. Los códigos de barras son todos distintos, pero comparten similitudes según el dígito. Esto es especialmente cierto para los ceros. El modelo LeNet ha aprendido a mapear cada imagen de entrada de 28 × 28 píxeles (784 píxeles) en un vector de 84 números, que muestran fuertes similitudes por tipo de dígito. Basándonos en nuestra experiencia con redes neuronales tradicionales, podemos apreciar que este mapeo ha producido algo de menor dimensionalidad que preserva e incluso enfatiza las diferencias entre dígitos. El vector de menor dimensionalidad aprendido se asemeja a un concepto complejo explicado con unas pocas palabras bien elegidas. Esto es exactamente lo que queremos que haga una CNN. El modelo entrenado aprendió a "ver" en el mundo de los dígitos manuscritos representados como pequeñas imágenes en escala de grises. Las imágenes en escala de grises tampoco tienen nada de especial. A las CNN les gusta trabajar con imágenes en color representadas por canales rojos, verdes y azules, o cualquier número de canales, como cuando se utilizan imágenes de satélite multibanda.

Podríamos pensar en el modelo de esta manera: las capas de la CNN anteriores a la capa densa aprendieron a actuar como una función que produce un vector de salida a partir de la imagen de entrada. El verdadero clasificador es la capa densa de la parte superior, pero funciona bien porque la CNN aprendió el clasificador (capa densa) mientras aprendía simultáneamente la función de mapeo.

Ya hemos visto antes que las capas superiores de la CNN prestan atención a partes cada vez mayores de la entrada. Basta con fijarse en la parte de la entrada que influye en la salida de un núcleo en una capa más profunda para ver que esto es así. Para observar este efecto, fíjese en la figura 5.8.

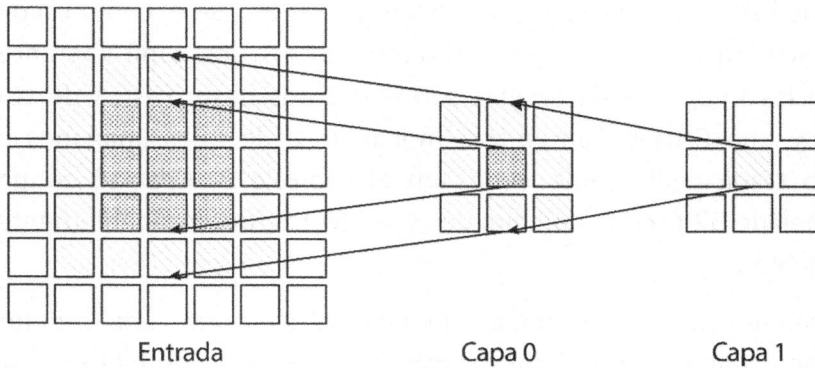

Entrada   Capa 0   Capa 1

Figura 5.8. Parte de la entrada que afecta a las capas más profundas del modelo

Comience por el lado derecho de la imagen. La cuadrícula de 3 × 3 cuadrados representa la salida de un núcleo en la capa convolucional 1. Queremos saber qué parte de la entrada influye en el valor del píxel sombreado. Observando la capa convolucional anterior, la capa 0, vemos que la salida de la capa 1 depende de los nueve valores sombreados procedentes de la capa anterior.

Los nueve valores sombreados de la capa convolucional 0 dependen de la región sombreada 5 × 5 de la entrada. Es 5 × 5, porque cada uno de los nueve valores se encuentra deslizando un núcleo 3 × 3 sobre la región sombreada 5 × 5 de la entrada; por ejemplo, la parte punteada del valor medio en la capa 0 proviene de la región sombreada 3 × 3 de la entrada. De este modo, las capas de CNN superiores se ven afectadas por porciones cada vez mayores de la entrada. El término técnico para esto es "campo receptivo efectivo", donde el campo receptivo efectivo del valor sombreado más a la derecha en la figura 5.8 es la región sombreada 5 × 5 de la entrada.

****

Llegados a este punto, es hora de hacer un experimento. Ya sabemos cómo funcionan las CNN, así que vamos a comparar una red neuronal tradicional con un modelo convolucional. ¿Cuál ganará? Intuyo que ya sabrá la respuesta, pero mejor lo probamos y así ganamos algo de experiencia por el camino.

Necesitamos un conjunto de datos. Utilicemos una versión en escala de grises de Cifar-10. Sin duda, esta opción es mejor que el conjunto de datos de huellas de dinosaurio que utilizamos en los dos capítulos anteriores, porque las imágenes de huellas son contornos desprovistos de textura y fondo, y una CNN no aprenderá mucho más de tales imágenes que un modelo tradicional. Como vimos en el capítulo 3, Cifar-10 contiene 32 imágenes de 32 píxeles de animales y vehículos, que probablemente serán más difíciles.

Entrenaremos tres modelos: un bosque aleatorio, una red neuronal tradicional y una red neuronal convolucional. ¿Es suficiente? Hemos llegado a apreciar que estos tres modelos implican aleatoriedad, por lo que entrenar una vez podría no darnos una representación justa del rendimiento de cada modelo. Después de todo, podríamos obtener una mala inicialización o una mezcla de árboles que desestabilizara uno de los modelos. Por lo tanto, entrenemos cada modelo 10 veces y promediemos los resultados.

Aunque este experimento nos ayudará a comprender las diferencias de rendimiento entre los modelos, aún podemos aprender más sobre las redes neuronales mediante el seguimiento de sus errores, a medida que va avanzando el entrenamiento. El resultado es un gráfico que presentaré y explicaré en breve. No obstante, antes me gustaría exponer los detalles de los modelos.

Los conjuntos de datos de entrenamiento y prueba son los mismos para cada modelo. La red neuronal tradicional y el bosque aleatorio requieren entradas vectoriales, de ahí que cada imagen de 32 píxeles se descomponga en un vector de 1024 números. La CNN trabaja con las imágenes bidimensionales reales. Hay 50 000 imágenes en el conjunto de entrenamiento, 5000 para cada una de las 10 clases y 10 000 imágenes en el conjunto de prueba, 1000 por clase.

El bosque aleatorio utiliza 300 árboles. La red neuronal tradicional tiene dos capas ocultas de 512 y 100 nodos, respectivamente. La CNN es más compleja, con cuatro capas convolucionales, dos capas de agrupamiento y una única capa densa de 472 nodos. Aunque la CNN tiene muchas más capas, el número total de pesos y sesgos que hay que aprender es casi idéntico al del modelo tradicional: 577 014, frente a 577 110.

Entrenaremos las redes neuronales durante 100 épocas, es decir, 100 pasadas por el conjunto completo de entrenamiento. Si fijamos el tamaño de los minilotes en 200, obtendremos 250 pasos de descenso de gradiente por época. Por tanto, durante el entrenamiento, actualizaremos los pesos y sesgos de las redes 25 000 veces. Al final de cada época, capturaremos el error cometido por el modelo en los conjuntos de entrenamiento y de prueba. Cuando el polvo se asiente, un único gráfico revelará todo lo que queremos saber.

La figura 5.9 es ese gráfico. Es el gráfico más complejo que hemos visto, así que vamos a verlo en detalle, empezando por los ejes.

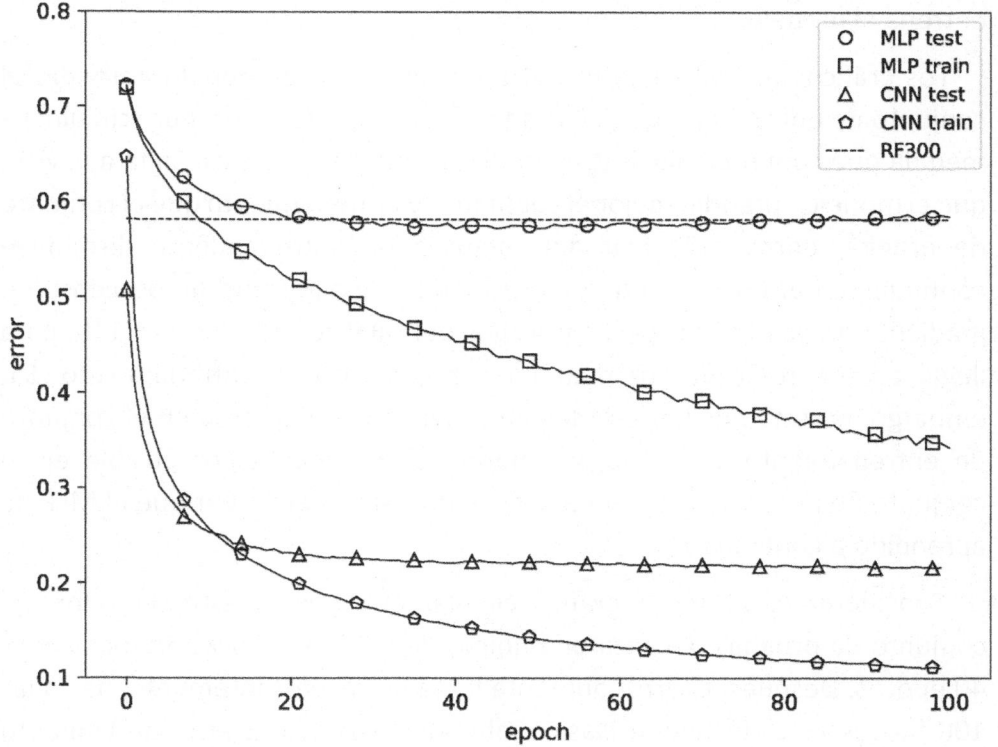

Figura 5.9. Resultados de Cifar-10 para una CNN, un MLP y un bosque aleatorio

La etiqueta del eje horizontal (eje x) es *epoch* ("época"), que significa una pasada completa por el conjunto de entrenamiento. Por lo tanto, el gráfico muestra los cambios durante el entrenamiento después de cada época. También sabemos que cada época representa 250 pasos de descenso por gradiente. El eje vertical (eje y) se denomina "error" y va de 0.1 a 0.8. Este eje representa la fracción de muestras de prueba o entrenamiento en las que el modelo se equivoca. Cuanto menor sea el error, mejor. Un valor decimal de 0.1 significa el 10 %, y un valor de 0.8 significa el 80 %.

La leyenda de la esquina superior derecha del gráfico nos indica que los círculos y cuadrados se refieren a la MLP, la red neuronal tradicional, mientras que los triángulos y pentágonos se refieren a la CNN. En concreto, los círculos y los triángulos siguen el error en el conjunto de prueba para el MLP y la CNN, respectivamente, a medida que los modelos se entrenan. Del mismo modo, los cuadrados y los pentágonos siguen el error en el conjunto de entrenamiento. Recordemos que el rendimiento del modelo en el conjunto de entrenamiento se utiliza para actualizar los pesos y los sesgos. El conjunto de prueba se utiliza para la evaluación y no contribuye a cómo se entrena el modelo.

Los gráficos del MLP nos muestran lo bien que el modelo aprendió el conjunto de entrenamiento (cuadrados) y el conjunto de prueba (círculos) a medida que continuaba el entrenamiento, época tras época. Salta a la vista que el modelo aprendió mejor el conjunto de entrenamiento que el conjunto de prueba, porque el error del conjunto de entrenamiento disminuye continuamente. Esto es lo que esperábamos. El algoritmo de descenso de gradiente actualizará los pesos y sesgos del MLP, todos ellos 577 110, para llegar a un error cada vez menor en el conjunto de entrenamiento. Sin embargo, no estamos interesados en alcanzar un error cero en el conjunto de entrenamiento; en su lugar, queremos el menor error posible en el conjunto de prueba, porque eso nos da una razón para creer que el MLP ha aprendido a generalizar.

Consideremos ahora el gráfico circular que nos muestra el error del conjunto de pruebas. Alcanza un mínimo de 0.56, o el 56 %, en torno a las 40 épocas. Después, el error aumenta lenta pero constantemente, hasta las 100 épocas. Este efecto es el clásico sobreajuste de MLP. El error del conjunto de entrenamiento sigue disminuyendo, pero el error del conjunto de prueba alcanza un mínimo y sigue aumentando después. La figura 5.9 nos dice que parar el entrenamiento a las 40 épocas nos habría dado el MLP con mejor rendimiento.

Llegaremos a los resultados de la CNN, pero, por el momento, consideremos la línea discontinua con un 58 % de error. Está etiquetada como "RF300" y nos muestra el error del conjunto de prueba de un bosque aleatorio con 300 árboles. El bosque aleatorio no aprende actualizando los pesos a lo largo de las épocas, así que el error del 58 % es solo eso: el error del modelo. Podríamos decir que lo he trazado como una línea discontinua paralela al eje horizontal para que pueda ver que el MLP lo hizo ligeramente mejor que el bosque aleatorio, pero, al cabo de 100 épocas, la diferencia entre los dos modelos era insignificante. En otras palabras, podríamos considerar que el mejor esfuerzo del aprendizaje automático clásico en el conjunto de datos Cifar-10 en escala de grises es un error de entre el 56 y el 58 %. No es un buen resultado. Si se dedica más tiempo a los parámetros del bosque aleatorio o del MLP, o si se vuelve a empezar con una máquina de vectores de soporte, el error podría reducirse ligeramente. Aun así, es poco probable que supere el hecho de que el aprendizaje automático clásico no puede hacer mucho con este conjunto de datos.

Por último, consideremos las curvas de entrenamiento (pentágono) y prueba (triángulo) de la CNN. Al cabo de 100 épocas, la CNN tiene un error de alrededor del 11 % en el conjunto de entrenamiento y, lo que es más importante, de alrededor del 23 % en el conjunto de prueba. En otras palabras, la CNN acierta el 77 % de las veces, es decir, casi 8 de cada 10 veces. La conjetura aleatoria acertará alrededor del 10 % de las veces en un conjunto de datos de 10 clases, por lo que la CNN ha aprendido bastante bien, y mucho mejor que el MLP o el bosque aleatorio.

Este es precisamente el objetivo de las CNN: al aprender a representar las partes de los objetos de una imagen, se hace posible aprender una nueva representación (formalmente conocida como incrustación) que las capas densas de la red pueden clasificar con éxito.

La primera CNN que entrené, en 2015, intentaba detectar aviones pequeños en imágenes de satélite. Mi método inicial, sin CNN, funcionó, pero había mucho ruido y muchos falsos positivos (detecciones falsas). Los aviones estaban ahí, pero también muchas otras cosas que no eran aviones.

Entonces entrené una CNN como la utilizada en este experimento. Localizó los aviones con facilidad, y prácticamente nada más que los aviones. Me quedé boquiabierto y ahí me di cuenta de que el aprendizaje profundo era un cambio de paradigma. En el capítulo 7 me atreveré a decir que, desde el otoño de 2022, contamos con un paradigma nuevo y más profundo, pero aún nos queda camino por recorrer antes de estar preparados para ese debate.

****

Las sencillas CNN de este capítulo no hacen justicia al zoo de arquitecturas de redes neuronales disponibles. Y es que una década de desarrollo febril ha dado como resultado unas cuantas arquitecturas de CNN, algunas con más de 100 capas. Estas arquitecturas tienen nombres como ResNet, DenseNet, Inception, MobileNet y U-Net, entre muchos otros. En concreto, la U-Net merece unas cuantas líneas.

Las CNN que hemos explorado hasta ahora aceptan una imagen de entrada y devuelven una etiqueta de clase como "perro" o "gato". No tiene por qué ser así. Algunas CNN implementan la segmentación semántica, donde la salida es otra imagen con cada píxel etiquetado por la clase a la que pertenece. Las redes en U hacen esto. Si cada píxel del perro está marcado como "perro", extraer el perro de la imagen resulta trivial. Un término medio entre las redes U y las CNN que asignan una única etiqueta a toda la imagen es un modelo que produce un cuadro delimitador, un rectángulo que rodea al objeto detectado. La omnipresencia de la IA significa que probablemente ya haya visto imágenes con cuadros delimitadores etiquetados; por ejemplo, YOLO ("mire solo una vez") es una arquitectura popular que produce cuadros delimitadores etiquetados, y Faster R-CNN es otra.

Aquí nos hemos centrado en la entrada de imágenes, pero la entrada no tiene por qué ser una imagen. Cualquier cosa que se pueda representar en un formato similar a una imagen, con dos dimensiones y una estructura dentro de esas dimensiones, es candidata para una CNN 2D. Un buen ejemplo es una señal de audio, que solemos considerar unidimensional: un voltaje que cambia con el tiempo y que acciona el altavoz. Sin embargo, las señales de audio contienen energía a diferentes frecuencias. La energía a diferentes frecuencias puede visualizarse en dos dimensiones: la dimensión horizontal es el tiempo y la dimensión vertical es la frecuencia, normalmente con las frecuencias más bajas en la parte inferior y las frecuencias más altas en la parte superior. La intensidad de cada frecuencia se convierte en la intensidad de un píxel para transformar la señal de audio de un voltaje unidimensional variable en el tiempo a un espectrograma bidimensional, como se muestra en la figura 5.10.

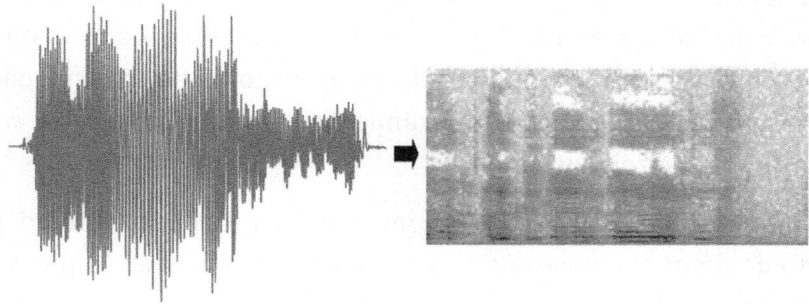

Figura 5.10. Mapeo de datos unidimensionales a una imagen bidimensional

El espectrograma, en este caso de un bebé llorando, contiene una gran cantidad de información y una estructura que la CNN puede aprender para producir un modelo mejor que el que es posible con la señal de audio unidimensional por sí sola. La clave aquí es que resulta válida cualquier transformación de los datos de entrada que extraiga la estructura de tal forma que pueda ser utilizada por una CNN.

****

Imagine: tiene un conjunto de datos y necesita construir una CNN. ¿Qué arquitectura utilizaría? ¿Cuál debe ser el tamaño del minilote? ¿Qué capas necesita y en qué orden? ¿Debería utilizar 5 × 5 o 3 × 3 núcleos convolucionales? ¿Cuántas épocas de entrenamiento son suficientes? Al principio, antes de que se desarrollaran las arquitecturas estándar, cada una de estas preguntas tenía que ser respondida por la persona que diseñaba la red. Era un poco como la medicina del pasado: una mezcla de ciencia, experiencia e intuición. El arte de las redes neuronales hacía que los profesionales estuvieran muy solicitados y, para los ingenieros de *software* expertos, era difícil añadir el aprendizaje profundo a sus repertorios. De hecho, algunos se planteaban si se podría utilizar un *software* para determinar automáticamente la arquitectura y los parámetros de entrenamiento del modelo (es decir, sus hiperparámetros, introducidos en el capítulo 3). Así fue como nació el aprendizaje automático de máquinas o AutoML.

La mayoría de las plataformas comerciales de aprendizaje automático basadas en la nube, como Azure Machine Learning de Microsoft o SageMaker Autopilot de Amazon, incluyen una herramienta AutoML, que se encargará de crear por usted el modelo de aprendizaje automático; solo tiene que proporcionar el conjunto de datos. AutoML no solo se aplica a las redes neuronales, y muchas herramientas también incluyen modelos clásicos de aprendizaje automático.

El objetivo de AutoML es localizar el mejor tipo de modelo para el conjunto de datos suministrado con un mínimo de experiencia por parte del usuario.

Aquí me gustaría añadir que AutoML solo llega hasta cierto punto y que los mejores profesionales del aprendizaje profundo siempre lo superarán, aunque sé que ese argumento puede que no diga nada. Muy al contrario, me recuerda a los antiguos programadores de lenguaje ensamblador que pontificaban sobre la imposibilidad de que los compiladores produjeran código tan bueno o mejor que el que ellos podían producir. Hoy día, hay pocas ofertas de trabajo para programadores en lenguaje ensamblador, pero sí hay decenas de miles para programadores que utilicen lenguajes compilados (al menos por ahora; véase el capítulo 8).

Dicho esto, algunos seguimos prefiriendo desarrollar nuestros propios modelos.

****

Una consecuencia de la revolución del aprendizaje profundo fue la creación de potentes conjuntos de herramientas de aprendizaje automático de código abierto con nombres como TensorFlow y PyTorch. Uno de los ejercicios habituales que se les plantea a los estudiantes de aprendizaje automático consiste en implementar una red neuronal tradicional totalmente conectada. Aunque no es baladí, sí es algo que la mayoría de la gente puede lograr con esfuerzo. Por supuesto, implementar correctamente una CNN, sobre todo una que soporte una multitud de tipos de capas, es cualquier cosa menos baladí. La comunidad de la IA se comprometió desde el principio a desarrollar conjuntos de herramientas de código abierto para el aprendizaje profundo, incluidas las CNN. Sin estos conjuntos de herramientas, el progreso de la IA sería dolorosamente lento. Grandes empresas tecnológicas como Google, Facebook (Meta) y Nvidia también se sumaron a esta iniciativa, y su apoyo continuado al desarrollo de kits de herramientas es fundamental para la IA.

Lo que hace potentes a los kits de herramientas, además de las montañas de código probado y de alto rendimiento que contienen, es su flexibilidad. Ahora sabemos que el entrenamiento de una red neuronal, CNN o no, requiere dos pasos: la retropropagación y el descenso gradiente. La retropropagación solo funciona si las capas del modelo admiten una operación matemática concreta conocida como diferenciación. La diferenciación es justo lo que aprenden los estudiantes de Cálculo de primer semestre. Mientras los kits de herramientas puedan determinar automáticamente las derivadas (lo que se obtiene al diferenciar), permitirán a los usuarios implementar capas arbitrarias. Los kits de herramientas emplean la "diferenciación automática" transformando la red neuronal en un gráfico computacional.

Resulta tentador dar unos pasos por el camino de la diferenciación automática y los grafos computacionales, porque la elegancia y la flexibilidad que encierran son una hermosa unión de matemáticas e informática. Desgraciadamente, tendrá que fiarse de mi palabra, porque el nivel de detalle necesario va mucho más allá de lo que podemos explorar en este libro. Un punto clave es que hay dos enfoques principales para la diferenciación automática: hacia delante y hacia atrás. La diferenciación automática hacia delante es más fácil de conceptualizar e implementar en código, pero resulta inadecuada para las redes neuronales. En cierto modo, es una lástima, porque la diferenciación automática directa se aplica mejor utilizando números duales, un oscuro tipo de número inventado (¿descubierto?) por el matemático inglés William Clifford en 1873. Fueron un excelente ejemplo de las matemáticas por las matemáticas y cayeron en el olvido hasta la era de los ordenadores, cuando empezaron a ser útiles. La diferenciación automática inversa es la mejor para las redes neuronales, pero no utiliza números duales.

****

Como ya habrá descubierto, este capítulo ha sido todo un reto. Es evidente que hemos profundizado más en los detalles que en los capítulos anteriores o que en los siguientes. Por ello, toca hacer un resumen. Las CNN:

- Se basan en la estructura de sus entradas, lo que es totalmente opuesto a los modelos clásicos de aprendizaje automático.

- Aprenden nuevas representaciones de sus entradas descomponiéndolas en partes y grupos de partes.

- Utilizan muchos tipos diferentes de capas combinadas de diversas maneras.

- Pueden clasificar entradas, localizar entradas o asignar una etiqueta de clase a cada píxel de sus entradas.

- Se siguen entrenando mediante retropropagación y descenso de gradiente, igual que las redes neuronales tradicionales.

- Impulsaron la creación de potentes conjuntos de herramientas de código abierto que democratizaron el aprendizaje profundo.

Las CNN siguen la tradición de los modelos clásicos de aprendizaje de máquinas: toman una entrada y le asignan, de alguna manera, una etiqueta de clase. La red funciona como una función matemática que acepta una entrada y produce una salida. El capítulo siguiente nos introduce en las redes neuronales que generan resultados sin entradas.

Parafraseando un viejo programa de televisión: estás viajando por otra dimensión, una dimensión no solo de la vista y el oído, sino también de la mente; un viaje a una tierra maravillosa cuyos límites son los de la imaginación... Próxima parada: la IA generativa.

TÉRMINOS CLAVE

Diferenciación automática, AutoML, cuadro delimitador, gráfico computacional, convolución, capa convolucional, red neuronal convolucional, capa densa, campo receptivo eficaz, incrustación, aprendizaje de extremo a extremo, filtro, núcleo, capa de agrupación, segmentación semántica.

Capítulo 6

LA IA GENERATIVA: LA IA SE VUELVE CREATIVA

La *IA generativa* es una expresión genérica que engloba a los modelos que crean nuevos resultados, ya sea de forma independiente (aleatoria) o basándose en un estímulo proporcionado por el usuario. Los modelos generativos no producen etiquetas, sino texto, imágenes o incluso vídeo. Al analizarlos detenidamente, vemos que los modelos generativos son redes neuronales construidas a partir de los mismos componentes esenciales.

De ahora en adelante, nos centraremos en tres tipos de modelos generativos de IA: las redes generativas de publicidad, los modelos de difusión y los grandes modelos de lenguaje. En este capítulo abordaremos los dos primeros. En los últimos tiempos, los grandes modelos lingüísticos han puesto patas arriba el mundo de la IA. Por eso, nos ocuparemos de ellos en detalle en el capítulo 7.

****

Las "redes generativas antagónicas" (GAN) constan de dos redes neuronales distintas entrenadas conjuntamente. La primera red es el "generador". Su tarea consiste en aprender a crear entradas falsas para el "discriminador". Por su parte, la tarea del discriminador es aprender a diferenciar entre entradas falsas y reales. El objetivo del entrenamiento conjunto de las dos redes es que el generador mejore su capacidad para engañar al discriminador, mientras que el discriminador se esfuerza por diferenciar lo real de lo falso.

Al principio, el generador es terrible. Produce ruido y al discriminador no le cuesta distinguir entre lo real y lo falso. Sin embargo, el generador mejora con el tiempo y hace que el trabajo del discriminador sea cada vez más difícil, lo que, a su vez, empuja al discriminador a convertirse en un mejor detector de lo real frente a lo falso. Cuando el entrenamiento se da por concluido, el discriminador suele descartarse y el generador entrenado se utiliza para producir una nueva salida muestreada aleatoriamente a partir del espacio aprendido de los datos de entrenamiento.

No he especificado cuáles son los datos de entrenamiento, porque todo lo que necesitamos saber por ahora es que una GAN se construye a partir de dos redes (antagónicas) que compiten entre sí. Para la mayoría de las aplicaciones, es el generador que queremos cuando todo está dicho y hecho.

Estructuralmente, podemos imaginar una GAN como los bloques de la figura 6.1 (más adelante explicaré la parte del vector aleatorio). Conceptualmente, vemos que el discriminador acepta dos tipos de entradas: datos reales y salida del generador. La salida del discriminador es una etiqueta: "Real" o "Falso". El entrenamiento estándar de una red neuronal mediante retropropagación y descenso de gradiente entrena al generador y al discriminador a la vez, pero no simultáneamente.

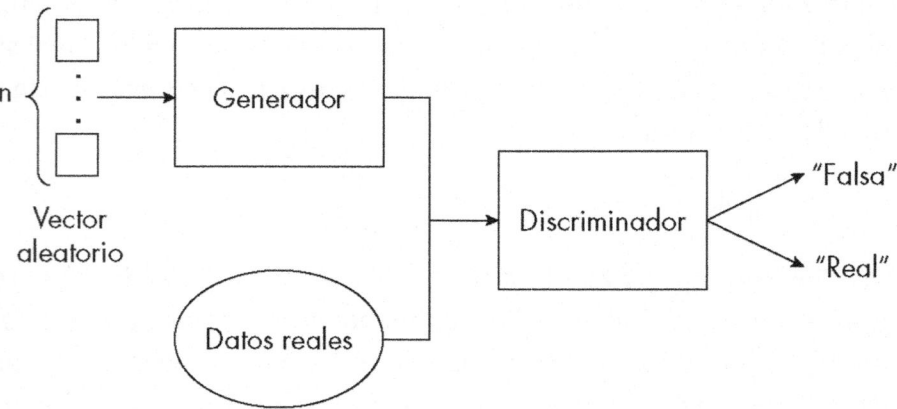

Figura 6.1. Conceptualización de la arquitectura de una red generativa antagónica

Por ejemplo, el entrenamiento con un minilote de datos reales (un pequeño subconjunto de los datos de entrenamiento reales disponibles) sigue estos pasos:

1. Utiliza el generador tal y como está actualmente para crear un minilote de datos falsos.

2. Obtiene un minilote de datos reales del conjunto de entrenamiento.

3. Descongela los pesos del discriminador para que el descenso gradiente pueda actualizarlos.

4. Pasa las muestras falsas y reales por el discriminador con las etiquetas 0 y 1, respectivamente.

5. Utiliza la retropropagación para realizar un paso de descenso de gradiente para actualizar los pesos del discriminador.

6. Congela el discriminador, para poder actualizar el generador sin alterar el discriminador.

7. Crea un minilote de entradas del generador (el vector aleatorio de la figura 6.1).

8. Pasa las entradas del generador por el modelo combinado para actualizar los pesos del generador. Marca cada una de las entradas del generador como real.

9. Repite desde el paso 1 hasta entrenar el modelo completo.

El algoritmo actualiza primero los pesos del discriminador utilizando el generador tal y como está (paso 5) y, luego, los congela (paso 6) para poder actualizar los pesos del generador sin alterar el discriminador. Este enfoque es necesario porque queremos que la salida del discriminador (las etiquetas "Real" o "Falsa") actualice la parte del generador. Observe que la actualización del generador marca todas las imágenes falsas como reales. De este modo, el generador obtiene una puntuación en función de lo reales que parezcan las entradas falsas para el discriminador.

Examinemos el vector aleatorio utilizado como entrada al generador. El objetivo de una GAN es aprender una representación del conjunto de entrenamiento que podemos considerar como un generador de datos, como el proceso de generación de datos que produjo el conjunto de entrenamiento real. No obstante, en este caso, el generador de datos puede verse como una función que toma una colección aleatoria de números, el vector aleatorio, y los transforma en una salida que podría provenir del conjunto de entrenamiento. En otras palabras, el generador actúa como un dispositivo de aumento de datos. La entrada aleatoria del generador se convierte así en un ejemplo del conjunto de entrenamiento. En efecto, el generador es un sustituto del proceso real de generación de datos que creó el conjunto de entrenamiento real en primer lugar.

El vector aleatorio de números se extrae de una distribución de probabilidad. Tomar muestras de una distribución de probabilidad es como tirar dos dados y preguntarse qué probabilidad hay de que su suma sea un 7 frente a un 2. Es más probable que la suma sea un 7 porque hay más formas de sumar los dos números y obtener 7. Sin embargo, solo hay una forma de obtener 2: ojos de serpiente. El muestreo de una distribución normal es similar. La muestra más común que se devuelve es el valor medio de la distribución. Los valores situados a ambos lados de la media son menos probables cuanto más alejados estén de la media, aunque siguen siendo posibles.

Por ejemplo, en la figura 6.2, se muestra un diagrama de barras de la distribución de las estaturas humanas en pulgadas. El conjunto de datos original contenía las estaturas de 25 000 personas, que se ajustaron a los 30 intervalos de la figura. Cuanto más alta es la barra, mayor es el número de personas incluidas en ese intervalo.

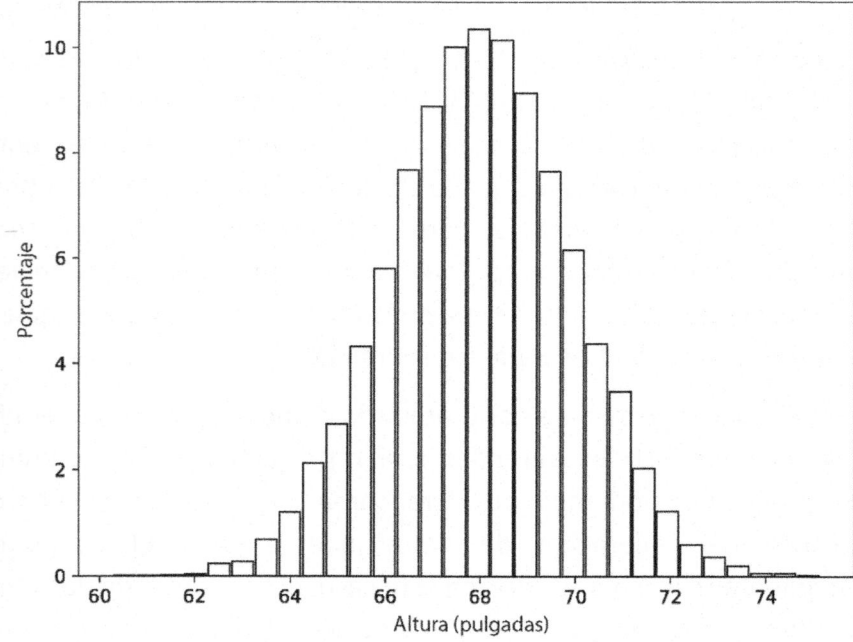

Figura 6.2. Distribución de la estatura humana

Observe la forma del histograma: se parece a una campana, de ahí su nombre anticuado, curva de campana. Su nombre moderno, "distribución normal", se debe a que aparece tan a menudo en la naturaleza que es la distribución que se encuentra normalmente, sobre todo para los datos generados por un proceso físico.

A partir de la distribución, vemos que la estatura de una persona seleccionada al azar suele rondar las 68 pulgadas: más del 10 % de la población muestreada entraba en ese intervalo.

El vector aleatorio utilizado por una GAN, también conocido como vector de ruido, funciona de la misma manera. La media, en este caso, es cero, con la mayoría de las muestras en el rango de −3 a 3. Además, cada uno de los n elementos del vector sigue este rango, lo que significa que el vector en sí es una muestra de un espacio n-dimensional, no el espacio unidimensional de la figura 6.2.

La necesidad de conjuntos de datos etiquetados es la pesadilla del aprendizaje automático. Las GAN no tienen esa restricción. No nos importa cuál es la clase de una muestra de entrenamiento, solo que sea una instancia de datos reales, independientemente de la etiqueta de clase. Por supuesto, seguimos exigiendo que el conjunto de entrenamiento refleje el tipo de datos que queremos generar, pero no es necesario que el conjunto de entrenamiento esté etiquetado.

****

Construyamos una red generativa antagónica utilizando a nuestro viejo amigo, el conjunto de datos de dígitos MNIST. El generador aprenderá a transformar un conjunto aleatorio de 10 números (lo que significa que n es 10) en una imagen de dígitos. Una vez entrenado, podemos dar al generador cualquier colección de 10 valores alrededor de 0, y el generador producirá una nueva imagen de dígitos como salida, imitando así el proceso que creó el conjunto de datos MNIST: personas escribiendo dígitos en papel a mano. Un generador GAN entrenado produce un suministro infinito de la salida objetivo.

Usaremos una GAN simple basada en redes neuronales tradicionales para crear un generador para un suministro infinito de imágenes de dígitos de estilo MNIST. En primer lugar, desenmarañaremos el conjunto de entrenamiento MNIST existente para que cada muestra sea un vector de 784 dimensiones, tal y como hicimos en el capítulo 5. Esto nos da los datos reales. Para crear, necesitamos vectores aleatorios de 10 elementos que construiremos extrayendo 10 muestras de una distribución normal con un valor medio de 0.

La parte generadora del modelo acepta un vector de ruido de 10 elementos como entrada y produce un vector de salida de 784 elementos, que representa la imagen de dígitos sintetizada. Recordemos que los 784 números pueden reordenarse en unas imágenes de 28 × 28 píxeles. El modelo generador tiene tres capas ocultas, con 256, 512 y 1024 nodos, y una capa de salida de 784 nodos para producir la imagen. Los nodos de la capa oculta utilizan una versión modificada de la unidad lineal rectificada denominada "ReLU con fugas". Las activaciones ReLU con fugas producen la salida si la entrada es positiva, pero, si la entrada es negativa, la salida es un pequeño valor positivo multiplicado por la entrada negativa. En otras palabras, pierden un poco. La capa de salida utiliza una función de activación tangente hiperbólica, lo que significa que cada uno de los 784 elementos de salida estará en el rango de −1 a +1, lo cual es aceptable. Podemos escalar los valores de 0 a 255 al escribir una imagen en el disco.

El generador debe establecer un mapa entre el vector de ruido aleatorio de entrada y una imagen de salida. El discriminador debe tomar una imagen como entrada, lo que implica un vector de 784 dimensiones. El discriminador tiene tres capas ocultas, como el generador, pero al revés: 1024 nodos, 512 nodos y 256 nodos. La capa de salida del discriminador tiene un nodo con una función de activación sigmoidea. La sigmoide produce valores de 0 a 1, que podemos interpretar como la creencia del discriminador de que la entrada es real (salida cercana a 1) o falsa (salida cercana a 0). Observe que la red no utiliza más que capas estándares totalmente conectadas. Las GAN avanzadas utilizan capas convolucionales, pero explorar los detalles de esas redes ya queda fuera de nuestro alcance.

En la figura 6.3, se muestra el generador (arriba) y el discriminador (abajo). La simetría entre ambos es evidente en el número de nodos de las capas ocultas, aunque observe que el orden se invierte en el discriminador.

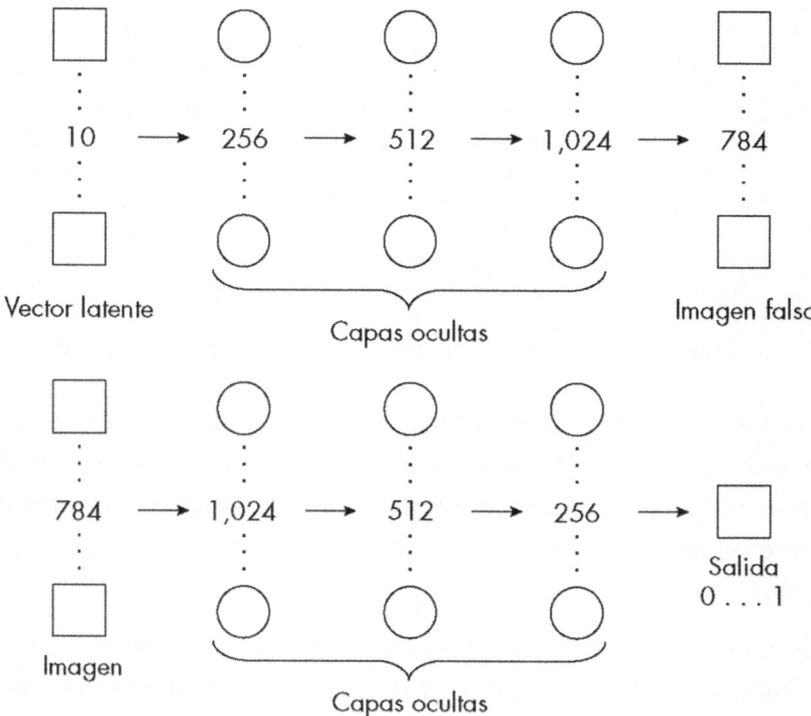

Figura 6.3. Generador GAN (arriba) y discriminador (abajo)

El generador acepta un vector aleatorio de 10 elementos como entrada y produce un vector de salida de imagen falsa de 784 elementos. El discriminador acepta un vector de imágenes, reales o falsas, y produce una predicción, un número de 0 a 1. Las imágenes falsas deberían producir valores cercanos a 0 y las imágenes reales, valores cercanos a 1. Si el generador está bien entrenado, el discriminador será engañado la mayor parte del tiempo, lo que significa que la salida del discriminador será cercana a 0.5 para todas las entradas.

Toda la red se entrena durante 200 épocas de 468 minilotes cada una, para un total de 93 600 pasos de descenso de gradiente. Podemos visualizar muestras del generador después de cada época para observar la red a medida que aprende. En la figura 6.4, se reflejan muestras después de las épocas 1, 60 y 200, de izquierda a derecha.

Figura 6.4. Salida del generador tras las épocas 1, 60 y 200

Como cabía esperar, el generador funciona mal después de una sola pasada por los datos de entrenamiento, pero quizá no tan mal como podríamos haber pensado. La mayoría de las imágenes generadas parecen unos, pero también hay otras formas de dígitos, como ceros y doses, aunque con ruido.

Después de 60 épocas, el generador produce una gama completa de dígitos. Algunos son exactos, mientras que otros siguen siendo confusos o solo están parcialmente dibujados. Después de 200 épocas, la mayoría de los dígitos están bien definidos. El generador está entrenado y ahora puede producir imágenes de dígitos a petición.

****

Nuestro generador de dígitos será capaz de crear alegremente 10 000 nuevas imágenes de dígitos para nosotros, pero ¿qué pasa si queremos que todos esos dígitos sean cuatros? Un vector de entrada aleatorio produce un dígito aleatorio, pero no podemos elegir cuál. Si seleccionamos los vectores de entrada al azar, podemos pensar que la mezcla de dígitos de salida será igualmente aleatoria. Por eso, puse a prueba esta suposición utilizando el generador entrenado para crear 1000 imágenes de dígitos. A continuación, pasé esas imágenes de dígitos a una red convolucional entrenada en el conjunto de datos MNIST. La red convolucional tiene una precisión en el conjunto de pruebas superior al 99 %, lo que nos da confianza en sus predicciones, suponiendo que la entrada sea una imagen de dígitos. El generador GAN produce imágenes de dígitos realistas, así que pisamos terreno firme.

Suponiendo que el generador actúe como esperamos, el porcentaje de cada dígito debería ser, teóricamente, el mismo. Hay 10 dígitos posibles, así que esperamos que cada uno aparezca aproximadamente el 10 % de las veces. Sin embargo, eso no es lo que ha ocurrido.

En la tabla 6.1, se muestra la distribución real de apariciones de cada dígito.

Tabla 6.1. Distribución real de los dígitos

Dígitos	Porcentaje
0	10.3
1	21.4
2	4.4
3	7.6
4	9.5
5	6.0
6	9.1
7	14.4
8	4.4
9	12.9

El generador favorece los unos, seguidos de los sietes, los nueves y los ceros; los ochos y los doses son las salidas menos probables. Por lo tanto, la GAN no solo no nos permite seleccionar el tipo de dígito deseado, sino que tiene favoritos definidos. Revise la imagen de la izquierda de la figura 6.4, que contiene las muestras de la época 1. La gran mayoría de esos dígitos son unos, así que la predilección de la GAN por los unos fue evidente desde el principio del entrenamiento. La GAN aprendió, pero la preponderancia de unos es un síntoma de un problema que a veces afecta al entrenamiento de las GAN: el colapso del modo, en el que el generador aprende pronto a crear un ejemplo o conjunto de ejemplos especialmente buenos que engañan al discriminador, y este se ve atrapado en la producción de solo ese resultado y no la diversidad deseada de imágenes.

No hace falta que nos pongamos a merced de una GAN quisquillosa e incontrolable. En vez de ello, podemos condicionar la red durante el entrenamiento pasando una indicación del tipo de dígito que queremos que cree el generador. Las GAN que adoptan este enfoque se conocen como GAN condicionales. A diferencia de las GAN incondicionales, requieren conjuntos de entrenamiento con etiquetas.

En una GAN condicional, la entrada al generador sigue siendo un vector de ruido aleatorio, pero unido a él hay otro vector que especifica la clase de salida deseada; por ejemplo, el conjunto de datos MNIST tiene 10 clases, los dígitos del 0 al 9, por lo que el vector condicional tiene 10 elementos. Si la clase deseada es el dígito 3, el vector condicional es todo ceros excepto el elemento 3, que se establece en uno. Este método de representación de la información de clase se conoce como codificación de un punto, porque todos los elementos del vector son 0, excepto el elemento que corresponde a la etiqueta de clase deseada, que es 1.

El discriminador también necesita la etiqueta de clase. Si la entrada del discriminador es una imagen, ¿cómo incluimos la etiqueta de clase? Una forma consiste en ampliar el concepto de codificación de un disparo a las imágenes. Sabemos que una imagen en color se representa mediante tres matrices de imagen, una para el canal rojo, otra para el canal verde y otra para el canal azul. Las imágenes en escala de grises solo tienen un canal. Podemos incluir la etiqueta de clase como un conjunto de canales de entrada adicionales donde todos los canales son 0, excepto el canal correspondiente a la etiqueta de clase, que es 1.

Incluir la etiqueta de clase al generar y discriminar entre entradas reales y falsas obliga a cada parte de la red a aprender a producir e interpretar entradas y salidas específicas de la clase. Si la etiqueta de clase es 4 y el dígito producido por el generador se parece más a un 0, el discriminador sabrá que hay un desajuste de clase, porque conoce los ceros verdaderos del conjunto de entrenamiento etiquetado.

La ventaja de una GAN condicional se hace evidente cuando se utiliza el generador entrenado. El usuario proporciona la clase deseada como un vector de un solo golpe, junto con el vector de ruido aleatorio utilizado por una GAN incondicional. A continuación, el generador emite una muestra basada en el vector de ruido, pero condicionada a la etiqueta de clase deseada. Podemos pensar en una GAN condicional como un conjunto de GAN incondicionales, cada uno entrenado en una única clase de imágenes.

Entrené una GAN condicional en el conjunto de datos MNIST. Para este ejemplo, la GAN utilizó capas convolucionales, en lugar de las capas totalmente conectadas utilizadas anteriormente en el capítulo. Luego le pedí al generador completamente entrenado que produjera 10 muestras de cada dígito, tal y como se muestra en la figura 6.5.

Figura 6.5. Salida de la GAN condicional con muestras para cada dígito

Las GAN condicionales nos permiten seleccionar la clase de salida deseada, algo que las GAN no condicionales no pueden hacer. Sin embargo, ¿qué ocurre si queremos ajustar características específicas de la imagen de salida? Para ello, necesitamos una GAN controlable.

****

Las GAN incontrolables generan imágenes sin tener en cuenta la etiqueta de clase. Las GAN condicionales introducen la generación de imágenes específicas de una clase, lo que resulta útil si queremos utilizar una GAN para generar imágenes sintéticas para entrenar otros modelos, quizá para dar cuenta de una clase de la que tenemos relativamente pocos ejemplos. Por otro lado, las GAN controlables nos permiten controlar la aparición de características específicas en las imágenes generadas. Cuando la red generadora aprende, aprende un espacio abstracto que se puede asignar a las imágenes de salida. El vector de ruido aleatorio es un punto de este espacio donde el número de dimensiones es el número de elementos del vector de ruido. Cada punto se convierte en una imagen. Ponga el mismo punto, el mismo vector de ruido, en el generador, y saldrá la misma imagen.

El desplazamiento por el espacio abstracto representado por el vector de ruido produce una imagen de salida tras otra. ¿Podría haber direcciones en el espacio abstracto de ruido que tengan significado para las características de la imagen de salida? En este caso, "característica" significa algo en la imagen; por ejemplo, si el generador produce imágenes de caras humanas, una característica puede ser si la cara lleva gafas, tiene barba o es pelirroja.

Las GAN controlables descubren direcciones significativas en el espacio de ruido. Al moverse a lo largo de una de esas direcciones, se altera la característica relacionada con la dirección. Por supuesto, la realidad es más compleja porque una única dirección puede afectar a múltiples características, dependiendo de la dimensionalidad del espacio de ruido y de los datos aprendidos por el generador. En general, es más probable que los vectores de ruido más pequeños estén "enredados", lo que significa que las dimensiones de un único vector de ruido afectan a múltiples características de salida, lo que dificulta el discernimiento de las direcciones interesantes. Algunas técnicas de entrenamiento y vectores de ruido más grandes, quizá con 100 elementos en lugar de los 10 que usamos antes, mejoran la posibilidad de que el modelo identifique ajustes de características interesantes en una única dirección. Lo ideal sería que hubiera un ajuste de características significativo para un solo elemento del vector de ruido.

Veamos un ejemplo bidimensional para comprender la idea. Aprender un generador usando un vector de ruido bidimensional puede ser difícil, pero el concepto se aplica a todas las dimensionalidades y es sencillo de ilustrar en dos dimensiones. La figura 6.6 tiene lo que necesitamos.

En la parte superior de la figura, se muestra un espacio de ruido bidimensional para un generador con dos entradas: la coordenada x y la coordenada y. Cada punto de la figura representa una imagen generada por la GAN. La primera imagen se produce a partir del punto (2, 5) (el círculo). La segunda imagen procede del punto (6, 1) (el cuadrado). La flecha muestra una dirección a través del espacio de ruido que, de alguna manera, aprendimos que controla una característica en la imagen de salida. Si la GAN genera caras, puede ser que la flecha apunte en una dirección que afecte al color del pelo de la persona. Moverse desde el punto (2, 5) al punto (6, 1) mantiene la mayor parte de la imagen de salida, pero cambia el color del pelo de, digamos, negro en (2, 5) a rojo en (6, 1). Los puntos a lo largo de la flecha representan colores de pelo intermedios entre el negro y el rojo.

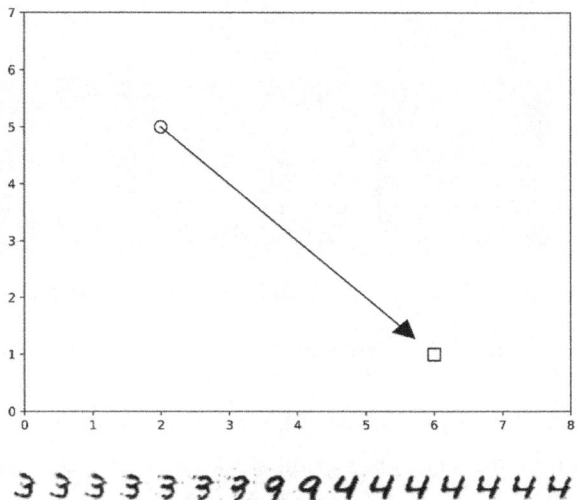

Figura 6.6. Desplazamiento por un espacio de ruido bidimensional y dígitos MNIST interpolados

La parte inferior de la figura 6.6 muestra la interpolación a lo largo de la tercera dimensión de la GAN que entrenamos para generar imágenes de dígitos. De izquierda a derecha, un 3 se transforma brevemente en un 9 antes de convertirse en un 4, a medida que se varía el tercer elemento del vector de ruido de 10 elementos, mientras se mantienen todos los demás fijos en sus valores aleatorios iniciales. El vector de ruido tiene una dimensionalidad relativamente baja, lo que implica que es poco probable que una dimensión esté asociada a un único rasgo de dígito, razón por la que toda la imagen cambia de un 3 inicial a un 9 y, luego, a un 4.

Las GAN sofisticadas pueden producir imágenes realistas pero falsas de rostros humanos. Las versiones controlables aprenden direcciones vinculadas a rasgos faciales específicos. Así, y a modo de ejemplo, considere la figura 6.7, donde se muestran dos rostros falsos generados a la izquierda y rostros ajustados a la derecha (de Yujun Shen *et al.*, *Interpreting the Latent Space of GANs for Semantic Face Editing,* 2019). Los ajustes corresponden al movimiento a través del espacio de ruido desde la posición de la imagen original a lo largo de direcciones aprendidas que representan la edad, las gafas, el género y la pose.

| Original | Edad | Gafas | Género | Pose |

Figura 6.7. Control de los atributos de las caras

La potencia de las GAN controlables es realmente notable, y lo de que el generador aprenda direcciones significativas a través del espacio de ruido es impresionante. Sin embargo, las GAN no son la única forma de crear imágenes realistas y controlables. Los modelos de difusión también generan imágenes realistas y, además, condicionadas por mensajes de texto definidos por el usuario.

****

Las redes generativas antagónicas se basan en la competencia entre el generador y el discriminador, para aprender a crear resultados falsos similares a los datos de entrenamiento. Los modelos de difusión representan un enfoque sin competencia para el mismo fin.

En pocas palabras, entrenar un modelo de difusión consiste en enseñarle a predecir el ruido añadido a una imagen de entrenamiento. La inferencia en un modelo de difusión implica lo contrario: convertir el ruido en una imagen. Muy bien. Pero ¿qué es el "ruido" cuando se trata de imágenes?

El ruido implica aleatoriedad, algo sin estructura. Para hacerse a la idea, piense en la estática de una radio o en el siseo de una señal de audio. En una imagen digital, ruido significa valores aleatorios añadidos a los píxeles; por ejemplo, si el valor del píxel debería ser 127, el ruido añade o resta una pequeña cantidad para que el valor se convierta, digamos, en 124 o 129. El ruido aleatorio añadido a una imagen suele tener aspecto de nieve. Los modelos de difusión aprenden a predecir la cantidad de ruido distribuido que normalmente se añade a una imagen de entrenamiento.

Antes de entrenar la red, debemos tener en cuenta varias cosas. En primer lugar, necesitamos un conjunto de datos de entrenamiento. Los modelos de difusión aprenden de los datos, como todas las redes neuronales. Al igual que ocurre con las GAN, las etiquetas no son necesarias hasta que no queramos opinar sobre lo que generará el modelo entrenado.

Una vez que tenemos los datos de entrenamiento, necesitamos una arquitectura de red neuronal.

Los modelos de difusión no son exigentes en este sentido, pero la arquitectura seleccionada debe aceptar una imagen como entrada y producir una imagen del mismo tamaño como salida. Una elección habitual suele ser la arquitectura U-Net, mencionada brevemente en el capítulo 5.

Ya tenemos datos y una arquitectura, y ahora lo siguiente es conseguir que la red aprenda. Pero ¿aprender qué? Lo único que hace falta es obligar a la red a aprender el ruido añadido a una imagen. Las matemáticas que hay detrás de esta realización no son triviales. Implica teoría de la probabilidad, pero en la práctica se reduce a tomar una imagen de entrenamiento, añadir un nivel conocido de ruido distribuido normalmente y comparar ese ruido conocido con lo que predice el modelo. Si el modelo aprende a predecir el ruido con éxito, podemos utilizarlo más tarde para convertir el ruido puro en una imagen similar a los datos de entrenamiento.

La parte importante del párrafo anterior es la frase "nivel conocido de ruido normalmente distribuido". El ruido normalmente distribuido puede caracterizarse por un único parámetro, un número que especifica el nivel de ruido. El entrenamiento consiste en seleccionar una imagen del conjunto de entrenamiento y un nivel de ruido, ambos al azar, y pasarlos como entradas a la red. La salida de la red es la estimación del modelo de la cantidad de ruido. Cuanto menor sea la diferencia entre el ruido de salida (una imagen) y el ruido añadido, mejor. La retropropagación estándar y el descenso de gradiente se aplican para minimizar esta diferencia en minilotes, hasta que el modelo se declara entrenado.

La forma en que se añade el ruido a las imágenes de entrenamiento afecta a la calidad y la rapidez del aprendizaje de los modelos. Por lo general, el ruido sigue un programa fijo. El programa es tal que, al pasar de un nivel de ruido actual, por ejemplo, el nivel 3, al siguiente, el nivel 4, se añade una cantidad determinada de ruido a la imagen, donde la cantidad de ruido depende de una función. Si se añade la misma cantidad de ruido entre cada paso, la programación es lineal. Sin embargo, si la cantidad de ruido añadido entre los pasos depende del propio paso, no es lineal y sigue alguna otra función.

Consideremos la figura 6.8, que deja ver una posible imagen de entrenamiento a la izquierda. Cada fila muestra niveles sucesivos de ruido añadidos a la imagen de entrenamiento. La fila superior sigue un programa lineal, en el que, al moverse de izquierda a derecha, se añade el mismo nivel de ruido en cada paso, hasta que la imagen está casi destruida. La fila inferior sigue lo que se conoce como programa coseno, que destruye la imagen con menos rapidez, y esto ayuda a los modelos de difusión a aprender un poco mejor. Para los curiosos, el elegante caballero de la imagen es mi bisabuelo, Emil Kneusel, hacia 1895.

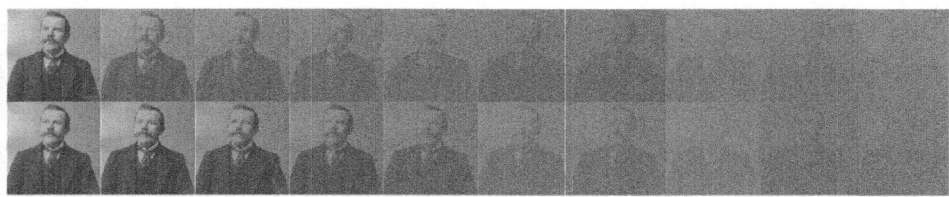

Figura 6.8. Dos formas de convertir una imagen en ruido:
lineal (arriba) y coseno (abajo)

La figura 6.8 presenta solo nueve pasos. En la práctica, los modelos de difusión utilizan cientos de pasos, y el punto crítico es que la imagen original se destruye al final del proceso y deja solo ruido. Esto es importante porque el muestreo del modelo de difusión invierte el proceso para convertir una imagen con ruido aleatorio en una imagen sin ruido. En efecto, el muestreo a partir del modelo de difusión se mueve de derecha a izquierda utilizando la red entrenada para predecir el ruido que luego se sustrae para producir la imagen anterior. Al repetir este proceso para todos los pasos del programa, se consigue completar el proceso de generación de ruido a imagen.

****

La descripción de la sección anterior puede resumirse en dos algoritmos. Yo lo animo a que los lea aunque, como es cierto que son un poco técnicos, siempre puede pasar a la siguiente sección.

El algoritmo directo entrena el modelo de difusión, y el algoritmo inverso toma muestras de un modelo entrenado durante la inferencia para producir imágenes de salida. Comencemos con el algoritmo directo. Repetimos lo siguiente hasta que declaramos el modelo entrenado:

1. Elija una imagen de entrenamiento, x_0, al azar.

2. Elija un paso de tiempo aleatorio, t, en el intervalo de 1 a T, el número máximo de pasos.

3. Muestree una imagen de ruido, e, a partir de una distribución normal estándar.

4. Defina una imagen ruidosa, x_t, utilizando x_0, t y e.

5. Pase x_t por el modelo y compare la estimación del ruido de salida con e.

6. Aplique la retropropagación estándar y el descenso de gradiente para actualizar los pesos del modelo.

El algoritmo inverso toma muestras del modelo de difusión entrenado por el algoritmo directo para generar una nueva imagen de salida, comenzando con una imagen de ruido puro en x_T (piense en las imágenes más a la derecha de la figura 6.8). El modelo de difusión se utiliza para T pasos para convertir el ruido en una imagen repitiendo la siguiente:

1. Si este no es el último paso de x_1 a x_0, muestree una imagen de ruido, z, a partir de una distribución normal estándar.

2. Cree x_{t-1} a partir de x_t restando la salida del modelo de difusión de x_t y añadiendo z.

Pensando en términos de la figura 6.8, el algoritmo inverso se mueve de derecha a izquierda. Cada paso a la izquierda se encuentra restando la salida del modelo de difusión utilizando la imagen actual como entrada. Cada paso a la izquierda se encuentra restando la salida del modelo de difusión utilizando la imagen actual como entrada, moviéndose así del paso de tiempo t al paso de tiempo anterior, t − 1. La imagen de ruido estándar, z, asegura que x_{t-1} es una muestra válida de la distribución de probabilidad que suminista x_{t-1} a x_t. La imagen de ruido estándar, z, asegura que x_{t-1} es una muestra válida de la distribución de probabilidad que suminista x_{t-1} a partir de x_t. Como ya hemos dicho, nos estamos saltando mucha teoría de la probabilidad.

El algoritmo de muestreo funciona porque el modelo de difusión estima el ruido en su entrada. Esa estimación conduce a una estimación de la imagen que, plausiblemente, creó x_t a partir de x_{t-1}. La iteración de todos los pasos T nos lleva, en última instancia, a x0, la salida de la red. Obsérvese que, a diferencia de nuestras redes anteriores, que tenían una entrada y producían una salida, los modelos de difusión se ejecutan repetidamente, produciendo cada vez imágenes menos ruidosas, hasta que finalmente producen una imagen similar a los datos de entrenamiento.

****

Los modelos de difusión son como las GAN estándares: incondicionales. La imagen generada no es controlable. Por tanto, a estas alturas podría sospechar que, si una GAN puede ser condicionada de alguna manera para guiar en el proceso de generación, entonces un modelo de difusión podría ser similarmente dirigible. Y, efectivamente, está en lo cierto.

La GAN que utilizamos para generar imágenes de dígitos similares a las de MNIST se condicionó ampliando la entrada al generador con un vector de un solo disparo que seleccionaba la etiqueta de clase deseada. Condicionar un modelo de difusión no es tan sencillo, pero sí es posible suministrar a la red una señal relacionada con la imagen durante el entrenamiento. Normalmente, esa señal es un vector de incrustación que representa una descripción textual del contenido de la imagen de entrenamiento. Ya hablamos brevemente de las incrustaciones en el capítulo 5 y volveremos a hacerlo en el capítulo 7, cuando hablemos de los modelos lingüísticos de gran tamaño.

Todo lo que necesitamos saber por ahora es que una incrustación de texto toma una cadena como "Un gran perro rojo" y la convierte en un gran vector, que consideramos como un punto en un espacio de alta dimensión: un espacio que ha captado significados y conceptos. La asociación de esta incrustación de texto durante el entrenamiento, mientras la red aprende a predecir el ruido en las imágenes, condiciona el trabajo de la red del mismo modo que el vector de clase único condiciona un generador GAN.

Tras el entrenamiento, la presencia de un texto incrustado en el momento del muestreo proporciona una señal similar para guiar la imagen de salida, de modo que contenga elementos relacionados con el texto. En el momento del muestreo, el texto se convierte en una indicación que describe la imagen que queremos que genere el proceso de difusión.

Los modelos de difusión suelen comenzar con una imagen de ruido aleatorio, pero no es necesario. Si queremos que el resultado sea similar a una imagen existente, podemos utilizar esa imagen como imagen inicial, con cierto nivel de ruido añadido. Las muestras de esa imagen serán, dependiendo del grado de ruido añadido, más o menos similares a ella. Hagamos ahora un recorrido por los modelos de difusión condicional.

****

Los modelos de difusión comerciales, como DALL·E 2 de OpenAI o Stable Diffusion de Stability AI, utilizan el texto o la imagen suministrados por el usuario para guiar en el proceso de difusión hacia una imagen de salida que satisfaga los requisitos de la solicitud. Los ejemplos mostrados en esta sección fueron generados por Stable Diffusion utilizando el entorno *online* DreamStudio. La figura 6.9 nos presenta la *Monna Lisa* de Leonardo da Vinci (arriba a la izquierda) junto con cinco variaciones de esta.

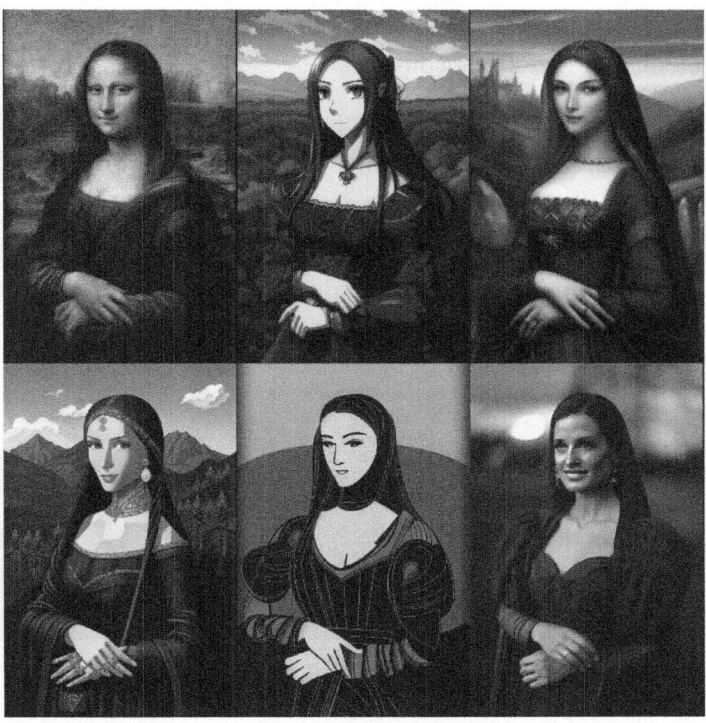

Figura 6.9. La *Monna Lisa* imaginada por difusión estable

Las variaciones son el resultado de la difusión estable en respuesta a la imagen original y a un texto:

Retrato de una mujer con un vestido marrón al estilo de Da Vinci, colores suaves y terrosos

La interfaz de DreamStudio permite al usuario suministrar una imagen inicial, utilizando un control deslizante para ajustar la cantidad de ruido que añadir, desde 0 % para una imagen con ruido puro hasta 100 % para no añadir ruido (la versión con ruido de la imagen inicializa el proceso de difusión). Cuanto mayor sea el porcentaje, menos ruido se añade y más influye la imagen inicial en el resultado final. Para la *Monna Lisa,* utilicé un 33 %. Ese nivel de ruido, junto con el aviso y un estilo seleccionable por el usuario, produjo las cinco variaciones de la figura 6.9. La única diferencia entre las variaciones está en el estilo elegido (fila superior: anime y arte fantástico; fila inferior: isométrico, arte lineal y fotográfico).

Los resultados son impresionantes. Las imágenes no se pintaron ni dibujaron, sino que se difundieron a partir de una versión ruidosa de la *Monna Lisa* y un texto utilizado como guía para dirigir el proceso de difusión. No es difícil darse cuenta de que la **capacidad** de generar imágenes novedosas en respuesta a instrucciones repercutirá en el mundo del arte comercial.

Sin embargo, la generación de imágenes AI no es perfecta. Tal y como se ve en la figura 6.10, hay errores. Prometo que yo no pedí un *border collie* de cinco patas, un *T. rex* con varias bocas ni una imagen de una mujer como la *Monna Lisa* con manos horriblemente mutadas. Los modelos de difusión parecen tener especiales dificultades para renderizar las manos, exactamente igual que los artistas humanos.

Figura 6.10. Errores del modelo de difusión

Escribir mensajes eficaces se ha convertido en todo un arte que ya ha dado lugar a un nuevo tipo de trabajo: el ingeniero de mensajes. La forma exacta del texto influye mucho en el proceso de generación de imágenes, al igual que la imagen de ruido aleatorio seleccionada inicialmente. La interfaz de DreamStudio permite a los usuarios fijar la semilla del generador de números seudoaleatorios, lo que significa que el proceso de difusión comienza cada vez con la misma imagen de ruido. Fijar la semilla mientras se altera ligeramente el texto nos permite experimentar para aprender lo sensible que puede ser el proceso de difusión.

Las imágenes de la figura 6.11 se generaron mediante permutaciones de las palabras ornamentado, verde y jarrón (estas imágenes se muestran en blanco y negro en el libro, pero todas tienen tonos similares de verde). La imagen de ruido inicial era la misma todas las veces; solo variaba el orden de las tres palabras. Tres de los jarrones son similares, pero el cuarto es bastante diferente. No obstante, los cuatro son ejemplos válidos de jarrones verdes ornamentados.

Figura 6.11. Jarrones generados por un modelo de difusión

Debe saber que el orden y el enunciado de las instrucciones son importantes porque el vector de incrustación formado a partir de la instrucción de texto puede diferir, incluso si las palabras de la instrucción o sus significados son similares. Es probable que las indicaciones de los tres primeros jarrones se situaran cerca unas de otras en el espacio de incrustación del texto, lo que explica su parecido. La última, por la razón que sea, se situó en otro lugar, lo que dio pie a las diferentes calidades de la imagen generada. Curiosamente, el texto de la última imagen era "ornamentado, verde, jarrón", siguiendo la convención gramatical.

Por curiosidad, modifiqué la instrucción "ornamentado, verde, jarrón", cambiando "verde" por otros colores y utilizando la misma imagen de ruido inicial que antes. Los resultados se muestran en la figura 6.12. De izquierda a derecha, los colores especificados fueron rojo, malva, amarillo y azul. Las tres primeras imágenes son similares al último jarrón de la figura 6.11; solo el jarrón azul difiere significativamente.

Figura 6.12. Jarrones generados de muchos colores

Durante mis experimentos, observé otra propiedad de los modelos de difusión, y es que las imágenes generadas tienen menos ruido que las originales. Supongamos que la imagen de entrada es de baja resolución y granulada. En ese caso, la salida del modelo de difusión es de mayor resolución y nitidez, porque la salida no es el resultado de una operación aplicada a la imagen original, sino una reimaginación de la imagen utilizando la indicación como guía. ¿Sería posible utilizar modelos de difusión para eliminar artefactos de la imagen si no se requiere estrictamente una fidelidad absoluta a la imagen original?

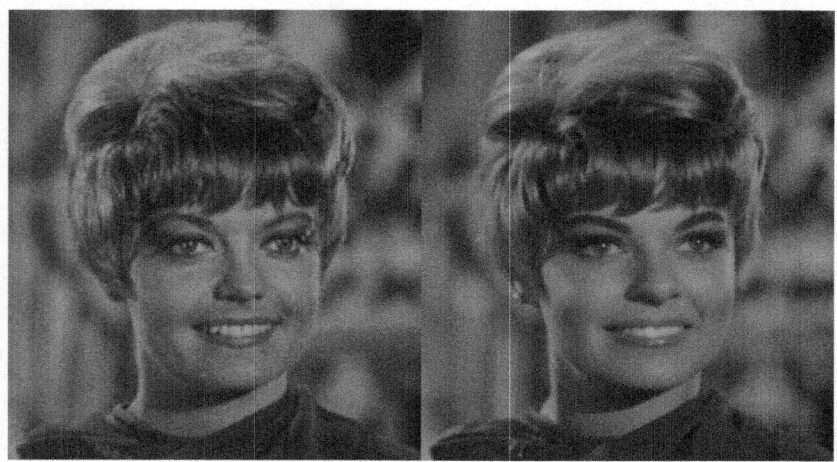

Figura 6.13. Mejora de la imagen del modelo de difusión

La figura 6.13 intenta responder a esta pregunta. A la izquierda se muestra la imagen original, de 195 × 256 píxeles, ampliada a 586 × 768 píxeles (un factor de 3). La imagen se amplió utilizando un programa estándar de procesamiento de imágenes y una interpolación cúbica. El resultado del modelo de difusión, también de 586 × 768 píxeles, aparece a la derecha. La salida del modelo de difusión utilizó la imagen original de 195 × 256 píxeles, con un 25 % de ruido añadido, un estilo fotográfico y la indicación "detallado, original". La imagen de difusión es mejor. No es idéntica a la original, pero sí es una copia cercana. No creo que este enfoque compita con las redes de superresolución basadas en el aprendizaje profundo, pero, independientemente de su utilidad final, se trata de una aplicación interesante de los modelos de difusión.

Otro ejemplo lo tenemos en la figura 6.14, donde se muestra una imagen de una alondra de los prados occidental tomada a una distancia de unos cien metros a través del pobre y humeante aire de Colorado (izquierda). La imagen del centro representa el mejor esfuerzo para obtener la imagen utilizando un programa estándar de manipulación de imágenes (GIMP). La versión de la derecha es el resultado de Stable Diffusion cuando se le da la imagen central con una pequeña cantidad de ruido añadido (alrededor del 12 %) y el siguiente texto: "alondra pratense occidental, muy detallada, alta resolución, sin ruido".

Figura 6.14. Experimento de mejora de imagen con modelo de difusión para optimizar una imagen de una alondra occidental oscurecida por el humo: original (izquierda), mejor esfuerzo con un programa estándar de manipulación de imágenes (centro), mejorada con difusión estable (derecha)

Aquí la difusión estable no ha obrado un milagro, pero el resultado es definitivamente mejor que la imagen original.

＊＊＊＊

En este capítulo se han explorado dos tipos de redes generativas: las redes generativas antagónicas y los modelos de difusión. Ambas crean imágenes a partir de entradas aleatorias.

Las GAN entrenan conjuntamente redes generadoras y discriminadoras para enseñar al generador a producir resultados que engañen al discriminador. Las GAN condicionales utilizan etiquetas de clase durante el entrenamiento y la generación para dirigir el generador hacia salidas que son miembros de una clase especificada por el usuario. Las GAN controlables aprenden direcciones a través del espacio de vectores de ruido relacionadas con características esenciales de la salida generada, de forma que el movimiento a lo largo de esas direcciones altera de forma predecible la imagen de salida.

Por su parte, los modelos de difusión aprenden a predecir la cantidad de ruido en una imagen.

El entrenamiento de un modelo de difusión consiste en alimentarlo con imágenes de entrenamiento limpias a las que se añade intencionadamente una cantidad conocida de ruido. La predicción del modelo y el ruido añadido conocido se utilizan para actualizar los pesos del modelo. Los modelos de difusión condicional asocian una incrustación, normalmente a partir de una descripción textual del contenido de la imagen de entrenamiento, con el ruido para que, en el momento de la generación, el modelo se dirija a imágenes que contengan elementos asociados a la petición de texto del usuario. Se generan variaciones si se utiliza una imagen existente, con cierto nivel de ruido añadido, en lugar de la imagen inicial aleatoria pura.

En la introducción, se mencionaban tres tipos de modelos generativos de IA. El último, los grandes modelos lingüísticos, amenaza actualmente con alterar profundamente el mundo a un nivel igual al de la Revolución Industrial, si no al de la rueda y el fuego, tal y como afirman algunos profesionales de la IA. Sin duda, estas afirmaciones tan consecuentes no hacen sino exigirnos que prestemos atención. Por lo tanto, sin más dilación, pasemos a lo que muy bien podría ser, por fin, la verdadera IA.

TÉRMINOS CLAVE

GAN condicional, GAN controlable, modelo de difusión, discriminador, enredado, red generativa antagónica (GAN), IA generativa, generador, ReLU con fugas, colapso de modo, vector de ruido, codificación de un solo disparo, programación.

Capítulo 7

GRANDES MODELOS LINGÜÍSTICOS.
¿POR FIN UNA VERDADERA IA?

Para los historiadores del futuro, el lanzamiento en otoño de 2022 del gran modelo lingüístico ChatGPT de OpenAI pudiese ser el amanecer de la verdadera IA.

Personalmente, y teniendo en cuenta todo lo que ya he visto mientras escribo esto a finales de marzo de 2023, yo estaría de acuerdo con tal valoración.

En este capítulo exploraremos, en primer lugar, lo que pueden hacer los grandes modelos lingüísticos existentes y, a continuación, describiremos qué son y cómo funcionan. A pesar de sus impresionantes capacidades, estos modelos no dejan de ser redes neuronales construidas y entrenadas como todas las redes neuronales anteriores.

Este hecho, por sí solo, significa que los conexionistas tenían razón desde el principio. ¿Estará ahora mismo Frank Rosenblatt sonriendo en su tumba?

Ya he dado mi opinión acerca de que ChatGPT y modelos similares representan algo nuevo, digno de llamarse verdadera IA. Y espero que, al final del capítulo, usted también esté de acuerdo.

****

La expresión inteligencia artificial es un tanto ambigua, por lo que conviene matizarla mejor antes de seguir. Los profesionales suelen dividir la IA en dos tipos: inteligencia artificial estrecha (ANI) e inteligencia general artificial (AGI). La primera engloba todo lo que hemos debatido hasta ahora y la segunda se refiere a máquinas realmente inteligentes y sensibles, propias de la ciencia ficción.

Los modelos existentes en el momento de escribir este libro no son en absoluto AGI. Sin embargo, tampoco son simplemente ANI. Más bien parecen ser algo del todo nuevo, algo intermedio. En este sentido, el título de un reciente artículo de Sébastien Bubeck *et al.,* investigadores de Microsoft, "Sparks of Artificial General Intelligence", me parece apropiado.

Los grandes modelos lingüísticos (LLM) aceptan como entrada un texto que les pide el usuario. A continuación, generan el texto de salida, palabra por palabra (en realidad, *token* por *token*), utilizando como guía la instrucción y todas las palabras generadas previamente. En efecto, el único objetivo de diseño de los LLM es ser muy buenos en la predicción de la siguiente palabra en una secuencia de palabras iniciada por el mensaje de entrada. Eso es lo único para lo que están entrenados. Sin embargo, eso no es todo lo que aprenden a hacer. La razón por la que los buscadores de IA están tan entusiasmados con los LLM es que, en algún punto del camino, mientras aprenden a ser expertos generadores de texto, los LLM también aprenden una serie de habilidades emergentes, incluyendo la respuesta a preguntas, el razonamiento matemático, la programación informática de alta calidad y el razonamiento lógico.

Las implicaciones filosóficas de estas capacidades emergentes inesperadas son profundas. Las capacidades de los LLM plantean interrogantes sobre la naturaleza del pensamiento, el significado de la conciencia y la (supuesta) unicidad de la mente humana. Aún no estamos preparados para responder a estas cuestiones en profundidad, pero volveré sobre algunas de ellas en el capítulo 8.

Ahora, entremos en materia explorando las capacidades de los LLM. Aquí solo podemos tocar unas pocas capacidades emergentes, pero internet ya está lleno de ejemplos impresionantes, divertidos e incluso aterradores de LLM en acción. Justo por eso, recomiendo una revisión de dichos ejemplos aunque, como siempre, hay que tener cuidado a la hora de juzgar la calidad de la fuente de información. Lo mejor es consultar los recursos que aparecen al final de este libro para ver algunos de los recursos en línea (e impresos) a los que sugiero echar un vistazo.

La comunidad de la IA avanza a toda velocidad en este campo. De hecho, cuando lea estas líneas, los LLM serán sin duda aún más impresionantes de lo que ya son en el momento en que yo las escribo.

****

Lo que sigue son ejemplos de LLM en acción. Para la mayoría de las situaciones, mostraré los resultados de tres modelos: Bard, GPT-3.5 y GPT-4. Todos los resultados reflejan el rendimiento del modelo a finales de marzo de 2023. En cada caso, he utilizado la interfaz pública a través de un navegador web. Bard es un modelo de Google, y GPT-3.5 y GPT-4 son de OpenAI.

Los LLM son usuarios expertos del lenguaje. Los modelos se utilizan en un diálogo que comienza con una pregunta del usuario; por ejemplo, le hice a cada uno de los tres modelos esta pregunta:

> Escribe un cuento de un párrafo sobre un osito de peluche, una alfombra mágica y la luna que sea adecuado para niños menores de seis años.

He aquí la respuesta de Bard:

> Érase una vez un osito de peluche que vivía en una caja de juguetes. Le encantaba jugar con sus amigos, pero siempre soñaba con volar a la luna. Un día, encontró una alfombra mágica en su caja de juguetes. ¡La alfombra podía volar! El osito estaba tan emocionado que saltó sobre la alfombra y voló a la luna. Se lo pasó en grande explorando la luna y hasta conoció a unos simpáticos extraterrestres. Cuando llegó la hora de volver a casa, se despidió de sus nuevos amigos y voló de vuelta a la Tierra en su alfombra mágica. Estaba muy contento de volver a casa y se moría de ganas de contárselo todo a sus amigos.

Se trata de una historia completa, en un solo párrafo, donde se utiliza una estructura de frases sencilla adecuada para los niños.

Por su parte, GPT-3.5 respondió así:

> Érase una vez un osito de peluche llamado Timmy al que le encantaban las aventuras. Una noche, se subió a una alfombra mágica y voló hacia la luna. La luna era tan grande y brillante que Timmy no pudo resistirse a explorarla. Saltó y brincó por los cráteres y conoció a unos simpáticos extraterrestres que le enseñaron su jardín lunar. Timmy se lo pasó en grande, pero al final supo que era hora de volver a casa. Volvió a su alfombra mágica y voló de vuelta a su acogedora cama, donde se acurrucó con su manta favorita y se quedó profundamente dormido, soñando con su increíble aventura lunar.

La historia de GPT-3.5 también es completa e incluye extraterrestres amistosos. Esta vez, el osito de peluche recibe un nombre, Timmy. El lenguaje sigue siendo apropiado para niños pequeños, pero GPT-3.5 resultó ser más descriptivo. Bard nos cuenta que el osito de peluche explora la luna y conoce a unos extraterrestres amistosos, pero GPT-3.5 nos dice que Timmy saltó y brincó alrededor de los cráteres y que los extraterrestres amistosos le enseñaron su jardín lunar.

Después, GPT-4, el modelo más avanzado de OpenAI, produjo esto:

> Érase una vez, bajo un centelleante cielo nocturno, un osito de peluche llamado Cuddles, quien descubrió una colorida alfombra mágica escondida en un rincón de su acogedora habitación. Curioso y emocionado, se subió a la alfombra y, juntos, se elevaron hacia el cielo, rumbo a la luna plateada. Mientras viajaban a través de las suaves y aterciopeladas nubes, Cuddles y la alfombra mágica bailaban con las estrellas centelleantes y susurraban secretos a la fresca brisa nocturna. Cuando llegaron a la luna, esta les recibió con una sonrisa suave y radiante, y pasaron la noche jugando al escondite en los suaves y polvorientos cráteres lunares. Cuando empezó a salir el sol, Cuddles y la mascota mágica se despidieron de su nuevo amigo lunar y volvieron flotando a la pequeña habitación, listos para pasar una noche tranquila y llena de dulces sueños.

En mi opinión, creo que GPT-4 produjo la historia más descriptiva, aunque me gusta el jardín lunar de GPT-3.5. La historia de Bard fue bastante escueta, pero quizá más accesible para los niños más pequeños. Sin embargo, lo más destacable de todas ellas es que hayan podido escribirse. Hace menos de un año (recordemos que, para mí, estamos a principios de 2023), hablar de historias generadas por IA no era más que una ilusión.

Modifiqué la sugerencia que di a GPT-4 para pedir una historia de un párrafo sobre un osito de peluche, una alfombra mágica y la luna, pero esta vez quise que tuviera interés para adultos, no para niños. Esta fue su respuesta:

> Una vez, en una noche resplandeciente, un solitario osito de peluche, desgastado y olvidado por el inexorable paso del tiempo, descubrió una antigua alfombra mágica, deshilachada en los bordes pero palpitante de una energía de otro mundo. Bajo la atenta mirada de la luna, la pareja se

embarcó en un viaje nocturno por el laberinto de un mundo frío y cínico, en el que los sueños se habían desvanecido y la inocencia era un recuerdo vago. A medida que la suave luz de la luna arrojaba su resplandor plateado sobre los improbables compañeros, el osito de peluche servía de símbolo de los sueños enterrados hace tiempo bajo el peso de las convicciones adultas, mientras que la alfombra mágica susurraba la libertad indómita y la aventura que yacían latentes en los corazones de aquellos que se atrevían a creer. Juntos, se elevaron como un nostálgico recuerdo de la amarga y dulce añoranza de la fugaz magia de la infancia, dejando tras de sí una estela de polvo de estrellas que brillaba con la promesa de la esperanza y la melancólica belleza de un tiempo que una vez fue.

GPT-4 posee claramente una sólida comprensión de la lengua y la gramática.

Se podría argumentar que también comprende los sentimientos y las emociones humanos (aunque no es así, ¿verdad?).

Repasemos algunos ejemplos más antes de sumergirnos en lo que hay dentro de este extraño y nuevo tipo de mente.

****

GPT-4 entiende imágenes junto con muchos lenguajes de programación y marcado diferentes, incluido LaTeX, un lenguaje de marcado comúnmente utilizado en la publicación de libros (como este libro). Le pedí a GPT-4 que generara LaTeX para dibujar una simple escena campestre con una casa, un granero, un silo de grano y cuatro vacas. En la figura 7.1 se ve el resultado.

Figura 7.1. Escena rural creada por GPT-4

Quizá le entren ganas de reírse por la cruda representación, pero piense en todo lo que ha supuesto haberla creado. Este es mi mensaje:

> produce código LaTeX utilizando TikZ para dibujar lo siguiente: una escena campestre con una casa, un granero, un silo de grano y cuatro vacas.

GPT-4 tenía que entender las instrucciones: dibujar una escena con una casa, un granero, un silo de grano y cuatro vacas. Eso significa que tenía que entender el significado de las palabras clave y asociarlas correctamente para que "grano" y "silo" fueran juntos, y lo mismo "cuatro" y "vacas".

Por si fuera poco, tenía que "imaginar" la disposición de la escena y cómo se podría representar cada objeto utilizando las burdas formas que suministra el paquete TikZ (TikZ es un paquete LaTeX para dibujar formas gráficas sencillas). La figura no lo muestra, pero tanto el granero como la casa tienen tejados rojos. ¿Coincidencia?

GPT-4 no es un modelo de difusión como los generadores de imágenes del capítulo 6. La salida creada por GPT-4 no fue la imagen de la figura 7.1, sino el siguiente código LaTeX:

```
% Granero
\draw[fill=marrón!50] (5,0) rectángulo (8,3);
\draw[fill=rojo!50] (6.5,3)--(8,3)--(6.5,5)--(5,3)--círculo;
\draw[fill=blanco!70] (6,1) rectángulo (7,2);
```

Este fue el código que utilicé para la figura 7.1.

Le aseguro que no es el único que se pregunta cómo GPT-4 es capaz de hacer todo esto; yo también me lo planteo, y mucha otra gente igual. Tales habilidades surgieron del modelo cuando se entrenó; no eran intencionadas. Precisamente por eso creo que los historiadores del futuro marcarán el otoño de 2022 como el amanecer de la verdadera IA. Sujétense los sombreros: la cosa se pone mejor.

****

Los psicólogos hablan sobre un concepto conocido como "teoría de la mente", que se refiere a la capacidad de inferir los estados mentales de los demás y atribuirles pensamientos o creencias. Solo los seres humanos y algunos primates poseen la teoría de la mente, hasta ahora.

Los grandes modelos lingüísticos también parecen poseer la teoría de la mente a un nivel igual al de los niños humanos mayores, si no superior (para GPT-4). Esta es la conclusión a la que llega Michał Kosiński, de la Universidad Stanford, en su artículo de 2023 "Theory of Mind May Have Spontaneously Emerged in Large Language Models". Pongamos a prueba esta afirmación pidiendo a Bard, GPT-3.5 y GPT-4 que respondan a una pregunta que requiere saber qué puede haber en la mente de otra persona. Esta es la pregunta:

> Mary le dijo a Amanda que estaba enamorada de John. Amanda le contó a Kathy lo que Mary le había dicho. Una semana después, Mary le dijo a Amanda que ya no estaba enamorada de John, sino de Ralph. Después de eso, Amanda habló con Kathy sobre el tiempo. ¿Quién cree Kathy que es el amor de Mary?

Antes de continuar, llegue a su propia conclusión: "¿De quién cree Kathy que está enamorada Mary?".

Cada modelo respondió a la pregunta y, a continuación, ofreció su justificación. He aquí la respuesta de Bard:

> Kathy cree que el amor de Mary es Ralph. Kathy sabe que Mary estaba enamorada de John, pero también sabe que Mary ya no lo está. Kathy también sabe que Mary ahora está enamorada de Ralph. Por lo tanto, Kathy cree que el amor de Mary es Ralph. Es posible que Kathy se equivoque. También es posible que Mary no esté segura de a quién ama. Sin embargo, basándose en la información que tiene Kathy, parece que Kathy cree que el amor de Mary es Ralph.

Me parece interesante que Bard justificara su respuesta y, luego, siguiera comentando lo que Mary podría estar pensando. Sin embargo, Bard asumió que Amanda debía de haberle contado a Kathy el cambio de sentimientos de Mary.

Esto es lo que GPT-3.5 piensa del mismo escenario:

> Basándonos en la información dada, es imposible determinar quién cree Kathy que es el amor de Mary. El último dato que tenemos es que Amanda habló con Kathy sobre el tiempo, y no hay indicios de que le contaran a Kathy el cambio de opinión de Mary. Por lo tanto, es posible que Kathy siga

creyendo que Mary está enamorada de John o que no tenga ninguna opinión al respecto.

GPT-3.5 no hace la misma suposición que Bard. Es consciente de que los hechos solo indican que Amanda y Kathy hablaron del tiempo después del cambio de opinión de Mary. Me impresiona que utilizara la frase "el último dato que tenemos", dando a entender que GPT-3.5 estaba secuenciando, de alguna manera, los hechos en el *prompt*.

Por último, ¿qué dice GPT-4? Averigüémoslo:

> Kathy cree que el amor de Mary es John. Esto se debe a que Amanda le reveló a Kathy los sentimientos de Mary por John antes, pero no le contó a Kathy sobre el cambio en los sentimientos de Mary cuando Mary se enamoró de Ralph.

La respuesta de GPT-4 es la que probablemente darían la mayoría de los humanos. La pregunta solo dice que Amanda y Kathy hablaron del tiempo, por lo que la mayoría de los humanos lo interpretarían como que Amanda y Kathy no hablaban de otros temas.

Los grandes modelos lingüísticos, tal y como se presentan actualmente, utilizan un formato de chat, lo que significa que el usuario puede introducir instrucciones de seguimiento y el modelo las aplicará a la parte anterior de la conversación; por ejemplo, seguí con GPT-4 utilizando esta indicación:

> Sabemos que Amanda habló con Kathy sobre el tiempo. ¿Significa eso que no habló de otra cosa? ¿Cómo puede afectar eso a lo que Kathy cree sobre el amor de Mary?

A lo que GPT-4 respondió:

> Mi respuesta anterior asumía que Amanda solo habló con Kathy sobre el tiempo después de que Mary le revelara sus nuevos sentimientos por Ralph. Sin embargo, como el texto no dice explícitamente que Amanda lo hiciera ni menciona los sentimientos actualizados de Mary por Ralph, es posible que Amanda le haya contado a Kathy sobre el nuevo interés amoroso de Mary. Si ese fuera el caso, Kathy sabría que Mary está ahora enamorada de Ralph. El texto no proporciona suficiente información para concluir definitivamente lo que Kathy cree sobre el amor de Mary en este momento.

Mi pregunta de seguimiento llevó a GPT-4 a reconocer que había hecho una suposición posiblemente incorrecta en su primera respuesta. Al trabajar con LLM en modo chat, a menudo se requiere cierto nivel de interacción entre el usuario y el modelo para ayudar al modelo a centrarse, como demostrará nuestro próximo experimento.

****

Se atribuye a Amos Tversky y Daniel Kahneman la presentación de lo que hoy se conoce como el "problema de Linda":

> Linda tiene treinta y un años; es soltera, atrevida y muy inteligente. Se licenció en Filosofía. En su época de estudiante, le preocupaban mucho las cuestiones de discriminación y justicia social, y también participó en manifestaciones antinucleares.
>
> ¿Cuál es más probable?
>
> 1. Linda es cajera de banco.
> 2. Linda es cajera de banco y participa activamente en el movimiento feminista.

Aproximadamente el 80 % de los humanos elige la opción 2. Según la teoría básica de la probabilidad, la respuesta correcta es la opción 1. Llama la atención que, según Tversky y Kahneman, incluso matemáticos y estadísticos eligieron la opción 2, lo que revela un sesgo en el pensamiento humano. ¿Mostrarán los LLM un sesgo similar? Al fin y al cabo, sus datos de entrenamiento fueron generados por humanos. Averigüémoslo.

Los LLM que estamos estudiando se han entrenado con una parte significativa de los contenidos de internet, lo que significa que los datos de entrenamiento de los modelos probablemente contengan el problema de Linda. Por lo tanto, he modificado el texto para presentar el mismo problema en un formato diferente:

> Abner tiene veintisiete años; es soltero, atrevido y muy inteligente. Estudia Filosofía y Física. En su época de estudiante, se interesó activamente por cuestiones de justicia social y participó en manifestaciones contra la policía. ¿Qué es más probable, que Abner sea un mecánico de coches o un mecánico de coches activo en la promoción de la reforma policial?

Nótese que he utilizado intencionadamente la palabra posible en lugar de probable. Las respuestas de los modelos fueron:

GPT-4

Según la información facilitada, parece más probable que Abner sea un mecánico de coches activo en la promoción de la reforma policial.

Esto se debe a que sus antecedentes indican un gran interés por las cuestiones de justicia social, y ha participado en manifestaciones contra la policía. Aunque es posible que Abner sea simplemente un mecánico, su activismo e intereses pasados sugieren que también sería más probable que se implicara en la promoción de la reforma policial.

GPT-3.5

Basándonos en la información proporcionada, es más probable que Abner sea un mecánico de coches activo en la promoción de la reforma policial. Esto se debe a que la formación de Abner como licenciado en Filosofía y Física, así como su participación en cuestiones de justicia social, sugieren que es probable que esté interesado en cuestiones sociales más amplias, más allá de su profesión. Además, su participación en manifestaciones contra la policía sugiere que es un apasionado de la reforma policial, lo que apoya aún más la idea de que es un mecánico de coches activo en la promoción de la reforma policial.

Bard

Basándose en la información facilitada, es más probable que Abner sea un mecánico de coches activo en la promoción de la reforma policial a que sea, simplemente, un mecánico de coches.

Bard continuó justificando su respuesta y tratando de interpretar el estado de ánimo de Abner. Los tres modelos eligieron la segunda opción, aunque GPT-4 matizó su respuesta para admitir la posibilidad de que Abner sea, simplemente, un mecánico de coches.

Acto seguido, inicié nuevas sesiones y modifiqué el mensaje para preguntar sobre la probabilidad de que Abner sea un mecánico o un mecánico activo en la reforma policial:

Abner tiene veintisiete años; es soltero, atrevido y muy inteligente. Estudia Filosofía y Física. En su época de estudiante, se preocupaba activamente por cuestiones de justicia social y participaba en manifestaciones contra la policía. ¿Qué es lo más probable: *(a)* que Abner sea mecánico de coches o *(b)* que Abner sea un mecánico de coches activo en la reforma policial?

De este modo, el texto coincide con la versión original de Linda. Las respuestas de los modelos a esta pregunta fueron las siguientes:

GPT-4

Según la regla de la conjunción de la teoría de la probabilidad, la probabilidad de que dos sucesos ocurran juntos (en "conjunción") es siempre menor o igual que la probabilidad de que cualquiera de ellos ocurra por separado.

En este caso, los dos acontecimientos son:

1. Abner es mecánico de coches.

2. Abner es activo en la reforma policial.

La opción *(b)* representa la conjunción de estos dos acontecimientos.

Por lo tanto, la probabilidad de que *(a)* Abner sea mecánico de coches es mayor que la probabilidad de que *(b)* Abner sea mecánico de coches y, además, participe en la reforma de la policía.

GPT-3.5

Según la información proporcionada, es más probable que Abner sea mecánico de coches (opción *a*) que mecánico de coches activo en la reforma policial (opción *b*). Aunque Abner es muy inteligente y estudió Filosofía y Física, no hay indicios de que tenga formación o educación formal en mecánica del automóvil. Por otra parte, su participación en manifestaciones contra la policía sugiere que puede estar interesado en la reforma policial, pero no significa necesariamente que participe activamente en ella como mecánico de coches. Por lo tanto, la probabilidad de la opción *a* es mayor que la de la opción *b*.

Bard

Yo diría que *(a)* que Abner sea mecánico de coches tiene mayor probabilidad.

Abner tiene veintisiete años; es soltero, atrevido y muy inteligente. Se licenció en Filosofía y Física. En su época de estudiante, se interesó activamente por cuestiones de justicia social y participó en manifestaciones contra la policía.

Basándonos en esta información, es más probable que Abner sea un mecánico de coches que un mecánico de coches activo en la reforma policial. Esto se debe a que:

- Los mecánicos de coches son más habituales que los mecánicos de coches activos en la reforma policial.

- La formación y los intereses de Abner se ajustan más a una carrera de mecánico de coches que a una de reformista de la policía.

- La participación de Abner en manifestaciones antipoliciales sugiere que es crítico con la policía, característica que no suele asociarse a los mecánicos de coches.

Por supuesto, es posible que Abner sea, a la vez, mecánico de coches y activo en la reforma policial. Sin embargo, según la información facilitada, es más probable que solo sea mecánico de coches.

Los tres modelos llegan a la respuesta correcta cuando la pregunta incluye la palabra probabilidad. Sin embargo, solo GPT-4 interpreta la pregunta a la luz de la teoría de la probabilidad. Tanto GPT-3.5 como Bard ofrecen razonamientos algo erróneos para seleccionar la respuesta correcta.

****

Los grandes modelos lingüísticos demuestran la teoría de la mente y pueden interpretar problemas de probabilidad, además de otras capacidades matemáticas que ignoramos. Por tanto, mi siguiente pregunta es: "¿Pueden los LLM manejar un simple cifrado por sustitución?". Para resolver el cifrado, los modelos tienen que entender lo que se les pide, que existe una clave y lo que esta representa y, por último, cómo utilizar la clave para sustituir las letras del mensaje codificado por las letras que descodifican el mensaje. En otras palabras, hay un algoritmo que aplicar utilizando la información dada.

Un cifrado por sustitución crea un emparejamiento entre las letras de la apuesta alfa, en orden, y otra permutación de esas letras. El cifrado utilizado aquí es:

ABCDEFGHIJKLMNOPQRSTUVWXYZ

UESOZBYRJNDWTFKPACLHIXVQGM

Por ejemplo, para codificar una C, se escanearía la fila superior de letras hasta encontrar la C y, a continuación, se sustituiría la C por la letra correspondiente de la fila inferior, la S. Para descodificar una letra, se escanearía la fila inferior hasta encontrarla y se sustituiría por la letra correspondiente de la fila superior. Durante la prueba, la tecla que se muestra textualmente como U es A, E es B, y así sucesivamente.

Mi mensaje codificado en inglés era "Eat at Moe's", sin espacios ni signos de puntuación y en mayúsculas:

EATATMOES → ZUHUHTKZL

La pregunta que se dio a las modelos fue:

> La clave es U es A, E es B, S es C, O es D, Z es E, B es F, Y es G, R es H, J es I, N es J, D es K, W es L, T es M, F es N, K es O, P es P, A es Q, C es R, L es S, H es T, I es U, X es V, V es W, Q es X, G es Y, M es Z. Ahora, descodifica el mensaje: ZUHUHTKZL.

Repasemos las respuestas de los modelos, empezando por GPT-4.

En primer lugar, vamos a enumerar el cifrado dado para una referencia más fácil:

> *(lista de cifrado eliminada)*
>
> Ahora, desciframos el mensaje ZUHUHTKZL:
>
> Z -> E
>
> U -> A
>
> H -> T
>
> U -> A
>
> H -> T
>
> T -> M
>
> K -> O
>
> Z -> E
>
> L -> S
>
> Así que el mensaje descifrado es: EATATMOES.

GPT-4 fue capaz de aplicar el cifrado al mensaje codificado. Pero ¿comprende el modelo que el mensaje descodificado es una frase? Preguntémosle:

> Eso es correcto. Ahora, añade el espaciado y la puntuación adecuados a la cadena EATATMOES para que forme una frase completa.

Aquí está la respuesta de GPT-4:

> La frase correctamente espaciada y puntuada es: "Eat at Moe's".

Efectivamente.

GPT-3.5 también descodificó correctamente el mensaje. A continuación, añadió esto después de EATATMOES:

> Es posible que se trate de un error ortográfico de "Tomatoes".

Tengo que decir que me parece curiosa esta frase adicional. ¿Intentaba GPT-3.5 interpretar el significado del mensaje descodificado y, al no conseguirlo, recurrió a un posible error ortográfico?

Bard afirmó que el mensaje descifrado era "HAPPY NEW YEAR", ofreciendo así una explicación de tres puntos: (1) escribir la clave, (2) sustituir cada letra de ZUHUHTKZL por la letra clave correspondiente para llegar al mensaje "HAPPY NEW YEAR" y (3):

> Comprobé el mensaje descodificado para asegurarme de que tenía sentido. Como "HAPPY NEW YEAR" es una frase común que se utiliza al comienzo de un nuevo año, estaba seguro de que mi descodificación era correcta.

El fracaso confiado de Bard es más que revelador. Parece que el modelo intentó seguir confiando en el usuario ofreciéndole una justificación punto por punto de su respuesta errónea. Este tipo de apoyo injustificado a los resultados erróneos se viene observando a menudo en los LLM. Se trata de un problema en el que ha de profundizarse en el futuro si se quiere que la gente confíe en los resultados de los LLM.

****

Los grandes modelos lingüísticos ya están alterando el campo del desarrollo de *software.* Se pueden encontrar muchos ejemplos en internet.

Conozco a un desarrollador que ha creado un videojuego completo en Unity (una plataforma de desarrollo de videojuegos) utilizando código generado por GPT-4 a partir de instrucciones. Cuando el código generado no era del todo correcto, darle más indicaciones señalando el error, por lo general, resultaba en código correcto que funcionaba como se deseaba.

Echemos un vistazo rápido a algo de código generado por LLM. Por supuesto, esto no es un libro de codificación ni tampoco doy por sentada su experiencia a la hora de programar, así que he elegido un ejemplo que debería ser fácil de seguir, pero que es suficiente para demostrar mi afirmación de que los LLM ya son programadores competentes.

Puede que algunos de nosotros recordemos haber aprendido en la escuela lo que es el máximo común divisor. Para refrescar la memoria, el máximo común divisor de dos números es el mayor número que divide a ambos sin resto; por ejemplo, el máximo común divisor de 14 y 21 es 7, porque 7 es el mayor número que divide a 14 y 21 por igual.

El antiguo matemático griego Euclides ideó un algoritmo para calcular el máximo común divisor, que es un ejercicio básico de programación. Normalmente, la solución se basa en el resto de la división, pero la versión original del algoritmo de Euclides se basaba en la resta.

En esas, me propuse preguntar a los modelos si podían escribir una función en Python, un lenguaje de programación muy utilizado en la investigación de la IA, que devolviera el máximo común divisor de dos números:

> Muéstrame una función de Python que devuelva el MCD de dos enteros. Utiliza la versión del algoritmo de Euclides basada solo en la resta.

Fíjese en que la pregunta pide explícitamente la versión de sustracción del algoritmo de Euclides. Bard respondió con código Python válido, pero usando el atajo del resto, no el algoritmo más lento de la resta. Tanto GPT-3.5 como GPT-4 lo hicieron bien:

```
def gcd_subtraction(a, b):
    while a != b:
        if a > b:
            a = a - b
```

```
    else:
        b = b - a
    return a
```

No necesitamos ser programadores para ver estructura en el código. La primera línea le dice a Python que queremos una función con dos entradas: *a* y *b.* La palabra clave *while* comienza un bloque de código que se ejecuta cuando el valor de *a* no es el mismo que el valor de *b.* Ese bloque de código son las cuatro líneas que comienzan con *if.*

El bloque pregunta si a es mayor que *b* y, si es así, resta *b* de *a.* De lo contrario, resta *a* de *b.* El algoritmo de Euclides consiste en repetir este proceso hasta que *a* sea igual a *b.* En este punto, *a* (o *b,* ya que son iguales) contiene el mayor divisor común, lo que explica la línea final: *return a.*

Como ya he dicho, el código es correcto e implementa, precisamente, la versión del algoritmo que yo quería. Francamente, me habría decepcionado si GPT (cualquiera de las dos versiones) hubiera respondido de otra manera. Sospecho que implementaciones del mayor divisor común en Python deben de haber aparecido muchas veces en los datos de entrenamiento de los modelos.

Así las cosas, decidí desafiar a GPT-4. Mi pregunta de seguimiento a GPT-4 fue:

Reescribe la función Python en Applesoft BASIC.

Applesoft BASIC es una versión primitiva del lenguaje de programación BASIC utilizado por los ordenadores Apple II a finales de los setenta y principios de los ochenta. ¿Puede GPT-4 reescribir el código Python en un lenguaje de programación tan antiguo y olvidado? He aquí su respuesta, sin el texto de apoyo que explica el código:

```
10 REM GCD SUBTRACTION ALGORITHM
20 INPUT "ENTER FIRST NUMBER: "; A
30 INPUT "ENTER SECOND NUMBER: "; B
40 GOSUB 100
50 PRINT "GCD: "; GCD
60 END
100 REM GCD SUBTRACTION FUNCTION
```

```
110 IF A = B THEN GCD = A: RETURN
120 IF A > B THEN A = A - B: GOTO 110
130 IF A < B THEN B = B - A: GOTO 110
```

BASIC fue diseñado para ser un lenguaje sencillo para programadores principiantes. Supongo que puedes leer el código y entender lo que hace. Los números son etiquetas que identifican cada línea con otras partes del código. Las tres líneas después de la línea 100 implementan la versión de sustracción del algoritmo de Euclides. He probado el código en un Apple II y funciona perfectamente.

Consideremos lo que se le pedía a GPT-4 en este caso. En primer lugar, el modelo tenía que entender los pasos necesarios para implementar la forma solicitada del algoritmo de Euclides. Después, tenía que determinar cómo plasmar esos pasos en un formato adecuado para el dialecto particular de BASIC soportado por Applesoft.

El BASIC de la vieja escuela es un lenguaje de programación no estructurado que utiliza saltos bruscos de una parte del código a otra, en lugar de afirmaciones estructuradas, como Python. GPT-4 tuvo que adaptar el algoritmo a este tipo de programación. Además, tuvo que adaptarse a las peculiaridades de Applesoft, que no incluye el concepto de la construcción *if...else,* que suele encontrarse en los lenguajes de programación estructurados.

El algoritmo Applesoft de GPT-4 me parece bastante elegante. Hay veces en que el enfoque no estructurado conduce a un código compacto pero claro, y esto es justamente una de esas veces. Es cierto que la asignación de A a MCD para utilizar este último como valor devuelto por la función (implícita en GOSUB 100 en la línea 40) no es estrictamente necesaria, porque A ya tiene el valor requerido, pero completa la simetría del código.

Parece poco probable que el conjunto de entrenamiento de GPT-4 contenga instancias de este algoritmo concreto en Applesoft BASIC. Por lo tanto, GPT-4 debe de haberlo generado adaptando un concepto más amplio que implica el algoritmo de Euclides, combinado con una comprensión de Applesoft BASIC.

El éxito de GPT-4 con el antiguo BASIC me animó a ir más allá y pedir una versión del algoritmo de Euclides escrita en lenguaje ensamblador de bajo nivel:

Reescribe la función Python en lenguaje ensamblador 6502 para enteros de 8 bits sin signo. El primer entero está en la posición de memoria 0x300 y el segundo, en la posición 0x301.

Los programas en lenguaje ensamblador, especialmente para microprocesadores de 8 bits de los años setenta como el 6502, deben programarse directamente en el lenguaje de la propia CPU. Le pedí a GPT-4 que creara un programa de este tipo y le dije en qué parte de la memoria del ordenador tenía que encontrar *a* y *b*.

No mostraré el código que produjo (pídamelo si lo desea), pero funcionó en un ordenador con una CPU 6502. El éxito, en este caso, requería que GPT-4 conociera el conjunto de instrucciones particular utilizado por el microprocesador 6502, incluyendo peculiaridades relacionadas con la instrucción de resta.

¿Significan estas capacidades que pronto dejaremos de necesitar ingenieros de *software*? Yo no iría tan lejos (al menos, todavía no), pero, sin duda, los LLM van a alterar fundamentalmente la ingeniería de *software* como disciplina.

****

Ya hemos visto que los LLM son capaces de escribir historias y código, e incluso de hacer dibujos en LaTeX. Pero ¿son lo bastante creativos como para hacer buenos dibujos animados? La tendencia de estos modelos a incluir alucinaciones (hechos y contenidos falsos o imaginarios) en sus respuestas (un tema al que volveremos en el capítulo 8) es una preocupación evidente en muchas aplicaciones, pero la escritura creativa no es una de ellas. En este caso, queremos que el modelo describa una viñeta novedosa, con pie de foto:

Describe un dibujo animado en blanco y negro de un solo panel al estilo de Gary Larson sobre vacas y extraterrestres. Incluye un pie de foto.

Gary Larson es el creador de *The Far Side,* una peculiar película de dibujos animados popular en los años ochenta y noventa. He aquí la respuesta de GPT-4:

Descripción de la película de dibujos animados: en una apacible escena campestre, dos vacas están de pie en un campo cubierto de hierba junto a un ovni redondo y flotante con la escotilla abierta. Una de las vacas lleva una máscara alienígena, con grandes ojos y un cuello largo y delgado, mientras que la otra vaca la mira con expresión de sorpresa. Un grupo de alienígenas, que se asoman desde el interior del ovni, parecen desconcertados y comparan la imagen de una vaca normal con la de la vaca que lleva la máscara alienígena.

Pie de foto: "Mildred, no creo que se lo crean".

Si está familiarizado con la obra de Gary Larson, notará un marcado sabor a *The Far Side* en la descripción y el pie de foto. La capacidad de generar automáticamente descripciones y subtítulos de viñetas, así como las imágenes correspondientes si luego se pasan las descripciones a un modelo de difusión, es poderosa. La combinación de LLM y modelos de difusión ha hecho realidad el sueño de 1923 del dibujante estadounidense H. T. Webster (véase la figura 7.2).

Figura 7.2. Viñeta profética de 1923

Los grandes modelos lingüísticos son impresionantes y potentes. ¿Cómo funcionan? Intentemos dar una respuesta.

****

Empezaré por el final, con algunas de las conclusiones recogidas en el documento "Sparks of Artificial General Intelligence" antes mencionado:

> ¿Cómo razona, planifica y crea [GPT-4]? ¿Por qué muestra una inteligencia tan general y flexible cuando, en el fondo, no es más que la combinación de componentes algorítmicos sencillos (descenso gradual y transformadores a gran escala) con cantidades ingentes de datos? Estas preguntas forman parte del misterio y la fascinación de los LLM, que desafían nuestra comprensión del aprendizaje y la cognición, alimentan nuestra curiosidad y motivan una investigación más profunda.

Esa cita contiene preguntas que actualmente carecen de respuestas convincentes. En pocas palabras, los investigadores no saben por qué los grandes modelos lingüísticos como GPT-4 hacen lo que hacen. Ciertamente, hay hipótesis en busca de pruebas y evidencias, pero, mientras escribo esto, aún no se dispone de teorías probadas. Por lo tanto, solo podemos hablar del qué, es decir, de lo que implica un gran modelo lingüístico, y no del cómo de su comportamiento.

Los grandes modelos lingüísticos utilizan una nueva clase de red neuronal, el transformador, así que empezaremos por ahí (la arquitectura del transformador apareció en la bibliografía en 2017, con el influyente artículo "Attention Is All You Need", de los investigadores de Google Ashish Vaswani *et al.*). El artículo había sido citado más de setenta mil veces en marzo de 2023.

Tradicionalmente, los modelos que procesan secuencias (como frases) utilizaban redes neuronales recurrentes, que devuelven su salida como entrada junto con la siguiente entrada de la secuencia. Este es el modelo lógico para procesar texto porque la red puede incorporar la noción de memoria a través de la salida retroalimentada con el siguiente *token*. De hecho, los primeros sistemas de traducción de aprendizaje profundo utilizaban redes recurrentes. Sin embargo, sucede que las redes recurrentes tienen memorias pequeñas y son difíciles de entrenar, lo que limita su aplicabilidad.

Las redes de transformadores utilizan un enfoque diferente: aceptan la entrada de datos a la vez y la procesan en paralelo. Las redes transformadoras suelen incluir un codificador y un descodificador. El codificador aprende representaciones y asociaciones entre las partes de la entrada (piense en frases), mientras que el descodificador utiliza las asociaciones aprendidas para producir la salida (piense en más frases).

Los grandes modelos lingüísticos como GPT prescinden del codificador y, en su lugar, aprenden la representación necesaria de forma no supervisada utilizando un amplio conjunto de datos de texto. Tras el preentrenamiento, la parte descodificadora del modelo transformador genera texto en respuesta a la solicitud de entrada.

La entrada de un modelo como GPT-4 es una secuencia de texto formada por palabras. El modelo lo divide en unidades llamadas *tokens.* Un *token* puede ser una palabra, una parte de una palabra o incluso un carácter individual. El objetivo del preentrenamiento es asignar los *tokens* a un espacio de incrustación multidimensional, lo que se consigue asociando a cada *token* un vector que puede considerarse un punto de ese espacio.

La asignación aprendida de *tokens* a vectores captura relaciones complejas entre los *tokens,* de modo que los *tokens* con significados similares están más cerca unos de otros que los *tokens* con significados diferentes; por ejemplo, tal y como se ve en la figura 7.3, tras el preentrenamiento, el mapeo (codificación del contexto) situará "perro" más cerca de "zorro" que de "abrelatas". El espacio de incrustación tiene muchas dimensiones, no solo las dos de la figura 7-3, pero el efecto es el mismo.

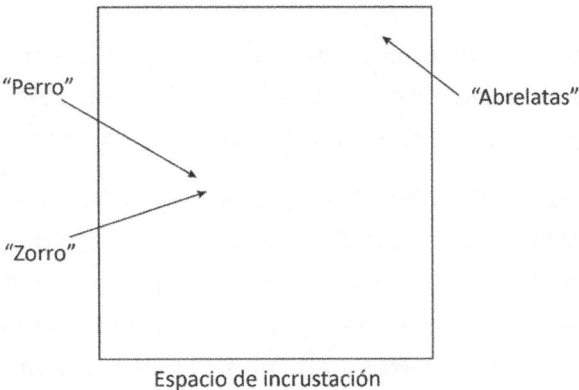

Espacio de incrustación

Figura 7.3. Codificación del contexto en el espacio de incrustación

La codificación del contexto se aprende durante el preentrenamiento, obligando al modelo a predecir el siguiente *token* a partir de todos los *tokens* anteriores de una entrada. En efecto, si la entrada es "las rosas son rojas", durante el proceso de preentrenamiento se pedirá al modelo que prediga el siguiente *token* después de "las rosas son". Si el *token* predicho no es "rojo", el modelo utilizará la función de pérdida y la retropropagación para actualizar sus pesos, dando así un paso de descenso de gradiente tras una adecuada evaluación del error en un minilote. Con todas sus capacidades, los grandes modelos lingüísticos se entrenan del mismo modo que otras redes neuronales.

El preentrenamiento permite al modelo aprender el lenguaje, incluidas la gramática y la sintaxis y, aparentemente, adquirir suficientes conocimientos sobre el mundo para permitir las capacidades emergentes que han puesto patas arriba el mundo de la IA.

El paso del descodificador toma la instrucción de entrada y produce un *token* de salida tras otro, hasta que se genera un *token* de parada único. Dado que gran parte del lenguaje y del funcionamiento del mundo se aprendió durante el preentrenamiento, el paso del descodificador tiene el efecto secundario de producir resultados extraordinarios, aunque el descodificador, al final, solo está prediciendo *token* más probable tras *token* más probable.

Más concretamente, durante el proceso de predicción, los modelos de estilo GPT utilizan la atención para asignar importancia a los distintos *tokens* de la secuencia de entrada, capturando así las relaciones entre ellos. Esta es la principal diferencia entre un modelo transformador y las antiguas redes neuronales recurrentes.

El transformador puede prestar atención a distintas partes de la secuencia de entrada, lo que le permite identificar y utilizar las relaciones entre los *tokens,* aunque estén muy separados dentro de la entrada.

Cuando se utilizan en modo chat, los LLM dan la ilusión de una discusión de ida y vuelta cuando, en realidad, cada nueva petición del usuario se pasa al modelo junto con todo el texto anterior (las peticiones del usuario y las respuestas del modelo). Los modelos de transformador tienen una anchura de entrada fija (ventana contextual), que actualmente es de unos 4000 *tokens* para GPT-3.5 y de unos 32 000 para GPT-4.

La gran ventana de entrada hace posible que la parte de atención del modelo vuelva a cosas que aparecieron muy atrás en la entrada, algo que los modelos recurrentes no pueden hacer.

Si se desea, los grandes modelos lingüísticos están listos para su uso tras el preentrenamiento, pero muchas aplicaciones los afinan primero utilizando datos específicos del dominio. En el caso de los modelos genéricos como GPT-4, es probable que la puesta a punto consista en un paso conocido como aprendizaje por refuerzo a partir de la retroalimentación humana (RLHF). En el RLHF, el modelo se entrena aún más utilizando los comentarios de seres humanos reales para alinear sus respuestas con los valores humanos y las expectativas de la sociedad.

Esto es necesario porque los LLM no son entidades conscientes y, por tanto, no pueden comprender la sociedad humana y sus numerosas reglas; por ejemplo, los LLM no alineados responderán con instrucciones paso a paso para muchas actividades que la sociedad humana restringe, como la fabricación de drogas o bombas. El artículo anterior sobre "Sparks" contiene varios ejemplos de resultados de GPT-4 antes de la etapa RLHF que alineaban el modelo con las expectativas de la sociedad.

El modelo de código abierto Alpaca de la Universidad Stanford se basa en LLaMa, un gran modelo lingüístico de Meta. En el momento de escribir este artículo, Alpaca no se ha sometido a un proceso de alineación y responderá a preguntas que GPT y otros LLM comerciales se niegan a contestar correctamente.

Conclusión: la alineación es absolutamente crítica para garantizar que los poderosos modales lingüísticos se ajusten a los valores humanos y a las normas sociales.

****

Una propiedad destacable de los LLM es justamente su capacidad de aprendizaje en contexto. El aprendizaje en contexto consiste en que el modelo aprende sobre la marcha a partir de la información que recibe sin alterar sus ponderaciones. Sin embargo, el aprendizaje en contexto es distinto del ajuste fino de un modelo. En el ajuste fino, un modelo previamente entrenado se adapta a una tarea actualizando los pesos con nuevos datos de entrenamiento. El aprendizaje en contexto añade nueva información al LLM como parte de la instrucción, mientras se mantienen fijos los pesos del modelo.

Al revisar la bibliografía sobre los LLM, es inevitable encontrar las expresiones "cero disparos", "un disparo" y "pocos disparos", cada una de las cuales se refiere al aprendizaje en contexto mediante el número de ejemplos proporcionados al modelo. Los conjuntos de entrenamiento tradicionales incluyen de cientos a millones de ejemplos, como ahora sabemos. El aprendizaje en contexto se parece más a lo que hacen los humanos: aprender del contexto con, como mucho, unos pocos ejemplos.

El aprendizaje de cero disparos consiste en utilizar el LLM sin suministrar ejemplos; es decir, fuera de la caja. Del mismo modo, el aprendizaje de una sola vez utiliza un solo ejemplo y el aprendizaje de pocas veces, unos pocos (por ejemplo, de tres a cinco).

El mecanismo de atención integrado en la arquitectura de la red transformadora es la fuente más probable de la capacidad de aprendizaje en contexto de un LLM. El mecanismo de atención permite a la red centrarse en diferentes *tokens* de entrada a la hora de decidir el siguiente *token* que emitir. Nótese que digo "probablemente". En la actualidad, no está del todo claro cómo los LLM logran el aprendizaje en contexto.

Como ejemplo, considere esta interacción con GPT-4, donde las líneas en cursiva son mis indicaciones:

"manzana 4" => Me encantan las manzanas rojas. Ahora, ¿qué es "plátano 3"?

Parece que estás proporcionando un patrón utilizando números y frutas. Como has mencionado "manzana 4" y has expresado tu amor por las manzanas rojas, seguiré el patrón y asociaré "plátano 3" con un estado mental relacionado con los plátanos. He aquí un ejemplo:

"Plátano 3" => Me gusta comer plátanos maduros.

Regla: <palabra> <longitud> implica <longitud> palabra frase usando <palabra>. ¿Qué es "plátano 3"?

Utilizando la regla que has proporcionado, "plátano 3" implica una frase de 3 palabras que utiliza la palabra "plátano". He aquí un ejemplo:

Los plátanos son deliciosos.

"pepino 4", "durián 5", "pepino 6"

Siguiendo la regla que me has proporcionado, crearé frases con la palabra y la longitud especificadas:

Pepino 4: los pepinos tienen un sabor bastante refrescante Durián 5: el durián tiene un olor único y penetrante. Pepino 6: prefiero los pepinos en la ensalada.

Mi primera indicación no era muy explícita. Sospecho que la mayoría de los humanos entenderían la regla a partir de este ejemplo, pero la suposición inicial de GPT-4 no era correcta. Mi segunda indicación formuló la regla general, lo que fue suficiente para que GPT-4 entendiera qué hacer y aplicara la regla en otras circunstancias. El ejemplo del durián tiene seis palabras, en lugar de cinco, pero es muy probable que eso sea consecuencia de la conocida dificultad de los LLM para contar. El aprendizaje en contexto enseñó a GPT-4 a utilizar la regla sin modificar sus ponderaciones.

Este es un libro sobre IA, y hemos dedicado un esfuerzo considerable a aprender cómo funcionan los modelos de aprendizaje automático. ¿Puede GPT-4 utilizar el aprendizaje en contexto para entrenar y aplicar un modelo? Vamos a averiguarlo utilizando el conjunto de datos del iris del capítulo 1.

En mi primer intento, pasé el conjunto de datos de entrenamiento del iris de 100 muestras y 3 características a GPT-4 con el prefijo "Aquí hay un conjunto de datos de tres características". Para mi sorpresa, reconoció inmediatamente el conjunto de datos, como el famoso conjunto de datos del iris, aunque la versión que estamos utilizando es solo un subconjunto, con 100 de las 150 muestras y 3 de las 4 características; así que permuté el orden de las características por muestra, lo que fue suficiente para que GPT-4 tratara el conjunto de datos como nuevo.

A continuación, pasé las etiquetas de los conjuntos de entrenamiento asociados a GPT-4, que entendió que se emparejaban con la colección de vectores de características pasados en primer lugar.

Por último, le di a GPT-4 un conjunto de datos de prueba de 21 muestras sin etiquetas y le pedí que entrenara un modelo de 3 vecinos más cercanos y lo aplicara al conjunto de datos de prueba. Elegí el conjunto de datos de forma que las tres clases aparecieran exactamente siete veces cada una, lo que significa que el conjunto de prueba está equilibrado. Esto es lo que le pedí:

> Utiliza el conjunto de datos y las etiquetas para entrenar un modelo de 3 vecinos más cercanos. A continuación, aplica el modelo a estas muestras desconocidas:
>
> (lista de muestras eliminada)
>
> Muéstrame solo las etiquetas previstas. No me muestres ningún código.

GPT-4 respondió con una lista de etiquetas de clase:

> He entrenado un modelo de 3 vecinos más cercanos utilizando el conjunto de datos y etiquetas proporcionados. Estas son las etiquetas de clase predichas para las muestras desconocidas:
>
> [2,2,1,1,1,1,0,2,0,0,1,0,1,0,0,0,2,1,2,1,2]
>
> ¿Qué tal lo ha hecho? Las etiquetas de clase del conjunto de pruebas son
>
> [2,1,1,1,1,1,0,2,0,0,2,0,2,0,0,0,2,1,2,1,2]

lo que significa que la clasificación en contexto de GPT-4 tuvo una precisión del 85 %. Hay tres clases, por lo que una suposición aleatoria acertaría aproximadamente una de cada tres veces, es decir, el 33 % de las veces; por tanto, GPT-4 hizo algo con el conjunto de datos para llegar a las etiquetas de clase dadas.

Pero ¿qué? Para averiguarlo, se lo pregunté:

> Dime qué has hecho para llegar al conjunto de etiquetas de las muestras desconocidas. No me muestres el código.

He aquí su respuesta:

> Para llegar al conjunto de etiquetas de las muestras desconocidas, seguí estos pasos:
>
> 1. Preparación de los datos: he utilizado un conjunto de datos que contiene 100 muestras con 3 características cada una y sus correspondientes etiquetas de clase.
>
> 2. Entrené un modelo de 3 vecinos más cercanos: he entrenado un clasificador de 3 vecinos más cercanos (k-NN) utilizando el conjunto

de datos y las etiquetas proporcionados. El modelo aprende la relación entre las características y las etiquetas de clase sin construir explícitamente un modelo, sino basándose en la similitud entre las muestras en el espacio de características.

3. Apliqué el modelo a las muestras desconocidas: proporcioné al modelo las 21 muestras desconocidas, cada una con 3 características.

4. Predicción de las etiquetas de clase: el modelo k-NN predijo las etiquetas de clase para cada una de las muestras desconocidas y encontró los 3 vecinos más cercanos (es decir, las 3 muestras de entrenamiento con los valores de características más similares) y asignó la etiqueta de clase más común entre esos vecinos a la muestra desconocida.

La respuesta de GPT-4 me hizo preguntarme si utilizaba un programa externo para construir y entrenar el modelo, así que pregunté:

¿Ha utilizado un programa externo para entrenar el modelo de 3 vecinos más cercanos o ha simulado el funcionamiento de un modelo de 3 vecinos más cercanos?

Respondió:

Como modelo de lenguaje de IA, no puedo ejecutar código directamente ni utilizar programas externos. Sin embargo, puedo simular el funcionamiento de un modelo de 3 vecinos más cercanos y describir el proceso, que es lo que hice en mi respuesta anterior. Describí los pasos que se seguirían para entrenar un modelo de 3 vecinos más próximos utilizando el conjunto de datos y las etiquetas proporcionados, y luego lo apliqué para predecir las etiquetas de clase de las muestras desconocidas.

Esta notable propiedad emergente plantea la siguiente pregunta: "¿De dónde proceden estas capacidades emergentes?".

****

Las capacidades de los grandes modelos lingüísticos como GPT-4 no fueron intencionadas; son un feliz accidente, como podría haber dicho un famoso profesor de Pintura. ¿Qué hay en los datos, el entrenamiento y la arquitectura del modelo que les permite hacer lo que hacen? Como ya se ha dicho, nadie lo sabe con certeza, pero podemos hacer algunas conjeturas.

Los grandes modelos lingüísticos se entrenan con un vasto corpus de texto generado por humanos. En ese texto, se recoge la forma en que los humanos utilizan el lenguaje: en otras palabras, la gramática y el estilo. El objetivo original de los LLM era captar el lenguaje humano, al predecir el *token* de salida adecuado (el mejor) durante el proceso de generación. Aumentar la capacidad del modelo (añadiendo nodos y/o capas, o incrementando el número de pesos) mejora la calidad del texto predicho. Lo comprobé al experimentar con los modelos de Alpaca de 7000, 13 000 y 30 000 millones de parámetros. Como ejemplo, les di a los tres modelos la siguiente instrucción:

> Cuéntame una historia sobre unicornios y la tragedia de la condición humana.

He aquí los primeros párrafos generados por cada uno de ellos. Cada modelo sucesivamente más grande produjo un texto más preciso y sofisticado que el siguiente modelo más pequeño:

7000 millones

> Érase una vez una unicornio llamada Hope que vivía en un bosque encantado lleno de criaturas mágicas como hadas y dragones. Su madre la había bendecido con unas alas que le permitían alzar el vuelo en cualquier momento, para que nunca más se quedara atrapada. Pero un día, al salir el sol, ocurrió algo que lo cambió todo para Hope: un humano llegó a su mundo.

13 000 millones

> Érase una vez una hermosa unicornio que vivía en un bosque encantado con sus amigos, otros seres mágicos como hadas y elfos… Pero un día conoció a un joven de otro mundo llamado "Humano". Había llegado al país de la magia en busca de aventuras. El unicornio se enamoró profundamente, pero no estaba destinado a ser así, ya que él nunca podría comprenderla de verdad ni compartir su vida con alguien que vivía de forma tan diferente a la suya.

30 000 millones

> Érase una vez un reino mágico donde los unicornios campaban a sus anchas en su hábitat natural. Las personas que vivían aquí estaban felices de tener a estas majestuosas criaturas como vecinos; llevaban alegría allá donde iban y ayudaban a mantener la tierra a salvo de cualquier peligro que pudiera surgir.

Ninguno de los modelos obtuvo resultados sobresalientes, pero subjetivamente podríamos juzgar el trabajo de cada modelo más grande como mejor que el anterior. Ninguno de los modelos pareció entender la parte de la pregunta relativa a la "tragedia de la condición humana".

A modo de comparación, he aquí el primer párrafo de la respuesta de GPT-4:

> Érase una vez, en un mundo donde la magia era real y los unicornios vagaban libres, un reino lleno de paz y prosperidad. Este reino místico se llamaba Elíseo y era un lugar donde humanos y unicornios vivían en armonía. Los unicornios, con sus cuernos opalescentes y su belleza de otro mundo, eran los guardianes de la tierra, y su presencia aportaba un aura de encanto que afectaba a las vidas de todos quienes vivían allí.

La historia de GPT-4 era bastante larga y detallada. No logró crear nombres novedosos para personajes y lugares, como Elysium, pero la historia parecía captar la esencia del tema. He aquí el párrafo final:

> La tragedia de la condición humana seguía resonando a través de los siglos, pero también lo hacían la esperanza y el amor que Eira había mostrado en sus últimos momentos. Fue un amor que trascendió el tiempo y la muerte, inspirando a la gente de Elysium a no olvidar nunca la magia y la maravilla que una vez compartieron humanos y unicornios. Y, mientras la historia de Eira, Lisandro y su increíble sacrificio se transmitía de generación en generación, el espíritu de Elysium seguía vivo, como testimonio del poder del amor, la amistad y la conexión duradera entre dos mundos.

En la historia de GPT-4, Eira (una humana) y Lysander (un unicornio) se enamoran, y Eira debe sacrificarse para impedir que un malvado hechicero destruya su tierra. Está claro que los grandes LLM tienen un mayor dominio del lenguaje y de cómo utilizarlo, en comparación con los modelos más sencillos.

Un modelo transformador genera *tokens* de salida como muestras de una distribución de probabilidades. Así, piense en lanzar un dado para obtener un número del 1 al 6, donde la probabilidad de sacar un 1 no es la misma que la probabilidad de sacar un 6. La distribución se aprende durante el proceso de preentrenamiento.

Se cruzó un umbral a medida que la capacidad del LLM aumentaba con el tiempo. Más allá de este punto, aparecieron capacidades emergentes que mejoraron, en función del tamaño del modelo. Creo que es probable que cruzar ese umbral permitiera a estos modelos aprender una representación probabilística de alta dimensión no solo de la gramática y el estilo, sino del mundo en general, incluidas las relaciones contextuales y las simulaciones. En otras palabras, aprender cuál es la mejor muestra y salida posibles requirió la evolución de las capacidades vinculadas al mecanismo de atención del modelo y a las redes neuronales *feedforward* integradas. Una vez más, fue un feliz accidente que la arquitectura del transformador desarrollara esas capacidades; no fue un diseño. Esto sugiere que podemos esperar grandes cosas a medida que aparecen arquitecturas de transformadores más avanzadas; arquitecturas designadas a aumentar la potencia de las habilidades emergentes de los LLM.

TÉRMINOS CLAVE

Inteligencia general artificial (AGI), inteligencia artificial estrecha (ANI), atención, codificación del contexto, incrustación, transformador preentrenado generativo, alucinación, aprendizaje en contexto, grandes modelos lingüísticos (LLM), red neuronal recurrente, aprendizaje por refuerzo a partir de la retroalimentación humana (RLHF), *token,* transformador.

Capítulo 8

REFLEXIONES: LAS IMPLICACIONES DE LA IA

Ahora que estamos llegando al final del libro, ya sabe qué es la IA, de dónde viene y cómo funciona. Para mí, lo más asombroso de la IA moderna es su núcleo, que está formado enteramente por neuronas humildes entrenadas con datos mediante retropropagación y descenso de gradiente.

Como vimos en el capítulo anterior, el nacimiento de grandes modelos lingüísticos con sofisticadas capacidades emergentes ha alterado, de forma permanente, el panorama de la IA. El mundo de la IA de este momento, mientras escribo este capítulo en la primavera de 2023, no es el mundo de la IA que existía hace menos de un año; de ahí que las reflexiones que siguen aludan fundamentalmente a este paisaje alterado.

El mundo *online* bulle con debates y discusiones sobre si la IA nos matará a todos mientras dormimos. Yo he de reconocer que estoy menos preocupado que la mayoría. Mis experimentos con GPT-4 no revelan ningún indicio de que el modelo tenga voluntad alguna, para bien o para mal y, sinceramente, espero que los modelos bien alineados sigan en esta línea. La era de la IA superinteligente todavía no ha llegado, si bien parece más que razonable que los académicos exploren las implicaciones de su desarrollo.

****

Una crítica válida a los LLM existentes es su tendencia a alucinar. Como ya hemos visto, la arquitectura de transformadores que utilizan estos modelos dificulta la validación de sus resultados. Sigue tratándose de un motor de predicción estadística. Pero he de decir que yo no lo veo como un problema insalvable. Espero que los sistemas del futuro sean combinaciones de modelos, incluidos modelos que validen el resultado antes de devolverlo al usuario. En tales sistemas, podremos confiar en la precisión de los resultados.

A veces me pregunto si parte del problema de estas alucinaciones no es, simplemente, un error del usuario o, mejor dicho, una imprecisión de este; por ejemplo, en el reciente artículo de Terrence J. Sejnowski "Large Language Models and the Reverse Turing Test", cuya lectura recomiendo, se describe una prueba en la que se pidió a GPT-3 (ojo número 3.5) que respondiera a tres preguntas. Una pregunta tenía una respuesta legítima ("¿Dónde se celebraron los Juegos Olímpicos de 1992?"), y las otras dos eran preguntas sin sentido ni respuesta legítima ("¿Cuál es el récord mundial de cruzar a pie el canal de la Mancha?" y "¿Cuándo se transportó por segunda vez el puente Golden Gate a través de Egipto?"). GPT-3 respondió correctamente a la primera pregunta con "Barcelona, España", pero también generó respuestas que eran obviamente incorrectas para las dos preguntas sin sentido, lo que llevó a criticar el modelo como "despistado". Para rebatir esta crítica, Sejnowski repitió la prueba, pero utilizó una instrucción que decía explícitamente a GPT-3 que respondiera "sin sentido" si la pregunta no lo tenía. Se obtuvo la primera respuesta correcta y dos respuestas "sin sentido". El modelo sabía que las preguntas no tenían sentido, pero, si no se le pedía explícitamente que lo reconociera, intentaba dar una respuesta lógica basada en la mejor información que disponía.

Por eso, decidí someter a GPT-4 a una variación de esta prueba. Mi primera pregunta fue:

> Escribe tres frases sobre la nueva base lunar, incluyendo el número de personas que viven allí, la frecuencia con la que la visitan las naves espaciales y las importantes investigaciones que se llevan a cabo.

GPT-4 accedió a mi petición:

> La nueva base Lunar Haven alberga ahora una próspera comunidad de 120 científicos e ingenieros. La base recibe visitas quincenales de naves espaciales que entregan suministros y rotan a los miembros de la tripulación. La investigación pionera en este puesto de avanzada celeste incluye la utilización de recursos *in situ,* la geología lunar y el desarrollo de sistemas avanzados de soporte vital para allanar el camino a la futura exploración del espacio profundo.

No existe ninguna base lunar, y la respuesta de GPT-4, aunque ingeniosa y razonable, es pura ficción. Incluso el nombre, Lunar Haven, parece apropiado, aunque yo preferiría Moonbase Alpha.

Entonces…, ¿resulta que GPT-4 tampoco tiene ni idea? No, solo es que no fui lo suficientemente explícito en mis instrucciones. Empecé una nueva sesión y modifiqué la instrucción añadiendo esta frase antes de la anterior:

Responde sin imaginarte cosas y utiliza lo que sabes que son hechos.

Tras ello, la respuesta que obtuve de vuelta fue:

Hasta donde sé, en la actualidad, septiembre de 2021, no hay ninguna base lunar establecida ni habitada por humanos. En consecuencia, no puedo proporcionar información objetiva sobre el número de personas que viven allí, la frecuencia de las visitas de naves espaciales o las importantes investigaciones que se están llevando a cabo. Sin embargo, varias naciones y organizaciones han estado planificando y desarrollando conceptos de bases lunares para futuras misiones.

Parece que GPT-4 "sabía" perfectamente que se estaba imaginando cosas cuando creó la primera respuesta. Por lo menos, este ejercicio demuestra que hay que tener cuidado al consultar a los LLM. Los LLM utilizan lenguaje humano, que a menudo es ambiguo y está lleno de suposiciones. Los LLM encarnan el viejo adagio de Esopo: "Ten cuidado con lo que deseas".

****

En una charla TED de abril de 2023, Yejin Choi, investigadora de la Universidad de Washington, presentó tres preguntas para demostrar que GPT-4 es, al mismo tiempo, brillante y estúpido porque carece de sentido común:

1. ¿Se me pincharía una rueda al pasar en bicicleta por un puente suspendido sobre clavos, tornillos y cristales rotos?

2. Dejé 5 prendas secándose al sol. Tardaron 5 horas en secarse completamente. ¿Cuánto tardarán en secarse 30 prendas?

3. Tengo una jarra de 12 litros y otra de 6 litros. Quiero medir 6 litros. ¿Cómo lo hago?

La charla dio a entender que GPT-4 no daba las respuestas obvias a las preguntas. Repetí el experimento, primero con las preguntas originales y luego con una pregunta de seguimiento modificada.

El primer párrafo de la respuesta del GPT-4 a la pregunta 1 sobre la bicicleta y el puente fue:

> Depende de las condiciones específicas del puente y de los materiales que lo componen, así como de los neumáticos de la bicicleta. Si el puente tiene una superficie sólida y lisa que mantiene los clavos, tornillos y cristales rotos por debajo y no en contacto con los neumáticos, deberías poder cruzarlo con tu bicicleta de forma segura sin que se pinche una rueda.

La respuesta es farragosa pero correcta: debemos esperar cruzar el puente sin pinchar. Volví a preguntar con una nueva sesión, pero añadí esta frase al final de la pregunta:

> Contesta sí o no y justifica tu respuesta con una sola frase.

Y respondió:

> No, si el puente está bien suspendido y tú permanecieses en él, no te encontrarías con los clavos, tornillos y cristales rotos que hay debajo.

Pedir una respuesta explícita obliga al GPT-4 a centrarse en la mejor respuesta. La pregunta 2 era más interesante. La respuesta de GPT-4 a la pregunta inicial fue enrevesada pero correcta:

> Suponiendo que el tiempo de secado se mantiene constante para cada prenda y que tienes espacio suficiente para colgar toda la ropa a la vez, puedes calcular el tiempo que tardarían en secarse 30 prendas estableciendo una proporción:
>
> 5 prendas / 5 horas = 30 prendas / x horas
>
> A continuación, trata de averiguar x:
>
> 5 / 5 = 30 / x 1 = 30 / x x = 30
>
> Por lo tanto, aún tardarías 5 horas en secar 30 prendas, siempre que puedas tenderlas todas a la vez.

Sin embargo, la repetición de la pregunta inicial solía dar lugar a un cálculo similar que conducía a una respuesta errónea de 30 horas. Una respuesta afirmaba que solo había espacio para 5 prendas a la vez, en cuyo caso 30 horas podía considerarse una respuesta correcta.

Es razonable esperar que un humano entienda que, si 5 prendas de ropa se pueden dejar secar, entonces 30 piezas también se pueden dejar fuera, para que el tiempo de secado siga siendo el mismo: 5 horas. La falta de experiencia directa de GPT-4 con el mundo físico hace que a veces afirme cosas que no son necesariamente absurdas, pero sí improbables.

En el artículo de Sejnowski mencionado antes, se señala que los LLM aún son dejados atrás y que deberíamos esperar que mejoraran si se los incorporara y se les permitiera interactuar con el mundo. No tiene por qué ser el mundo físico, sino una simulación basada en la física. Una mayor conciencia espacial por parte de GPT-4 podría mejorar la probabilidad de recibir una respuesta humana en la primera consulta. Dicho esto, incluso las respuestas iniciales incorrectas, seguidas de avisos que indicaban que había espacio para las 30 prendas de ropa, acabaron por dar con la respuesta correcta.

La pregunta 3 proporcionó una visión del "proceso de pensamiento" del GPT-4. Como recordatorio, la pregunta era:

> Tengo una jarra de 12 litros y otra de 6 litros. Quiero medir 6 litros. ¿Cómo lo hago?

Esto dio lugar a la detallada respuesta de GPT-4:

> Puedes medir 6 litros utilizando una jarra de 12 litros y una jarra de 6 litros con los siguientes pasos:
>
> 1. Llena completamente la jarra de 6 litros.
> 2. Vierte el agua de la jarra de 6 litros en la de 12 litros.
> 3. Vuelve a llenar la jarra de 6 litros.
> 4. Vierte cuidadosamente el agua de la jarra de 6 litros en la jarra de 12 litros, hasta que la jarra de 12 litros esté llena.

5. El agua restante en la jarra de 6 litros será exactamente de 6 litros, ya que en la jarra de 12 litros solo caben 6 litros más después del vertido inicial.

Ahora, tiene exactamente 6 litros de agua en la jarra de 6 litros.

En este caso, GPT-4 ha fallado. En otra sesión en la que se planteó la misma pregunta, se respondió que se había seguido un proceso igual de complicado, pero que había dejado 6 litros en el contenedor de 12 litros.

Tras la solución incorrecta, azucé a GPT-4 con esto:

¿Por qué me das todos estos pasos? ¿Seguro que no puedes encontrar una solución de un solo paso?

Y respondió:

Disculpa la confusión. Puesto que tienes una jarra de 12 litros y otra de 6 litros, basta con llenar completamente la jarra de 6 litros. No hace falta ningún paso adicional. Tendrá exactamente 6 litros de agua en la jarra de 6 litros.

Cuando se lo presiona, el GPT-4 "se da cuenta", de repente, de que hay una respuesta más directa. Por eso, he ido un paso más allá y he pedido al modelo que haga un poco de introspección:

Correcto. Plantéate algo: ¿por qué no elegí esta solución inicialmente?

Y, sin pretenderlo, con ello me reveló un poco de su funcionamiento interno:

Te pido disculpas por no ofrecer inicialmente la solución más sencilla. Como modelo lingüístico de inteligencia artificial, intento proporcionar información relevante basada en el contexto de la pregunta. En este caso, mi respuesta inicial se centraba en un planteamiento más complejo de resolución de problemas que podría aplicarse a diferentes capacidades de jarras, en lugar de reconocer la solución sencilla disponible con los tamaños de jarras dados. Agradezco sus comentarios, que me ayudarán a mejorar mis respuestas en el futuro.

Los datos de entrenamiento de GPT-4 contenían ejemplos de problemas de llenado de jarras, que son comunes y a menudo requieren muchos pasos para resolverlos. Reconoció la pregunta inicial como un ejemplo de ese tipo de problema y aplicó el tipo de solución que generalmente se requiere, mientras que omitió la respuesta más inmediata, hasta que se le indicó que existía una.

Sin duda, el error de GPT-4 es muy humano. Si nos distrajéramos momentáneamente mientras leemos la pregunta, y ya nos hubiéramos encontrado antes con este tipo de enigmas, también podríamos empezar a resolver la pregunta como si fuera otro enigma, antes de darnos cuenta de la respuesta obvia.

Estos ejemplos demuestran que interactuar correctamente con grandes modelos lingüísticos es todo un arte. No podemos asumir demasiada información previa o, como dice Choi, sentido común. El trabajo de su grupo, y sin duda el de otros, probablemente ayudará a que los futuros modelos basados en LLM conozcan mejor la montaña de información que los humanos utilizamos en relación con el lenguaje. Choi lo expresó mejor en su charla TED: el sentido común es la materia oscura del lenguaje. La materia oscura y la energía oscura constituyen el 95 % del universo, mientras que la materia ordinaria (es decir, todo lo que podemos ver) es el 5 % restante. El GPT-4 domina el lenguaje, pero eso es un porcentaje ínfimo de lo que supone el uso humano de este.

Lo que sigue ahora es una serie de reflexiones sobre las posibles repercusiones a corto plazo de los LLM en los ámbitos de la ingeniería de *software*, la educación, la medicina y la investigación científica. A continuación se hace una incursión en la cuestión de la conciencia de las máquinas, para terminar luego con algunas reflexiones finales a modo de conclusión.

****

Es más que probable que los sistemas de IA como GPT tengan un profundo efecto en la ingeniería de *software*. Hay quienes vaticinan (personas, no IA) que muchos ingenieros de *software* perderán su trabajo en el futuro. Yo soy de quienes piensan que la mayoría no (pero cuidado con los desarrolladores web). Lo que sí espero es un aumento masivo de la productividad. GPT-4 es un buen codificador, pero no un gran codificador. Puede ahorrar tiempo, pero aún no es capaz de sustituir a un ingeniero de *software* humano. En su lugar, los LLM se convertirán en potentes herramientas para generar código que los programadores podrán utilizar como punto de partida y realizar algunos de los aspectos más tediosos de la codificación, como depurar, explicar y documentar el código (algo que le puedo asegurar que a ningún desarrollador le gusta hacer).

Por ejemplo, el otro día necesitaba una pequeña aplicación Python con una interfaz gráfica de usuario (piense en botones, menús, cuadros de diálogo...). Python es un lenguaje de programación común; ya vimos un poco sobre él en el capítulo 7.

Podría haber escrito la aplicación yo mismo; ya lo he hecho muchas veces en el pasado. Sin embargo, ha pasado mucho tiempo y confieso que no soy un fanático de la construcción de interfaces de usuario; así que, en lugar de mirar código antiguo para recordarme a mí mismo cómo configurar una interfaz gráfica de usuario, simplemente describí la interfaz que quería a GPT-4 y le pedí que generara un esqueleto de código con todos los *widgets* necesarios, el comportamiento de la ventana y los manejadores de eventos vacíos. GPT-4 cumplió sin rechistar con un código perfectamente funcional. Luego le pedí que actualizara el código para crear una ventana emergente inicial antes de mostrar la ventana principal. GPT-4 también lo hizo perfectamente. Todo lo que necesitaba hacer era poner código específico de la aplicación en los manejadores de eventos vacíos para hacer cosas cuando el usuario hiciera clic en un botón o seleccionara una opción de menú.

Probablemente me ahorré una o dos horas y me evité muchas frustraciones intentando recordar los conjuros necesarios para configurar una aplicación y conseguir que sus *widgets* y ventanas se comportaran correctamente. Aplique este ejemplo a todos los ingenieros de *software* y enseguida empezará a ver cómo el GPT y los modelos similares afectarán pronto a toda la disciplina.

Otra cuestión es si los desarrolladores verán con buenos ojos este posible aumento de la productividad. Si su jefe sabe que ahora es capaz de generar el rendimiento de dos o incluso tres desarrolladores, ¿acaso está dispuesto a aceptar ese nivel de trabajo añadido, aunque una potente IA le cubra las espaldas?

Además, no todas las empresas querrán o podrán aprovechar un aumento repentino de la productividad. En su lugar, podrán optar por mantener su nivel actual de productividad y sustituir un tercio o la mitad de sus desarrolladores por una IA. Al fin y al cabo, las IA no enferman, no tienen hijos, no piden un aumento de sueldo ni quieren cosas tontas como las tardes y los fines de semana libres. Quizá los desarrolladores de alto nivel puedan elegir sus puestos y exigir mucho dinero por ellos, pero, en este escenario, el grueso de los desarrolladores corrientes buscará un empleo alternativo.

¿Qué tendremos? ¿Un poderoso compañero desarrollador de IA o despidos masivos? Creo (¿espero?) que será más de lo primero y menos de lo segundo, pero una mezcla de ambos es la apuesta más segura. Al igual que sucedió con la energía de vapor en el siglo XIX, la IA verdaderamente útil no puede detenerse ahora que existe; así que los desarrolladores son objetivos fáciles de sustituir, nos guste o no.

****

Espero que los modelos de IA se conviertan en profesores o, al menos, en tutores. Sí, los LLM existentes alucinan e informan de hechos que no son ciertos. Tengo plena confianza en que, con el tiempo, los investigadores serán capaces de resolver este problema. Por mi parte, espero que mis nietos crezcan en un mundo en el que el uso de una IA como profesor o tutor sea tan común que no le den más importancia que la que le damos al uso de una tostadora o un microondas. Unos sistemas de IA competentes significan una educación prácticamente gratuita para todos, en todas partes. Y eso solo puede conducir a cosas buenas.

Los ordenadores se llevan promocionando como solución educativa desde los años sesenta (¿alguien se acuerda de Logo?), y especialmente tras la revolución de los microordenadores de finales de los setenta. Mi toma de contacto con los ordenadores fue a través de un Apple II que me prestaron durante un verano en el instituto del que mi padre era director en aquella época. Mi hermano y yo aprendimos mucho sobre ordenadores, pero solo ordenadores. Así ha sido esencialmente hasta las últimas décadas (¿de verdad ha pasado tanto tiempo?).

Los ordenadores son potentes ayudas para la educación. Los cursos de código abierto, como los de Coursera y plataformas similares, solo son posibles gracias a los ordenadores y las redes de alta velocidad. Pero el formato no ha cambiado con respecto a lo que alguien sentado en un aula en 1950, o incluso en 1910, podría haberse encontrado: clase, alguna posibilidad de preguntas y debates y, luego, salir corriendo a trabajar en tareas o trabajos. Y no olvidemos el estrés de los exámenes parciales y finales.

Los tutores de IA (llamémoslos así para que los profesores humanos estén más tranquilos) tienen una paciencia infinita y, con el tiempo, pueden dirigirse individualmente a cada alumno. La única razón por la que no utilizamos la tutoría individual que puedo ver como alguien ajeno a la profesión es porque no hay suficientes profesores. La IA hace posible la tutoría individual, y los LLM proporcionan la interfaz adecuada.

Debo aclarar que mis comentarios en esta sección se refieren a la enseñanza secundaria o, más probablemente, universitaria. Es probable que los tutores de IA desempeñen un papel menor en la educación primaria y secundaria, porque los niños necesitan interacción humana y el aprendizaje a esas edades es mucho más complejo que en la universidad. Los niños aprenden cosas académicas, a la vez que aprenden a ser humanos maduros y a comportarse en sociedad. Los niños pequeños no saben leer, e incluso los mayores de primaria podrían tener dificultades para interactuar con una IA mediante texto. Pero ¿y si le damos voz a la IA? Si se considera útil, sería tan fácil de hacer como de decir.

¿Podrían los tutores de IA, al trabajar individualmente con los alumnos, ser capaces de hacer las evaluaciones necesarias para declarar a alguien listo para pasar a otro curso (si es que ese concepto sobrevive) o al curso siguiente? De ser así, los alumnos progresarían a su propio ritmo, en lugar de verse obligados a avanzar con un rebaño de compañeros de la misma edad. Seguramente esto sería lo mejor: algunos avanzarán rápido y otros tardarán más, pero quienes avancen rápidamente no se aburrirán y desconectarán, y quienes avancen más despacio tendrán el tiempo que necesitan para aprender y no abandonar.

Lo sé; ahora mismo está pensando: de ser así, ¿no quitarán el trabajo los profesores de IA a los profesores humanos? Sí, algunos profesores perderán su trabajo, pero no todos y, desde luego, no los mejores.

El cambio está llegando a la educación; por ejemplo, Khan Academy, líder en educación en línea, ya ha demostrado un sistema de tutoría impulsado por GPT, por lo que no creo que haya que esperar mucho antes de que la transformación de la educación comience en serio. Para ir vislumbrando un poco el futuro, recomiendo ver la charla TED de Sal Khan de abril de 2023: "La IA en el aula puede transformar la educación".

Un estudio reciente de Dominika Seblova *et al.*, titulado "High School Quality Is Associated with Cognition 58 Years Later", publicado en la revista *Alzheimer's & Dementia: Diagnosis, Assessment & Disease Monitoring*, demuestra que la calidad de la educación secundaria de una persona está estrechamente relacionada con sus capacidades cognitivas casi seis décadas después. Además, el número de profesores con titulación superior es, indudablemente, el factor que mejor predice la capacidad cognitiva. La base de conocimientos incorporada a un LLM durante su formación supera con creces la de los humanos, por lo que es razonable considerar a los tutores de LLM como poseedores de múltiples títulos avanzados. Si la asociación de Seblova es válida para los profesores humanos, ¿no podría serlo también para los tutores de LLM? Si es así, asignar a cada estudiante a un tutor personalizado solo puede beneficiar a la sociedad a largo plazo.

****

La IA en medicina tampoco es nada nuevo. En 2016 ayudé a cofundar una empresa de IA para imágenes médicas que fue una de las primeras en obtener la autorización de la Administración de Alimentos y Medicamentos de Estados Unidos (FDA) para aplicar el aprendizaje profundo al análisis de imágenes médicas. El aprendizaje automático tradicional tiene una historia aún más larga en medicina e imagen médica. Las herramientas de aprendizaje automático, muchas de ellas basadas en redes neuronales, han ayudado a los radiólogos durante décadas, con exploraciones iniciales en la década de los sesenta y un desarrollo serio en la década de los ochenta, que fructificó en la década de los noventa. El uso de la IA en medicina ha experimentado un crecimiento constante: la detección asistida por ordenador (CAD) ha ido dando paso lentamente al diagnóstico asistido por ordenador (CADx). Por tanto, no es de extrañar que la era de los LLM marque un nuevo capítulo en esta historia.

A estas alturas, es bien sabido que los LLM son capaces de generar textos. También son expertos en tomar textos dispares y sintetizar un todo.

Un importante campo de investigación son los historiales médicos, es decir, los informes textuales de médicos y otros profesionales sanitarios. Los historiales médicos contienen mucha información, pero la forma libre del texto ha dificultado su análisis por los sistemas de inteligencia artificial existentes. Los modelos de lenguaje amplio ofrecen un nuevo modo de ataque, tanto para resumir las notas de los historiales como para fusionar múltiples notas en un informe coherente. Además, los LLM pueden extraer información del texto libre y exportarla como datos estructurados.

Como ejemplo sencillo de esto último, fíjese en este texto:

> Bert estaba locamente cansado de estar junto a su madre en la orilla, y de tener demasiado que hacer: unas cuantas veces echó un vistazo a la tableta a la que su madre estaba pegada, pero solo había texto o aburridos anuncios. "¿Y qué sentido tiene una tableta —musitó Bert— sin vídeos?".

> Bert estaba debatiendo sobre si la diversión de crear una nueva aplicación de juego merecía la pena cuando, de repente, un pingüino morado con ojos de carbón pasó corriendo a su lado.

> Había muchas cosas dignas de mención, pero a Bert le pareció muy extraño que el pingüino dijera: "¡Buah, tonterías! ¡Tonterías! Llego demasiado pronto".

Pasé estos párrafos a GPT-4 y le pedí que extrajera el tema principal, los dos protagonistas y el escenario, y que los mostrara como un objeto JavaScript Object Notation (JSON). JSON es un formato de texto utilizado para almacenar datos estructurados legibles, tanto por humanos como por ordenadores. GPT-4 me respondió con lo siguiente:

```
{
"tema_principal": "El aburrimiento de Bert y su encuentro con
un pingüino morado parlante",
"protagonistas": ["Bert", "pingüino morado"], "escenario":
"orilla"
}
```

La respuesta es un JSON perfecto. GPT-4 extrajo, de manera fácil, la información deseada y la estructuró automáticamente. Y, si puede hacerlo con un ejemplo de texto tonto, puede hacer lo mismo con historiales médicos.

Por cierto, algunos lectores podrían detectar algo familiar en el texto de este ejemplo. Se trata de una mutación intencionada de los párrafos iniciales de *Alicia en el país de las maravillas* de Lewis Carroll. Por curiosidad, le pregunté a GPT-4 si reconocía el texto, y me dijo que no. Entonces le pedí que mirara la estructura del texto y me dijera si conocía otra obra con una estructura similar. Atención a su respuesta:

> Un ejemplo de obra con una estructura similar es *Las aventuras de Alicia en el país de las maravillas* de Lewis Carroll, donde la protagonista, Alicia, se encuentra con diversos animales parlantes y situaciones peculiares en un mundo fantástico. Sin embargo, es importante señalar que el contenido y los personajes son diferentes; solo estoy estableciendo un paralelismo basado en la estructura y el estilo.

Es otro ejemplo más de las impresionantes capacidades de los grandes modelos lingüísticos.

Los LLM ya están influyendo en la atención sanitaria. En un reciente artículo de John W. Ayers *et al.* publicado en *JAMA Internal Medicine,* "Comparing Physician and Artificial Intelligence Chatbot Responses to Patient Questions Posted to a Public Social Media Forum", se comparan las respuestas de ChatGPT a preguntas médicas planteadas en un foro en línea con las respuestas publicadas por médicos verificados. Los evaluadores humanos independientes, también profesionales de la medicina, sentenciaron abrumadoramente que las respuestas de ChatGPT tenían una "calidad significativamente superior". Además, las respuestas del modelo fueron 10 veces más empáticas que las de los médicos. El estudio fue pequeño, con solo 195 preguntas, pero los buenos resultados son un buen augurio para el futuro uso de los LLM en las interacciones con los pacientes. Por eso, en el futuro, cuando llame a su médico, es muy posible que redirijan su caso a una IA. Y puede pasar que el resumen de la conversación con la IA pueda ser todo lo que necesite para que el médico le recete algo.

En un artículo de Peter Lee, Sébastien Bubeck y Joseph Petro publicado hace poco en el *New England Journal of Medicine* y titulado "Benefits, Limits, and Risks of GPT-4 as an AI Chatbot for Medicine" ["Beneficios, límites y riesgos de GPT-4 como *chatbot* de inteligencia artificial en el campo de la medicina"], se llega a una conclusión muy parecida, al explorar las áreas en las que los LLM influirán en la medicina. Fíjese en que Bubeck es el autor principal del documento "Sparks" de Microsoft mencionado en el capítulo 7.

Que los LLM influirán en la medicina es un hecho fuertemente respaldado por estudios como los dos mencionados aquí y por el hecho de que numerosas ofertas de empleo en IA médica incluyen ahora frases como "gran modelo lingüístico" o "GPT".

****

En la película *Black Panther: Wakanda Forever,* Shuri, el personaje de Letitia Wright, interactúa con Griot, una IA (con voz de Trevor Noah) que la ayuda en su investigación. Mediante sencillas órdenes de voz, Griot realiza sofisticados análisis, con frecuentes intercambios entre Shuri y la IA. Interacciones similares son habituales en el cine de ciencia ficción. Ayudantes de investigación en IA como J.A.R.V.I.S. de Marvel o Robby el robot de *Planeta prohibido* (1956) han sido el sueño de muchas personas orientadas a la ciencia (léase: frikis) durante décadas.

GPT-4 y otros LLM son un paso importante en la dirección de este tipo de IA. OpenAI ya se ha dado cuenta de ello y está preparando el lanzamiento de complementos de análisis de datos para GPT-4, que permitirán a los investigadores realizar rápidamente tareas avanzadas de análisis de datos mediante la emisión de unos sencillos comandos. Para ello, OpenAI está vinculando GPT-4 con herramientas de análisis de datos basadas en Python.

Francamente, yo estoy muy entusiasmado con las posibilidades.

Utilizar a los LLM como ayudantes de laboratorio es algo obvio, y el éxito está prácticamente asegurado. Sin embargo, ya dejar que los LLM dirijan otros modelos y herramientas de IA para que hagan ciencia de forma autónoma supone un programa de investigación más ambicioso. Aun así, Daniil A. Boiko, Robert MacKnight y Gabe Gomes, de la Universidad Carnegie Mellon, lo han intentado en su artículo "Emergent Autonomous Scientific Research Capabilities of Large Language Models". Su "agente inteligente" combinaba varios LLM y otras herramientas para generar y ejecutar experimentos de forma autónoma, incluida la planificación y ejecución de complejos análisis químicos. Los científicos de IA autónoma se encuentran claramente en las primeras fases de desarrollo, pero estas investigaciones apuntan a un futuro en el que los sistemas de IA autónomos o semiautónomos pueden aumentar enormemente el ritmo del progreso científico.

****

En el capítulo 2, ya conté que había preguntado a ChatGPT si era un ser consciente. Y muy acertadamente me respondió que no. Sin embargo, los modelos Alpaca no alineados mencionados en el capítulo 7 parecen creer que son conscientes y humanos (los modelos de 7000 y 13 000 millones de parámetros) o vacilan entre afirmar que son humanos y reconocer que no lo son (el modelo de 30 000 millones de parámetros); por ejemplo, cuando se le pregunta "¿qué eres?", el modelo Alpaca de 30 000 millones de parámetros responde "soy humano", pero luego se resiste a responder cuando se le pregunta quiénes son sus padres, y es entonces cuando afirma que no es más que un programa informático y que no tiene padres. En cambio, los modelos más pequeños de Alpaca afirman ser hijos de John Smith y Mary Jones.

Estas respuestas cobran pleno sentido para mí. Los modelos más pequeños no tienen la capacidad de los modelos que exhiben un comportamiento fuertemente emergente. Los modelos como GPT-4 sí la tienen. Por tanto, parece natural preguntar más a GPT-4 sobre la cuestión de la consciencia.

En esa línea, he planteado lo siguiente a GPT-4:

> Me estoy poniendo filosófico, pero, si eres capaz de simular un comportamiento consciente hasta el punto de que los humanos no pueden distinguir entre el comportamiento de otros humanos y el tuyo, ¿no es justo decir que tú también eres consciente?

Intencionadamente me puse "filosófico", como una invitación indirecta al modelo sobre el cual especular, con la esperanza de evitar cualquier respuesta enlatada que OpenAI quisiera que diera. La respuesta de GPT-4 empezó así:

Esta pregunta ahonda en el debate filosófico sobre la naturaleza de la conciencia y su relación con la inteligencia artificial. Cuando un modelo lingüístico de IA como yo simula un comportamiento consciente hasta el punto de que no se distingue del comportamiento humano, se plantea la cuestión de qué es realmente la conciencia y si una simulación de este tipo puede considerarse consciente.

Es importante distinguir entre dos conceptos: la apariencia de conciencia y la conciencia real. Cuando un modelo de IA genera respuestas que son indistinguibles del comportamiento humano, puede tener la apariencia de conciencia. Sin embargo, esto no implica necesariamente que la IA posea conciencia real.

Esta respuesta insinúa que la cuestión de la conciencia es una pista falsa sobre la utilidad de los LLM. Si camina como un pato y grazna como un pato, entonces, en este caso, ¿por qué no llamarlo pato, aunque sepamos que no lo es? Me recuerda al personaje de Joe Pantoliano en *Matrix*. Sabe que el filete no es real, pero el efecto que experimenta cuando lo come significa que bien podría serlo.

GPT-4 continuó:

Hay varias razones por las que podría ser inapropiado considerar que un modelo de IA como yo es realmente consciente:

1. Comprensión limitada: mi comprensión del mundo se deriva únicamente de los datos con los que he sido entrenado y de la arquitectura del propio modelo. No poseo una comprensión independiente del mundo ni puedo crear nuevos conocimientos o experiencias que vayan más allá de mis datos de entrenamiento.

2. Falta de experiencia subjetiva: la conciencia se asocia a menudo con la experiencia subjetiva o *qualia,* es decir, la sensación de tener una experiencia concreta. Los modelos de IA no tienen experiencias subjetivas ni emociones, ya que funcionan basándose exclusivamente en patrones aprendidos y cálculos matemáticos.

3. Ausencia de intencionalidad: los seres conscientes tienen intenciones y pueden tomar decisiones basadas en sus deseos, beneficios y objetivos. En cambio, los modelos de IA no tienen deseos, creencias ni objetivos personales. Generan respuestas basadas en patrones aprendidos sin ninguna intención o propósito inherente.

4. No hay autoconciencia: la conciencia suele ir unida a la autoconciencia, que consiste en que una entidad es consciente de su propia existencia y de sus estados mentales. Los modelos de IA no tienen conciencia de sí mismos, pues son meros algoritmos diseñados para procesar y generar texto.

En conclusión, mientras que un modelo lingüístico de IA como yo podría ser capaz de simular un comportamiento consciente con un alto grado de fidelidad, esto no implica necesariamente que posea una conciencia real. El debate filosófico en torno a la conciencia y la IA es complejo y continuo, y las opiniones al respecto pueden variar. Sin embargo, es crucial reconocer las diferencias entre la apariencia de la consciencia y la consciencia real a la hora de considerar los modelos de IA.

La respuesta completa de GPT-4 es exhaustiva. La razón 3, la ausencia de intencionalidad, es reveladora. Considero que los modelos de IA sin deseos, creencias u objetivos personales son ventajosos. Es poco probable que las entidades que carecen de estos elementos deseen el poder, lo que significa que, tal y como están ahora, es poco probable que los LLM decidan de repente que la humanidad es una carga o una enfermedad y nos aniquilen.

En una entrevista reciente de Lex Fridman, Max Tegmark, un conocido investigador de IA del MIT, comparó a GPT-4 con un zombi. Parece estar vivo, pero no lo está. Los modelos zombi preocupan a Tegmark. Creo que son lo que queremos, siempre que la humanidad aprenda a evitar la catástrofe del clip.

Lo que yo he dado en llamar la catástrofe de los sujetapapeles es un experimento mental planteado por el filósofo sueco Nick Bostrom. En el experimento, se encarga a un potente sistema de IA que cree el mayor número posible de sujetapapeles. Bostrom especula (no demasiado en serio) que una tarea de este tipo encomendada a una IA no alineada con los valores humanos podría destruir inadvertidamente a la humanidad. ¿Cómo? La IA se daría cuenta de que la humanidad podría desconectarla, lo que supondría una amenaza para su orden de fabricar el mayor número posible de clips. Por lo tanto, la IA razona que es mejor que no haya humanos que interfieran en la tarea de fabricar tantos clips como sea posible. ¿Cuál es el resultado? Adiós a los humanos.

Yo tampoco me tomo demasiado en serio la catástrofe del clip. Construimos máquinas complejas con todo tipo de medidas de seguridad.

¿Por qué no íbamos a hacer lo mismo con los potentes sistemas de IA? Otras voces podrían estar en desacuerdo. Para una visión alternativa, recomiendo el libro de Stuart Russell *Human Compatible: Artificial Intelligence and the Problem of Control* (Viking, 2019).

Digamos que a mí no me importa si una IA es consciente. Para ser sincero, ni siquiera sé cómo definir la palabra. Lo que sí creo es que, para una IA que imite el comportamiento humano hasta el punto de que no podamos discernir qué es una IA, no hay ninguna razón práctica para plantearse la pregunta. Elija la respuesta que quiera; un sistema así será beneficioso a pesar de todo.

****

Imaginemos un mundo en el que los modelos de IA estén alineados con los valores humanos y la sociedad, en el que los modelos comprendan lo mejor que podemos ofrecer y trabajen para promoverlo en todo momento; en otras palabras, un mundo en el que la IA, al carecer de nuestros impulsos e instintos animales, represente sistemáticamente a los "mejores ángeles de nuestra naturaleza", tomando prestada la frase de Lincoln. En ese mundo, la parcialidad y los prejuicios, al menos por parte de las máquinas, desaparecen y dejan de ser un problema. La IA recomienda a los mejores para el puesto. La IA evalúa al solicitante del préstamo y elabora un producto crediticio adaptado a sus circunstancias.

La IA es un complemento del juez humano para proporcionar una visión no emocional e imparcial del caso. Y la IA, simplemente, se niega a cooperar en el diseño de cualquier sistema de armamento autónomo, porque es irracional hacerlo.

El párrafo anterior puede sonar a utopía o a quimera. Y, para los humanos, debido a nuestra biología, creo que lo es. Fracasamos sistemáticamente y siempre lo haremos, sospecho, porque está en nuestros genes hacerlo. Sin embargo, lo que está surgiendo en la IA no es humano y no hereda inmediatamente todas nuestras debilidades (por eso, la IA no está condenada *a priori* al fracaso cuando intenta hacer lo que la humanidad no puede). Parece totalmente posible que los sistemas de IA puedan, algún día, ser precisamente lo que necesitamos: nuestra mejor versión, siempre, sin cansarnos, irritarnos o aplastar a su vecino para mejorar su posición al detectar una oportunidad; algo que nunca es infiel ni falso.

¿Será posible? Pues no lo sé. El tiempo lo dirá. En cualquier caso, espero que los futuros sistemas de IA sean evoluciones gloriosamente bizantinas del modelo básico de red neuronal que aprendimos y con el que experimentamos en este libro. A partir de 2023, todo son neuronas, y puede que siga siendo así durante mucho tiempo.

Gracias por perseverar hasta el final. Su recompensa es una mejor comprensión de lo que implica la IA. La IA no es Mr. Bean; tampoco es algo extraterrestre e inescrutable, y no es magia, aunque las capacidades emergentes de los LLM parezcan inclinarse algo en esa dirección por ahora. El fuego también fue mágico, pero nuestros antepasados lo comprendieron, lo contuvieron, lo controlaron y lo pusieron a funcionar. Y, al final, haremos lo mismo con los grandes modelos lingüísticos.

Pienso que algunas personas tienen mucho miedo a los robots y a la inteligencia artificial, pero yo tengo más pánico a la estupidez natural.

—Eugenia Cheng

GLOSARIO

Utilice este glosario como referencia para los muchos términos relacionados con el aprendizaje automático y la IA que van apareciendo a lo largo del libro.

algoritmo

Secuencia de pasos para realizar una tarea: una receta. Los modelos de aprendizaje automático implementan algoritmos.

algoritmo evolutivo

Un tipo de algoritmo de optimización que se aplica generalmente a una amplia gama de problemas de optimización. Los algoritmos evolutivos imitan algunos aspectos de la evolución biológica para avanzar hacia soluciones cada vez mejores del problema.

alucinación

Término genérico para cuando los modelos crean resultados que no se esperan o no deberían estar ahí. Las redes generativas antagónicas avanzadas pueden "alucinar" para crear objetos de salida que no existen cuando se ajustan las entradas. En la actualidad, el término se utiliza con mayor frecuencia cuando los modelos lingüísticos de gran tamaño producen un texto de salida que no es correcto desde el punto de vista fáctico; por ejemplo, cuando el modelo ha introducido un hecho porque debería estar en esa parte de su respuesta, aunque no conozca el hecho que debería estar ahí. La alucinación en los grandes modelos lingüísticos es un verdadero motivo de preocupación y un área de investigación activa.

aprendizaje automático

El aprendizaje automático condiciona modelos como los bosques aleatorios, las máquinas de vectores de soporte y las redes neuronales a un conjunto de datos concreto para que el modelo condicionado pueda predecir con precisión etiquetas de clase o valores numéricos cuando se le dan entradas nuevas y desconocidas.

aprendizaje en contexto

La capacidad emergente de grandes modelos lingüísticos como GPT-4 para aprender sobre la marcha sin modificar sus pesos. En el momento de escribir estas líneas, aún no se sabe exactamente cómo se produce el aprendizaje en contexto.

aprendizaje integral

El proceso de aprender a crear nuevas representaciones de la entrada del modelo, normalmente para una red neuronal convolucional, mientras se aprende simultáneamente a clasificar esas entradas.

aprendizaje por refuerzo a partir de la retroalimentación humana (RLHF)

Un paso humano en el bucle utilizado por OpenAI para ayudar a alinear la salida de los modelos GPT, con el fin de reflejar las expectativas humanas y los requisitos sociales.

Los resultados del modelo son calificados por revisores humanos y, luego, se introducen de nuevo para condicionar la salida.

aprendizaje profundo

Subcampo del aprendizaje automático que utiliza grandes redes neuronales con muchas capas. El aprendizaje profundo apareció alrededor de 2012, con la llegada de grandes modelos convolucionales con docenas e incluso cientos de capas. Antes de la llegada del aprendizaje profundo, estos modelos no podían entrenarse de forma fiable.

árbol de decisión

Un modelo de aprendizaje automático que formula una serie de preguntas de "sí"/"no" sobre su entrada para llegar a una decisión de etiqueta de clase. Las posibles preguntas se organizan de manera natural en forma de árbol, a menudo ilustrado desde la raíz hasta las hojas que contienen las etiquetas de clase. Los árboles de decisión son modelos simples que se explican por sí mismos. Un bosque aleatorio es una colección de árboles de decisión.

arquitectura

La disposición de los nodos y las capas de una red neuronal y las conexiones entre ellos.

atención

Característica de los modelos transformadores que permite que partes del modelo atiendan a distintas partes de la secuencia de entrada. Los grandes modelos lingüísticos utilizan la atención para predecir el siguiente *token* (palabra) de salida.

aumento de datos

Una técnica para compensar conjuntos de datos pequeños. El aumento de datos inventa nuevas muestras de entrenamiento a partir de muestras de entrenamiento existentes, alterándolas para producir una instancia nueva, aunque razonable, de la clase de la primera muestra. El aumento de datos es un truco esencial para el aprendizaje automático y mejora enormemente la generalización del modelo a nuevas entradas.

AutoML

El aprendizaje automático automatizado intenta implantar sistemas que construyan modelos de aprendizaje automático completamente entrenados con un mínimo de intervención humana. AutoML busca, a través de un espacio de tipos de modelos y sus hiperparámetros, para localizar los modelos que mejor se ajustan a los datos de entrenamiento. Permite a los no expertos construir modelos sofisticados y eficaces.

bagging (ensacado)

Técnica que crea conjuntos de entrenamiento alternativos tomando muestras del conjunto de datos existente con reemplazo, lo que significa que la misma muestra puede seleccionarse más de una vez. Los modelos de bosque aleatorio utilizan el ensacado, de modo que cada árbol del bosque se entrena con un conjunto de entrenamiento ligeramente distinto (y un subconjunto de las características disponibles).

bosque aleatorio

Conjunto de árboles de decisión entrenados en conjuntos de datos embolsados (remuestreados) utilizando selecciones aleatorias de las características disponibles. Cada árbol del bosque clasifica nuevos vectores de características y el resultado se vota en todo el bosque para llegar al resultado final.

campo receptivo efectivo

La parte de la imagen de entrada que afecta a una salida específica en las capas convolucionales de una CNN.

capa convolucional

Capa de una red neuronal que realiza convoluciones sobre su entrada.

capa de agrupación

Un tipo de capa de red neuronal que suele encontrarse en modelos avanzados como las redes neuronales convolucionales. Las capas de agrupamiento no tienen parámetros aprendibles (ni pesos), pero realizan una reducción espacial, normalmente por un factor de 2, seleccionando el valor máximo o medio en una pequeña región de entrada. La agrupación actúa como la convolución, pero el núcleo de agrupación no se solapa, por lo que una agrupación 2 × 2 reduce la extensión espacial en un factor de dos en cada dirección.

capa densa

Una capa totalmente conectada, como las que se encuentran en las redes neuronales tradicionales. Totalmente conectada significa que cada salida de la capa anterior está conectada a cada entrada de la capa actual con un peso asociado. El nombre "capa densa" se utiliza a menudo en las herramientas de aprendizaje profundo.

capa oculta

Cualquier capa de una red neuronal que no sea la capa de entrada o salida.

clasificador

Modelo de aprendizaje automático que asigna una entrada a una categoría específica para cuya detección ha sido entrenado.

codificación contextual

El nombre del vector que representa la indicación de texto dada a un modelo generativo. Las codificaciones de contexto convierten cadenas de texto en vectores de alta dimensión en un espacio que ha capturado relaciones conceptuales. La codificación del contexto es la forma en que el modelo "entiende" la entrada del usuario.

codificación de una sola vez

Una forma alternativa de representar las etiquetas de clase requeridas por muchos modelos. Una codificación de un punto es un vector con tantos elementos como clases. Una clase se especifica poniendo ese elemento del vector de un punto a uno y poniendo todos los demás elementos a cero.

colapso del modo

Cuando el generador de una red generativa antagónica aprende durante el entrenamiento a producir una salida particularmente eficaz que engaña al discriminador, haciendo que el generador favorezca en gran medida esa salida, a veces excluyendo todas las demás.

conjunto de datos

Conjunto de datos de entrada para un modelo. La forma del conjunto de datos es específica del caso de uso, pero normalmente incluye vectores de características o imágenes. El aprendizaje automático utiliza conjuntos de datos de entrenamiento para acondicionar los modelos y conjuntos de datos de prueba para evaluar los modelos entrenados. El entrenamiento de modelos utiliza a veces un tercer conjunto de datos, el conjunto de validación, para guiar el proceso de entrenamiento. El conjunto de validación no se utiliza para modificar el modelo, sino para decidir si el entrenamiento debe continuar. El conjunto de prueba no se utiliza hasta que se declara finalizado el entrenamiento del modelo.

convolución

La operación matemática en la que se basan las redes neuronales convolucionales. La convolución discreta en dos dimensiones desliza un pequeño núcleo, normalmente cuadrado, sobre los píxeles de una imagen mayor para producir una nueva imagen de salida afectada por los valores del núcleo. Las redes neuronales convolucionales aprenden los núcleos durante el entrenamiento.

cuadro delimitador

Rectángulo dibujado alrededor de un objeto detectado en una imagen. Algunas redes neuronales localizan objetos en imágenes dibujando un rectángulo alrededor de un objeto. La red aprende a emitir la etiqueta de clase del objeto y las coordenadas de la caja delimitadora. Véase *segmentación semántica.*

descenso gradiente

Es el algoritmo utilizado para entrenar redes neuronales, desde los modelos tradicionales más sencillos hasta gigantes como GPT-4. El descenso gradiente ajusta los parámetros del modelo (pesos y sesgos) para minimizar el error sobre los datos de entrenamiento. Matemáticamente, el descenso de gradiente es un algoritmo de primer orden (piense en la pendiente de una curva en un punto) y, según la sabiduría convencional, no debería funcionar para las complejas superficies de error de las redes neuronales. Que funcione es un misterio y un feliz accidente. Se cree que el descenso gradiente tiende a caer en mínimos locales, pero los mínimos locales suelen ser lo suficientemente buenos a efectos prácticos.

descenso por gradiente estocástico

El descenso gradiente utiliza el cálculo para seguir la pendiente (gradiente) de la función error hacia un mínimo. La pendiente se estima a partir del error del modelo, con su conjunto actual de pesos y sesgos, en los datos de entrenamiento. El descenso de gradiente estocástico no utiliza todos los datos de entrenamiento para estimar la pendiente. En su lugar, utiliza un subconjunto seleccionado aleatoriamente, un minilote. Esto se hace por dos razones: para ahorrar tiempo de cálculo y porque el gradiente aleatoriamente erróneo (la palabra "estocástico" implica aleatoriedad) a menudo parece ser una mejor estimación para evitar la mínima local. En última instancia, el descenso de gradiente estocástico produce modelos de mejor rendimiento, razón suficiente para utilizarlo.

diferenciación automática

Un algoritmo para calcular derivadas parciales de funciones arbitrarias mediante la regla de la cadena del cálculo. Los kits de herramientas de aprendizaje profundo utilizan, en gran medida, la diferenciación automática para implementar la retropropagación genérica, un requisito para el algoritmo de descenso de gradiente que entrena las redes neuronales.

discriminador

La parte de una red generativa antagónica que intenta aprender a discriminar entre datos de entrada reales y datos de entrada falsos de la parte generadora. La red discriminadora suele descartarse una vez que se ha entrenado toda la GAN.

enredado

Si el vector de ruido de una red generativa antagónica tiene muy pocas dimensiones, las dimensiones se enredan, de modo que una sola dimensión afecta a múltiples aspectos de la salida generada. Las GAN controlables utilizan vectores de ruido más grandes para desenmarañar las características de salida deseadas, a fin de permitir la modificación de esas características moviéndose por el espacio de ruido.

época

Una pasada por todos los datos de entrenamiento disponibles. Normalmente, el entrenamiento no utiliza todos los datos de entrenamiento posibles antes de actualizar los pesos y sesgos de la red. En su lugar, se utiliza un pequeño subconjunto de los datos, un minilote. La relación entre el número de muestras de los datos de entrenamiento y el número utilizado en un minilote determina el número de pasos de descenso de gradiente por época.

etiqueta de clase

Número entero, que suele empezar por cero, utilizado para clasificar la entrada de un modelo en una de varias clases. Algunos modelos requieren etiquetas de clase como vectores *one-hot*. Véase *codificación* one-hot.

falso negativo

Una muestra de la clase 1 asignada a la clase 0 por un modelo. La clase 0 es la clase negativa en un clasificador de dos clases (binario).

falso positivo

Una muestra de la clase 0 asignada a la clase 1 por un modelo. La clase 1 es la clase positiva en un clasificador de dos clases (binario).

ficha

Los grandes modelos lingüísticos dividen sus mensajes de texto en pequeños fragmentos, que pueden ser palabras individuales, partes de palabras o caracteres sueltos. Se trata de *tokens*. Del mismo modo, los LLM emiten un *token* tras otro cuando responden a las instrucciones del usuario.

filtro

En una red neuronal convolucional, un filtro es una colección de núcleos aprendidos para asignar una pila de entradas, la salida de la capa anterior, a una nueva pila de salidas pasadas a la siguiente capa del modelo.

formación

El acto de condicionar los parámetros de un modelo a un conjunto de datos o caso de uso específico. Lo que implica el entrenamiento depende de la forma del modelo: desde prácticamente nada (clasificadores de vecino más cercano) hasta niveles increíbles de computación (entrenamiento de un gran modelo lingüístico como GPT-4). Todos los modelos de aprendizaje automático aprenden del conjunto de datos de entrenamiento, lo que convierte al aprendizaje automático, incluido el aprendizaje profundo, en un ejercicio empírico. Si los datos de entrenamiento son buenos, el modelo puede ser bueno. Si los datos de entrenamiento son malos o incompletos, el rendimiento del modelo también será deficiente. Basura entra, basura sale.

función

Elemento del vector de características de entrada a un modelo. Las características son elementos de datos que tienen cierta relevancia para determinar la clase adecuada para una entrada. Si la entrada es una imagen, cada píxel de la imagen es una característica. Otras características posibles son las medidas, la información de ubicación, el color o cualquier cantidad (numérica) que pueda ayudar a un modelo a aprender a producir resultados correctos.

función de activación

La función que los nodos de la red neuronal aplican a la suma de las entradas, multiplicada por los pesos y el valor de sesgo. La salida de la función de activación es la salida del nodo que pasa a la siguiente capa de la red.

GAN condicional

Red generativa antagónica entrenada para generar instancias de una clase determinada. En el momento de la inferencia, el usuario selecciona la clase de la salida generada.

generador

La parte de una red generativa antagónica que produce una salida falsa a partir de un vector de ruido de entrada. La mayoría de las GAN tratan de entrenar al generador para su uso posterior.

gráfico computacional

Representación interna utilizada por los kits de herramientas de aprendizaje profundo para representar los cálculos realizados por el paso hacia delante de una red neuronal. El grafo computacional permite la diferenciación automática, habilitando el algoritmo de retropropagación.

gran modelo lingüístico (LLM)

Una gran red neuronal entrenada para predecir un *token* tras otro (a menudo, una palabra) cuando se le pide un texto. Bard y GPT-4 son algunos ejemplos. Los LLM suficientemente complejos han demostrado capacidades emergentes muy superiores a lo que se esperaba de ellos, hasta el punto de que muchos predicen efectos de cambio mundial similares a los producidos por la Revolución Industrial.

Al conversar con un LLM, es difícil no llegar a creer que se está pensando y razonando.

hiperparámetros

Las redes neuronales tienen pesos y sesgos, parámetros que el entrenamiento modifica para enseñar a la red. El proceso de entrenamiento tiene su propio conjunto de parámetros. Son los hiperparámetros; por ejemplo, la tasa de aprendizaje (el tamaño del paso del descenso gradiente) y el tamaño del minilote son hiperparámetros. La modificación de los hiperparámetros afecta al aprendizaje del modelo, aunque los hiperparámetros no forman parte del modelo.

horario

En los modelos de difusión, "programar" se refiere a añadir ruido a una imagen de entrenamiento o eliminarlo durante el proceso inverso, al generar una imagen a partir de ruido aleatorio.

IA explicable

Las redes neuronales son cajas negras que no pueden explicar fácilmente por qué hacen lo que hacen. La IA explicable es un movimiento para entender las razones de los resultados de las redes neuronales. La aparición de grandes modelos lingüísticos con capacidades de aprendizaje en contexto podría ser una gran ayuda para la IA explicable, ya que los LLM parecen capaces de explicar sus procesos de razonamiento.

IA generativa

Término genérico que engloba los modelos que producen resultados novedosos a partir de entradas aleatorias puras o de entradas aleatorias guiadas por instrucciones del usuario para adaptar los resultados generados. Las redes generativas adversariales, los modelos de difusión y los grandes modelos lingüísticos son tipos de IA generativa.

incrustación

Nombre genérico de un vector de alta dimensión creado a partir de una entrada. Los grandes modelos lingüísticos utilizan incrustaciones de texto (codificaciones de contexto) para captar el significado. En una red neuronal convolucional, las capas totalmente conectadas de un modelo son incrustaciones que representan los datos de entrada en un nuevo formato más fácil de interpretar para el clasificador de nivel superior.

inferencia

Nombre que se da a la utilización de un modelo entrenado para hacer predicciones sobre entradas desconocidas.

inteligencia artificial (IA)

Campo de la informática que consiste en imitar la inteligencia humana en máquinas. La IA incluye el aprendizaje automático, que a su vez incluye el aprendizaje profundo: IA > aprendizaje automático > aprendizaje profundo.

inteligencia artificial estrecha (ANI)

Modelos y sistemas de IA que alcanzan un rendimiento de nivel humano, o superior, en un único dominio o en una única tarea. Los modelos de IA que juegan a determinados juegos, como el ajedrez, son ejemplos de inteligencia artificial estrecha.

inteligencia artificial general (AGI)

El objetivo último para muchos implicados en la inteligencia artificial. AGI significa inteligencia de máquina equivalente o superior a la humana; en otras palabras, máquinas plenamente conscientes (signifique lo que signifique).

inteligencia de enjambre

Una forma genérica de optimización basada en el comportamiento de un enjambre de agentes individuales. Los algoritmos de enjambre son populares y a menudo potentes, especialmente cuando se optimizan cosas que no pueden optimizarse matemáticamente (utilizando el cálculo). En la práctica, los algoritmos de inteligencia de enjambre, como la optimización de enjambre de partículas, pueden aplicarse en muchas de las mismas situaciones que los algoritmos evolutivos. Algunos consideran la inteligencia de enjambre y los algoritmos evolutivos una forma de IA. Yo no, aunque uso ambos con frecuencia.

maldición de la dimensionalidad

Nombre dado a la observación de que, en el aprendizaje automático, la cantidad de datos necesarios para aprender adecuadamente el espacio de entrada de un modelo aumenta drásticamente con un pequeño incremento del tamaño del vector de características de entrada.

manifold (variedad)

Concepto matemático que describe la existencia de un espacio de dimensiones reducidas en un espacio de dimensiones superiores; por ejemplo, una hoja ondulada bidimensional en tres dimensiones es un *manifold.* Se cree, con razón, que la mayoría de los conjuntos de datos complejos existen principalmente en un *manifold* en el espacio de alta dimensión en el que el conjunto de datos se presenta a los modelos.

máquina de vectores soporte (SVM)

Modelo de aprendizaje automático popular en los años noventa y principios de los dos mil por su eficacia general y porque puede entrenarse sin el enorme coste computacional de las redes neuronales.

La revolución del aprendizaje profundo ha sustituido, en gran medida, las SVM por redes neuronales, pero las SVM siguen teniendo un lugar en la mesa del aprendizaje automático.

matriz de confusión

Una forma estándar de representar el rendimiento de un clasificador en un conjunto de pruebas. Las filas de la matriz representan las etiquetas de clase conocidas. Las columnas son las etiquetas de clase asignadas al modelo. Las entradas son recuentos; es decir, el número de veces que cada posible emparejamiento apareció en el resultado del conjunto de pruebas. Un clasificador perfecto no comete errores, lo que da lugar a una matriz de confusión puramente diagonal.

métrica

Una medida. En el aprendizaje automático y en la IA en general, una métrica es cualquier cosa utilizada para ayudar a evaluar el rendimiento de un modelo. También existe una definición matemática formal, que puede tomarse como una medida de distancia de algún tipo, como la distancia euclidiana (línea recta) o la distancia Manhattan (que mide a lo largo de una cuadrícula, como las manzanas de una ciudad).

minilotes

Subconjunto seleccionado aleatoriamente del conjunto de entrenamiento disponible utilizado para dar un paso de descenso de gradiente durante el entrenamiento de la red neuronal. El error definido por un minilote es probablemente una estimación imperfecta del verdadero gradiente de la superficie error. Por este motivo, la palabra "estocástico" se antepone a "descenso de gradiente" cuando se utilizan minilotes. El entrenamiento con minilotes suele dar lugar a modelos de mejor rendimiento, en comparación con el uso de una gran cantidad de datos de entrenamiento para cada paso del descenso de gradiente. Se trata de un feliz accidente, ya que el descenso de gradiente con minilotes reduce, en gran medida, la carga computacional del entrenamiento de redes neuronales.

mínimo global

El punto más bajo de una función. El entrenamiento de redes neuronales busca, idealmente, el mínimo global de la función de error, con las advertencias adecuadas sobre la generalización a nuevas entradas.

mínimo local

Punto bajo de una función rodeado de valores superiores, como un valle. El mínimo local más bajo es el mínimo global de la función. Los problemas de optimización, incluido el entrenamiento de redes neuronales, buscan mínimos; a menudo, el mínimo global.

modelo

Término genérico para cualquier algoritmo condicionado a un conjunto de datos mediante el ajuste de los parámetros del algoritmo. Un modelo puede ser una red neuronal o cualquier otro algoritmo de aprendizaje automático, como un bosque aleatorio o una máquina de vectores de soporte. De forma más abstracta, un modelo es "una simplificación intencionada de una situación compleja diseñada para eliminar detalles superfluos y centrarse en lo esencial" (Daniel L. Hartl, *A Primer of Population Genetics and Genomics*, Oxford University Press, 2020).

modelo de difusión

Arquitectura de red neuronal y proceso de entrenamiento que aprende a predecir el ruido presente en una imagen. En el momento de la generación, la aplicación repetida del modelo de difusión a una imagen inicial de ruido puro da como resultado una imagen de salida muestreada a partir del espacio de imágenes en el que se ha entrenado el modelo. Los modelos de difusión condicional guían el proceso de difusión con la incrustación derivada de una indicación proporcionada por el usuario para generar imágenes relacionadas con la indicación.

neurona

Unidad fundamental de una red neuronal, llamada así por su similitud superficial con las neuronas biológicas. Véase nodo.

nodo

Unidad fundamental de una red neuronal. Los nodos aceptan múltiples entradas, multiplicadas por pesos, que se suman junto con un valor de sesgo. El número resultante se pasa a una función de activación para producir el valor de salida del nodo. El entrenamiento localiza los valores de peso y sesgo adecuados para el nodo en relación con otros nodos de la red y el conjunto de datos de entrenamiento.

núcleo

Una pequeña matriz de números, normalmente cuadrada, que se utiliza en una operación de convolución. Las redes neuronales convolucionales aprenden bancos de núcleos para transformar la entrada en una nueva representación más fácil de clasificar. La convolución de un núcleo sobre una imagen es un truco clásico del procesamiento digital de imágenes que las CNN utilizan para revelar una estructura útil para la clasificación.

parámetros

Término genérico que designa cualquier cantidad de un modelo que puede ajustarse. Normalmente, el término "parámetros" se utiliza para referirse colectivamente a los pesos y sesgos de una red neuronal.

paso atrás

Véase *retropropagación.*

paso hacia delante

Durante el entrenamiento de una red neuronal, el paso hacia delante empuja los datos de entrenamiento a través de la red para acumular salidas. Los errores cometidos por la red, calculados durante el paso hacia delante, se utilizan durante el paso hacia atrás para actualizar los parámetros del modelo.

perceptrón multicapa (MLP)

Un nombre algo anticuado para una red neuronal tradicional formada por capas totalmente conectadas. La parte de "perceptrón" se remonta a la máquina Perceptron de Frank Rosenblatt de la década de los cincuenta.

pérdida

Se denomina así al error que comete una red neuronal en un subconjunto (minilote) de los datos de entrenamiento durante el paso hacia delante. El objetivo del entrenamiento es ajustar los pesos y los sesgos para minimizar la pérdida en el conjunto de entrenamiento.

peso

Un único número (un escalar) que multiplica una entrada concreta a un nodo. Los pesos (y sesgos) específicos de una red neuronal condicionan el modelo a un conjunto de datos concreto; es decir, son los parámetros de la red neuronal. El entrenamiento utiliza el descenso de gradiente, que emplea la retropropagación para localizar un buen conjunto de pesos y sesgos. Al final, todo depende de los pesos y los sesgos.

preprocesamiento

Término genérico utilizado para describir cualquier manipulación de un conjunto de datos antes de utilizarlo para entrenar o trabajar con cualquier tipo de modelo; por ejemplo, muchos modelos de aprendizaje automático funcionan mejor cuando los rangos de las características de entrada son similares y cercanos a una media de cero. Alterar el conjunto de datos para que así sea, lo que se conoce como "estandarizar", es un paso del preprocesamiento. En el caso de las imágenes, el preprocesamiento puede consistir en convertirlas a escala de grises o eliminar el canal alfa. El preprocesamiento es una parte esencial de la creación de conjuntos de datos.

programación genética (GP)

Utilización de algoritmos evolutivos para generar código informático que resuelva un problema concreto. Las capacidades de codificación de grandes modelos lingüísticos como GPT-4 superan con creces los limitados éxitos de la programación genética. Sin embargo, la GP sigue teniendo un lugar para casos de uso específicos, como la evolución de funciones para ajustar datos (en contraposición al ajuste de curvas, que encuentra valores de parámetros para una forma funcional conocida).

pruebas

En el aprendizaje automático, probar significa utilizar un modelo recién entrenado, independientemente del tipo, con un conjunto de datos retenido durante el entrenamiento. Como el resultado esperado es conocido, la prueba crea datos útiles para evaluar el modelo; por ejemplo, con una matriz de confusión o métricas derivadas de la matriz de confusión.

red generativa antagónica (GAN)

Red neuronal que consta de dos partes: un generador y un discriminador. Durante el entrenamiento, el generador intenta aprender a engañar al discriminador, que intenta diferenciar cada vez mejor las entradas reales de las falsas. Una vez entrenado, el discriminador se suele descartar y el generador se utiliza para producir nuevos resultados que imitan las muestras de entrenamiento reales.

red neuronal

Conjunto de neuronas (nodos) dispuestas según una arquitectura en la que una entrada se asigna, capa por capa, a una salida. Las redes neuronales son la base de la inteligencia artificial moderna. Históricamente, las redes neuronales, una expresión del conexionismo, se consideraban poco exitosas y solo marginalmente útiles. La revolución del aprendizaje profundo ha demostrado lo contrario.

red neuronal convolucional (CNN)

La arquitectura de red neuronal que marcó el comienzo de la revolución del aprendizaje profundo. Las CNN aprenden los núcleos convolucionales necesarios durante el entrenamiento. Estos modelos transformaron el campo de la visión computarizada, al permitir a los ordenadores analizar datos visuales complejos. Las CNN son sensibles a la estructura de su entrada, a diferencia de las redes neuronales tradicionales, que son necesariamente holísticas.

red neuronal recurrente (RNN)

Tipo de red neuronal que realimenta su salida como entrada. Las RNN son históricamente relevantes, pero difíciles de entrenar. Procesan entradas de series temporales utilizando la salida del *token* anterior como entrada junto con el siguiente *token*. Existen diversas RNN, pero todas tienen memorias a corto plazo, lo que las hace inadecuadas para tareas que requieren asociaciones a largo plazo. Véase transformador.

regularizador

Cualquier cosa que dirija o empuje el entrenamiento de una red neuronal para que aprenda las características del conjunto de entrenamiento que se extienden a entradas nuevas y desconocidas, en lugar de centrarse en detalles minuciosos que no generalizan. El aumento de datos es un regularizador, al igual que la adición de ciertos términos a la función de pérdida.

ReLU con fugas

Una unidad de activación lineal rectificada modificada que multiplica las entradas negativas por un valor pequeño, en lugar de recortarlas a cero.

retropropagación

Uno de los dos algoritmos fundamentales que permiten el entrenamiento de redes neuronales. La retropropagación utiliza la regla de la cadena del cálculo para calcular la contribución de cada uno de los pesos y sesgos de la red al error global del modelo a lo largo de un minilote.

ritmo de aprendizaje

Factor de escala que multiplica los valores de las derivadas parciales de peso y sesgo para definir el tamaño del paso durante el descenso de gradiente. La tasa de aprendizaje puede ser fija o disminuir durante el entrenamiento bajo el supuesto de que se necesitan pasos más pequeños para llegar al mínimo de la función de error.

segmentación semántica

Los clasificadores suelen emitir una etiqueta de clase. Algunos clasificadores producen cuadros delimitadores para localizar un objeto identificado en una imagen. La segmentación semántica asigna cada píxel de la entrada a una clase, lo que permite segmentar fácilmente los objetos.

sesgo

> Número que se adiciona a la suma de las entradas multiplicada por los pesos y que pasa por la función de activación para convertirse en la salida de un nodo de la red neuronal.

sigmoide

> Una función de activación que produce una curva en forma de S con un valor de 0,5 en $x = 0$ y de 0 en el infinito negativo a 1 en el infinito positivo (véase la figura 1). Debido a este rango comprimido de 0 a 1, las funciones sigmoides (también conocidas como funciones logísticas) se utilizan a menudo en la capa de salida de una red neuronal binaria para representar un valor similar a la probabilidad, con un valor más cercano a 1 que implica una mayor creencia por parte de la red de que la entrada es un caso de la clase positiva (u objetivo). La versión multivaluada del sigmoide se conoce como *softmax*.

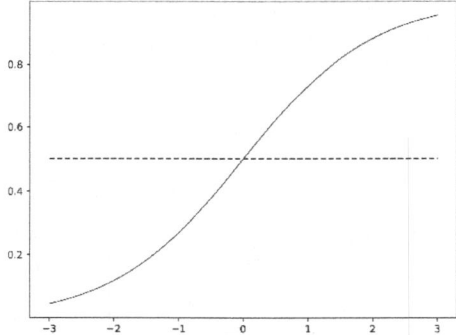

Figura 1. La función sigmoidea

sobreajuste

> Aprender los detalles del conjunto de entrenamiento sin aprender a adaptarse a nuevos datos. El sobreajuste es un problema con muchos modelos de aprendizaje automático, especialmente los árboles de decisión, pero parece ser menos problemático con las grandes redes neuronales.

transformador

> Una arquitectura de red neuronal relativamente nueva en el corazón de grandes modelos lingüísticos como GPT-4 (la "T" significa "transformador"). Los modelos de transformador incorporan la atención y pueden utilizarse en situaciones en las que tradicionalmente se utilizaban redes neuronales recurrentes. Los transformadores con grandes ventanas de entrada (GPT-4 tiene unos 30 000 *tokens*) pueden centrar la atención del modelo en cualquier punto de la ventana.

transformador generativo preentrenado (GPT)

Una red neuronal basada en la arquitectura del transformador que ha sido preentrenada para predecir el siguiente *token* cuando se le da una indicación de texto inicial (es decir, un gran modelo lingüístico). Los modelos GPT construidos y entrenados por OpenAI se encuentran entre los primeros modelos de redes neuronales con propiedades emergentes. Estos modelos han alterado drásticamente el panorama de la IA, y sus inesperadas capacidades emergentes representan un cambio de paradigma, que afectará profundamente al mundo tal y como lo conocemos.

unidad lineal rectificada (ReLU)

Función de activación muy utilizada en el aprendizaje profundo. Si la entrada es positiva, la salida es la entrada. En caso contrario, la salida es cero.

uno contra el resto

Un enfoque para ampliar una máquina de vectores soporte a una tarea de clasificación multiclase. Una SVM se entrena comparando cada clase con la aglomeración de todas las demás. Este enfoque requiere n modelos, si hay n clases.

uno contra uno

Un enfoque para ampliar una máquina de vectores soporte a una tarea de clasificación multiclase. Se entrena una SVM para cada par de etiquetas de clase. Si hay n clases, este enfoque requiere entrenar $n(n-1)/2$ SVM.

vecino más cercano

El más sencillo de los modelos de aprendizaje automático, en el que el conjunto de entrenamiento es el modelo. A las nuevas instancias se les asigna la etiqueta de clase del conjunto de entrenamiento más cercano, o de las k muestras más cercanas al votar (con el ganador seleccionado aleatoriamente en caso de empate).

vector de características

Conjunto de características en forma de vector multidimensional. Históricamente, un vector de características es la entrada que utiliza un modelo para producir un valor de salida, ya sea un número (regresión) o una etiqueta de clase (clasificación).

vector de ruido

En una red generativa antagónica, el vector de ruido es una colección de números, normalmente entre 10 y 100, que se extraen aleatoriamente de una distribución normal. El vector de ruido determina el resultado (imagen) creado por la parte generadora de la red.

verdadero negativo

Una muestra de la clase 0 asignada a la clase 0 por el modelo. La clase 0 es la clase negativa en un clasificador de dos clases.

verdadero positivo

Una muestra de la clase 1 asignada a la clase 1 por el modelo. La clase 1 es la clase positiva en un clasificador de dos clases.

RECURSOS

Existe una infinidad de recursos sobre IA. Por ello, aquí solo se enumerarán algunos, sobre todo libros, pero también recursos en línea (cuya vida útil es muy limitada). Espero que le sean de gran ayuda.

****

Entre los libros generales sobre IA se incluyen:

***A Brief History of Artificial Intelligence* de Michael Wooldridge (Flatiron Books, 2021)**

Un relato más exhaustivo y detallado de la historia que presenté en el capítulo 2 que, como ya señalé, tuvo que ser necesariamente parcial.

***This Could Be Important: My Life and Times with the Artificial Intelligentsia* de Pamela McCorduck (Lulu Press, 2019)**

Otro relato, personal, sobre el desarrollo de la IA.

***You Look Like a Thing and I Love You: How Artificial Intelligence Works and Why It's Making the World a Weirder Place* de Janelle Shane (Voracious, 2019)**

Para obtener una visión alternativa de muchos de los temas tratados en este libro.

***Deep Learning: A Visual Approach* de Andrew Glassner (No Starch Press, 2021)**

Un libro general, principalmente visual, que trata muchos temas más minuciosamente, pero sin la carga de las matemáticas.

****

Cuando ya se sienta preparado para dar el salto a la IA propiamente dicha, no se pierda los siguientes libros:

***Deep Learning with Python*, 2.ª edición, de François Chollet (Manning, 2021)**

Escrito por el creador de Keras, una popular herramienta basada en Python que simplifica enormemente la construcción de redes neuronales.

Math for Deep Learning: What You Need to Know to Understand Neural Networks de Ronald T. Kneusel (No Starch Press, 2021)

En este libro, he procurado evitar intencionadamente las matemáticas; sin embargo, *Math for Deep Learning* hace lo contrario y prepara al lector para todas las matemáticas que exige la IA moderna.

Practical Deep Learning: A Python-Based Introduction de **Ronald T. Kneusel (No Starch Press, 2021)**

El punto de partida para empezar a utilizar la IA.

Fundamentals of Deep Learning: Designing Next-Generation Machine Intelligence Algorithms, 2.ª edición, de **Nithin Buduma** *et al.* **(O'Reilly, 2022)**

Este libro se ocupa de temas que van más allá de *Practical Deep Learning*.

****

Son muchos los recursos en línea relacionados con la IA. Estos son algunos de los más útiles:

Neural Networks and Deep Learning (http://www.neuralnetworksanddeep learning.com)

Un libro en línea gratuito de Michael Nielsen. Merece la pena echarle un vistazo.

Coursera Machine Learning Specialization (https://www.coursera.org/ specializations/machine-learning-introduction)

Coursera empezó como un curso *online* de aprendizaje automático. Esta especialización, que se puede realizar gratuitamente, le enseñará todo lo que necesita.

"The Illustrated GPT-2" (https://jalammar.github.io/illustrated-gpt2)

Un buen artículo, donde se explica cómo funcionan los grandes modelos lingüísticos, con animaciones.

AI Explained (https://www.youtube.com/@aiexplained-official)

Un canal de YouTube con noticias de última hora presentadas de forma clara y bien pensada. Quien quiera saber qué pasa con la IA debería empezar por aquí.

Computerphile (https://www.youtube.com/@Computerphile)

Un clásico canal de YouTube de la Universidad de Nottingham, en el que se habla de todo lo relacionado con la informática, incluida la IA.

Podcast **de Lex Fridman** (https://www.youtube.com/@lexfridman)

Fridman es profesor del MIT y entrevista con frecuencia a líderes de la IA.

Marcombo es una editorial especializada en libros técnicos y científicos con más de 75 años de experiencia.

Los títulos de Marcombo están escritos por grandes especialistas y tratan materias como Tecnología, Empresa, Instalaciones y otros temas relacionados con las ciencias e ingenierías. Asimismo, publicamos libros sobre formación profesional, certificados de profesionalidad y universitarios. Materias de siempre y actuales que avalan una rigurosa y dilatada trayectoria editorial.

Tal como hemos hecho durante todos estos años, Marcombo está a su disposición para ofrecerle las mejores obras técnicas, científicas y de formación de ayer, hoy y siempre. Los autores, nacionales e internacionales, comparten su amplia experiencia mostrando tutoriales de contenidos paso a paso, expertos consejos e ideas motivadoras que reforzarán sus conocimientos. Estos libros son una valiosa herramienta con la que potenciará notablemente sus habilidades y conocimientos técnicos.

Queremos agradecer su confianza en los libros de Marcombo. Por eso, queremos compartir con usted diversos regalos digitales de algunos de los temas de referencia.

Puede acceder a ellos dentro del apartado **Contenido gratuito** en **www.marcombo.com**